JN081912

2024～2025年版

これ一冊でぜんぶわかる！

労働基準法

汐留社会保険労務士法人
今井慎　新井将司
池田優子　監修

ナツメ社

働き方改革トラブル事例

働き方改革によって次のようなトラブルが増えています。就業規則や賃金規程の見直しなどの対応が求められます。

同一労働・同一賃金のトラブル

同じ働き方をする正社員と非正規社員の待遇差を解消します。賃金のほか、福利厚生や教育制度も均等・均衡待遇にすることに注意してください。

➡詳しくは P6、P214、P216 へ

無期転換ルールのトラブル

有期雇用契約の更新直前の雇止めはトラブルの元に。無期転換に関する労働条件も明示しなければなりません。従業員の能力や適性を見極め、無期雇用契約の制度を整備しましょう。

➡詳しくは P226、P228 へ

社会保険加入のトラブル

社会保険の加入要件が広がり、加入の対象になるアルバイトやパートが増えています。加入要件を満たしているのに加入させない場合は、加入逃れとみなされることがあるので注意してください。

➡詳しくは P212 へ

残業時間の上限のトラブル

残業規制が厳しいからといって、社外でのサービス残業を放置すると、定着率が下がる、訴訟リスクが高まるなど、よいことはありません。実質的な効率化を進めましょう。

➡詳しくは P4、P80、P122 へ

働き方改革で何が変わった？

改正された制度はすべての企業に適用されます。働きやすい職場にするには新制度にあった就業規則と賃金規程にすることが大切です。これを機会に見直しましょう。

働き方改革で何が変わった？ 1

スタート時期　大企業 導入済み　中小企業 導入済み

法律によって上限時間が定められることに！ 罰則もある

残業時間の上限規制 ➡P76

残業時間の上限規制ってどんな制度ですか？

残業時間の上限時間数が法令で定められ、それを超えると罰則が適用されるという制度です。また、長時間の残業をさせる場合の健康確保措置を選んで決めなければなりません。2024年4月から適用猶予業種にも上限規制が適用されます。

改正前

「原則月45時間、年360時間」という時間外労働の上限があったが、法律で定められていなかった（原則的に罰則もなし）。

「原則月45時間」という原則を外した特例を36協定で定められる。改正前はこの特例については時間外労働の上限がなく、長時間労働の温床になっていた。

- 月45時間超は年6か月まで。
- 1年・1か月ごとの上限はなし。

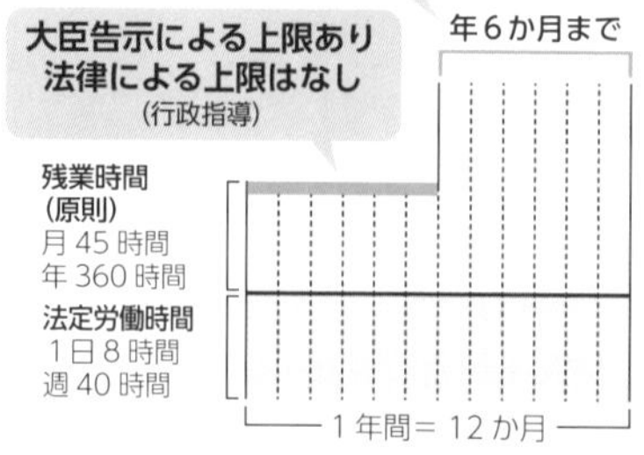

改正後

「原則月45時間、年360時間」という時間外労働の上限が法律で定められ、違反者には罰則が科せられることに。

改正後は法律で特例を設定。これを超える時間外労働はできない。

- 月45時間超は年6か月まで。
- 年720時間以内。
- 2～6か月の月平均80時間以内（休日労働含む）。
- 月100時間未満（休日労働含む）。

月残業80時間＝**1日残業4時間**程度。

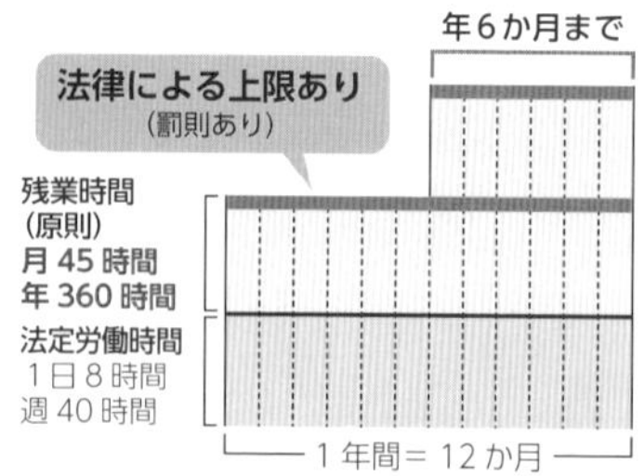

違反した場合　罰則（6か月以下の懲役または30万円以下の罰金）が科せられる。

働き方改革で何が変わった？2

スタート時期　大企業 導入済み　中小企業 導入済み

一定日数の有給休暇を取得させることが会社の義務になった

年次有給休暇の時季指定義務

➡P174

「時季指定義務」ってどういうことですか？

年10日以上の年次有給休暇が与えられる従業員に、年5日は必ず会社が時季を指定して取得させなければならない制度です。従業員の自主的な申し出など含めて5日に満たない日数分は会社が従業員の意向を聞いて取得時季を指定します。

例

1日	2日	3日	4日	5日	6日	…

従業員自ら3日取得している　会社は2日を時季指定する

従業員に取得時季について意見を聴いて、それを尊重して会社が取得時季を指定

働き方改革で何が変わった？3

スタート時期　大企業 導入済み　中小企業 導入済み

大企業に適用されていたルールがいよいよ中小企業にも

残業60時間超の割増率アップ

➡P116

割増率がどのくらい上がるんでしょうか？

大企業では、時間外労働が1か月60時間を超えた場合、割増賃金の割増率は60時間までは25%以上、60時間を超えた分は50%以上となっています。中小企業でもこれが適用されることになりました。

時間外労働の割増賃金 ＝ 1時間当たりの賃金額 × 割増率 × 時間外労働時間数

割増賃金が発生する場合	割増率
法定労働時間（1日8時間・週40時間）を超えたとき	25%以上
時間外労働時間が1か月60時間を超えたとき	50%以上

◀ 中小企業では25%が認められていたが、2023年4月より中小企業も50%以上になっている

働き方改革で何が変わった？ 4

スターと時期　大企業 導入済み　中小企業 導入済み

正規社員と非正規社員の不合理な待遇差をなくす

同一労働・同一賃金

➡P216

正社員と非正規社員との間の処遇の不均等・不均衡ってなんですか？

正社員と同じ条件で業務をこなしているのに、パートやアルバイト、契約社員というだけで、賃金や待遇に差をつけることです。業務内容、職務の範囲と責任、人事異動の有無、能力や経験、労使慣行などを考慮して均等・均衡待遇を行わなければなりません。

均等・均衡待遇とは？

均等待遇

差別的取り扱いの禁止

働き方などが同じ場合、賃金や待遇を同じにすること。例えば正規社員と非正規社員が同じ範囲や責任のもとで同じ業務をしている場合、賃金や待遇が違ってはいけない。教育制度、福利厚生施設の利用なども同じにする。

均衡待遇

不合理な待遇差の禁止

働き方などが違うために賃金や待遇に差がある場合、その差は合理的でバランスのとれたものにすること。例えば、正規社員には1か月分の通勤手当を、非正規社員には出勤日数分の通勤手当を支給する。

派遣社員も非正規社員なので、均等・均衡待遇の対象になります。派遣社員の均等・均衡待遇は、労働者派遣法によって定められ、企業の規模を問わず対応が必要となっています。

スタート時期　大企業 導入済み　中小企業 導入済み

会社が行っていた健康確保措置が法制化

健康管理・労働時間の状況把握

定期健康診断とストレスチェックをしていますが、それだけでは足りないということですか？

残業を減らし、休暇や休息を生み出すには、しっかりとした労働時間管理が必要です。これまでの健康確保措置に加えて、次のようなことが制度化されました。

客観的な労働時間の状況把握

管理監督者、裁量労働制適用者も含めて健康管理の観点から労働時間の状況を把握する必要がある。

長時間労働に対する健康管理措置の拡大

時間外労働が100時間超の従業員に対して本人の申し出があれば医師の面接指導を受けさせる義務があるが、「100時間超」が「80時間超」に変更された。

産業医の権限強化

産業医への情報提供が必要な従業員が残業時間月100時間から月80時間に拡大。事業者が産業医の勧告内容を衛生委員会に報告する義務など。

勤務間インターバル制度の努力義務

前日の終業時間から翌日の始業時間までの休息時間（＝勤務間インターバル）を一定時間確保する制度。

働き方改革が目指すこと

誰もが等しく輝ける社会に

日本では、少子高齢化が進んで労働人口の減少が止まりません。すでに人手不足が表面化しています。女性、高齢者、障害者や外国人などがもっと労働に参加しやすくなる社会を目指すための、労働関連制度に対する抜本的な改革＝「働き方改革」なのです。
働き方改革は、下図にあるように、「現在の課題」を解消して、「誰もが等しく輝ける社会」の実現を目指しています。

「働き方」の3つの課題

課題1 正規・非正規間の処遇の格差

現状　非正規社員（ひせいきしゃいん）は、正規社員に比べて正当な処遇がされていないことが多い。働く意欲の減退に。

- ① 非正規雇用の処遇改善
- ② 賃金引き上げと労働生産性向上

課題2 時間や勤務場所の制約

現状　長時間労働や長い通勤時間などが健康の確保・仕事と家庭の両立を難しくしている。少子化が進む・女性のキャリア形成が難しい・男性の家庭参加が難しいなどの結果に。

- ③ 長時間労働の是正
- ④ 柔軟な働き方がしやすい環境整備
- ⑤ 病気の治療、子育て・介護等と仕事の両立、障害者就労（しゅうろう）の推進
- ⑥ 外国人材の受け入れ
- ⑦ 女性・若者が活躍しやすい環境整備

課題3 単線のキャリア

現状　ライフスタイルやライフステージの変化に合った働き方を選択しにくい。転職や再就職が不利に働きやすい。

- ⑦ 女性・若者が活躍しやすい環境整備
- ⑧ 雇用吸収力の高い産業への転職・再就職支援、人材育成、格差を固定させない教育
- ⑨ 高齢者の就業促進

2024年4月～の制度見直し

理想とする働き方をさらに目指して

- 仕事ぶりや能力への評価に納得し、意欲を持って働ける。
- ワークライフバランスを確保し、健康に柔軟に働ける。
- 病気の治療や子育て、介護などと仕事を両立できる。
- ライフスタイルやライフステージの変化に合わせて、多様なキャリアを選択できる。

働き方改革の本格的な施行から5年目となる2024年以降、次の制度の見直しが行われます。

専門・企画業務型裁量労働制の導入要件

- 対象業務が増える（専門業務型）
- 適用には労働者の同意が必要に
- 健康と処遇を確保するのが条件に ➡ P94

労働契約法制

- 無期雇用転換への申込機会の確保
- 無期雇用転換後の労働条件を明示
- 就業場所・業務の変更の範囲を労働条件明示事項に追加 ➡ P228

これらの改革も予定されています。

子育て支援の拡大

- 育児休業給付の増額
- 短時間勤務者への給付
- 不妊治療支援の拡大
- 子育て給付を非正規労働者へ

勤労者皆保険へ

短時間労働者やフリーランス、ギグワーカーへ社会保険適用を拡大

＊ 2023年10月から年収の壁・支援強化パッケージが実施されている。

非正規雇用の課題を解決

- 同一労働・同一賃金のガイドラインを改定
- 多様な正社員の拡充
- 非正規雇用の待遇改善

ライフスタイルやライフステージにあった働き方を可能に

- 学び直し（リスキリング）
- キャリアコンサルティング
- サバティカル休暇（長期休暇）

新しいワークスタイルを導入

働きやすい職場にするには
何を考えるべきでしょうか？

政府はテレワークや副業などのガイドラインの整備を通して、新しいワークスタイルを推進しています。労働者にとって働きやすいなら、メリット・デメリットを考慮して導入を検討してはいかがでしょうか。

テレワーク

情報通信技術（ICT）を活用して、自宅やサテライトオフィスなどで仕事をする勤務形態。➡ P98

メリット

従業員
・仕事と生活の調和を図ることが可能に。
・通勤時間の節約に。
・遠距離の会社に就職できる。

企業
・育児中などの事情に関係なく人材を確保できる。
・居住地とオフィスとの距離にしばられずに人材を採用できる。
・災害リスクを分散できる。

デメリット

従業員
・仕事と仕事以外の切り分けが難しい。
・同僚とのコミュニケーションがとりづらい。

企業
・労働時間や業務の管理が難しい。
・社員間の交流が生まれにくい。

運用のコツ

□ 自社のテレワークに合った労働時間制の導入（フレックスタイム制、時差出勤、シフト制など）
□ 就業規則（テレワーク規程）の整備
□ 労働時間管理体制、勤怠システムの設定
□ 情報セキュリティの整備
□ テレワーク者の評価基準の設定
□ コミュニケーションツールや制度の導入

ワーケーション

観光地やリゾート地、温泉地など、ふだんの仕事場とは異なる場所で、休暇を楽しみながら働くスタイル。

メリット

従業員

- 仕事と（有給）休暇を組み合わせながら働くことが可能に。
- リフレッシュ効果・生産性のアップ。
- 地域の課題解決に貢献できる。

企業

- 福利厚生の一環として導入できる。
- 人材確保・定着率向上の目玉に。
- 有給休暇の取得が促進。
- 地域の課題解決に貢献できる。

運用のコツ

□ ワーケーションの目的を明確にする

※基本的にはテレワークの延長として制度設計されるパターンが多い。

デメリット

従業員

- 仕事と休暇の区別が難しい。
- インターネット環境の確保が必要。

企業

- 労働時間や業務の管理が難しい。
- 社内とは違ったセキュリティ対策が必要。

勤務間インターバル制度

勤務終了後に労働者の生活時間や睡眠時間を確保するため、一定時間以上の休息時間を設ける。

メリット

従業員

- 日々の労働に対して、必ず一定の休息時間を確保できる。
- ワークライフバランスを実現できる。

企業側

- 時間外労働の減少に。
- 従業員の健康増進、生産性向上に。
- 健康確保措置の一つとして導入できる。

運用のコツ

□ 自社にあった始業終業時刻、労働時間制度の設定（始業時間繰り下げ、始業時間は変えず遅刻としないなど）

□ 就業規則の整備

□ 労働時間管理体制、勤怠管理システムの設定

デメリット

従業員

- 終業時刻、始業時刻がずれていく可能性も。

企業

- 導入時のコストや管理が負担に。
- 海外取引やコールセンター、現場社員など職種によって導入が難しい。

副業（兼業）の許可

労働時間の短縮で賃金減が懸念されるなら、事前に届出を行うことにより、副業や兼業を許可する。

副業・兼業を許可するかどうかは、まず自社での業務に支障をもたらすものかどうかを精査してください。そのような事情がなければ、労働時間以外の時間については、労働者の希望に応じて、原則、副業・兼業を認める方向で検討してみましょう。

メリット

従業員

- 本業とは別の経験やスキルを得て、キャリア形成に役立つ。
- 賃金が増える。

企業

- 従業員の主体性や人脈が、自社の事業拡大につながることも。

デメリット

従業員

- 過重労働になりがち。

企業側

- 秘密保持、競業避止、服務規律違反に注意が必要。
- 労働時間の把握、健康管理への対応が必要。

運用のコツ

- □ 副業を届出制（許可制）にする
- □ 勤め人の場合は、労働時間、社会保険の適用範囲などを確認
- □ 秘密保持・競業避止・職務専念などの義務を守ってもらう
- □ 自営の場合は、服務規律違反に注意する
- □ 健康管理を確認
- □ 就業規則（副業規程）の整備
- □ 税務申告は個人の責任で行ってもらう

行政・専門家のアドバイスを受ける

やることがたくさんありすぎて何から手をつけていいかわかりません。

働き方改革の方針に沿って「働きやすい職場にするにはどうしたらいいのか」を考えたうえで、就業規則（しゅうぎょうきそく）、賃金規程などを見直すべきです。そのためには実績のある社会保険労務士（しゃかいほけんろうむし）や専門家などの外部の意見やアドバイスを積極的に取り入れるのがよいでしょう。

社会保険労務士や専門家を活用

働き方改革の法的要件や対応がわからない者同士が議論を重ねるより、それらをきちんとわかっている専門家にサポートを受けたほうが効率的。

働き方改革推進支援センターを活用

全国 47 都道府県に設置されており、就業規則の作成方法や賃金規程の見直しなど、「働き方改革」に関連する相談に対応、支援してくれる。

よくある労使トラブル

近年では労使関係を巡る環境が激変し、労働者の権利意識が高まりました。その結果労使関係のトラブルも増えています。

採用時のトラブル

君、面接で話していたような能力がないね。試用期間の途中だけど、辞めてもらえるかな。

それは不当解雇です。試用期間中でも雇用契約は結んでいるんですから、簡単に辞めろって言わないでください！

内定期間中や試用期間中であっても労働契約（雇用契約）は成立しています。契約解除には、客観的に合理的で社会通念上も認められるような理由や手順が必要です。

➡詳しくは P66 へ

労働時間のトラブル

今月はやけに残業が多いけれど、そんなに忙しかったかなぁ？

何もしてないけど、残業は残業だから、割増賃金は支払ってもらおう。シメシメ…。

従業員の労働時間管理は会社の責務です。残業を従業員任せにせず、会社でコントロールしていくしくみづくりが必要です。

➡詳しくは P80 へ

賃金のトラブル

時間外労働（残業）の割増賃金（残業代）は、残業時間分支払わなければなりません。会社の都合で残業代に上限を設けることはできません。

➡詳しくはP116へ

懲戒処分のトラブル

懲戒処分では、軽い懲戒事由には軽い処分を、重い懲戒事由には重い処分を与えるのが原則です。懲戒のルールに反すると、権利の濫用で懲戒処分が無効になることがあります。

➡詳しくはP136へ

解雇のトラブル

君の勤務態度は、就業規則第○条○項の解雇事由に相当するので、解雇します。

ちょっと待ってください。そんな話、聞いていません！ 弁護士と相談して解雇無効で訴えますよ。

就業規則の解雇事由として定めたことについて解雇ができます。だからといって、教育・指導などの措置もとらずにすぐに解雇に踏み切るのは許されないとされています。

➡詳しくはP152、P160へ

育児休業のトラブル

君の奥さんは専業主婦なんだから、君が育児休業をとる必要ないんじゃないの？

男性も育児休業がとれるはずなのに……。

育児休業の取得の申し出を拒否できるケースは法律で定められており、会社が独自で決めることはできません。休業の取得を理由とした不利益な取り扱いも禁止です。

➡詳しくはP186へ

有期契約社員のトラブル

会社の業績が悪くなったんだ。契約期間の途中だけれど辞めてもらうことはできないだろうか？

こちらも生活がかかってるんで勘弁してください。それに、契約期間満了までは解雇できないはずですよ。

有期雇用契約では、契約期間途中の契約解除はよほどのことがない限りできないことになっています。会社の経営状況などを考えて契約期間を設定する必要があります。

➡詳しくはP224へ

安全配慮義務のトラブル

うつ病と診断されたそうだが、自身の健康管理は十分だったか？ 会社は責任をもてないぞ。

長時間残業や劣悪な職場環境がうつ病発症の原因になったと思っています。労災を申請するつもりです。

うつ病などのメンタルヘルス不調は、会社の業務と関連が強いと判断されると労災と認定されます。その結果、会社の安全配慮義務違反が問われることがあります。

➡詳しくはP254、P258へ

再雇用制度(さいこようせいど)のトラブル

定年後の再雇用では、事前に十分な時間をかけて再雇用後の労働条件を話し合いましょう。勤務時間の短縮、他社への再就職など、多様な選択肢を示すのも一つの方法です。

➡詳しくは P232 へ

雇用契約書(こようけいやくしょ)のトラブル

労働基準法に反しない限り、労働者と個別に交わした労働条件が優先されます。万が一の事態を考えて労働条件の文言は慎重を期しましょう。

➡詳しくは P52、P54 へ

ハラスメントのトラブル

上司の林さんからパワハラを受けていると思っているようだけど、林さんはそんなことをする人じゃないよ。あなたの勘違いじゃないの？

相談事実を否定するのはNG。相談者の同意を得ずにハラスメントの内容を公開するのもハラスメントになります。ハラスメントの種類や範囲、適切な対応を知ることが大切です。

➡詳しくは P266 へ

テレワークのトラブル

テレワーク中は、ずっとモニターで見えるようにしておくこと！

これってプライバシーの侵害じゃないの？

テレワークは仕事とプライベートの切り分けが難しいとされています。プライバシーに配慮しながら、適正な労働管理を導入していきましょう。

➡詳しくは P10、P98 へ

副業・兼業のトラブル

社長！ 総務課の山田が、当社のサービスと似た商材を動画配信で販売しています！

競業サービスじゃないのか？ 副業なのか？

副業を始めるハードルが低くなり、社会的にも副業・兼業は容認される流れがあります。会社の方針を確認し、就業規則（しゅうぎょうきそく）や服務規律（ふくむきりつ）を整備していきましょう。

➡詳しくは P12、P56 へ

管理職のトラブル

前より責任も増えているのにかえって給与が下がるなんて、おかしいんじゃないでしょうか？

管理職はつらいよねー、これからも期待しているよ！

残業時間等の規制を受けない管理監督者と管理職では、実質は異なります。未払い残業代のトラブルが発生しないように、管理職の働き方や賃金設定を確認しましょう。

➡詳しくは P82 へ

裁量労働制のトラブル

こんなに働いているのに、みなし労働時間だとして
残業代が出ないなんて……
そもそも私は裁量労働制にあてはまるんだろうか？

みなし労働時間を設ける裁量労働制は、対象業務や働き方が限られています。労働時間の把握や健康確保措置などは必要です。2024年4月から専門・企画業務型裁量労働制の導入要件に一部改正があります。

➡詳しくは P94、P96 へ

休日・年次有給休暇のトラブル

休日出勤、ご苦労さん。代休なんだけど、有給休暇で取ってくれないかな？
休んで給与がもらえるし、いいだろ？

はあ……

代休を有給休暇にすることはできません。同様に、もともとの休日に有給休暇を設定することはできません。有給休暇は労働義務がある日のみに設定できます。

➡詳しくは P72、P74、P174 へ

労働基準法とは？

労働基準法では、実際にどんなことが定められているのですか？

労働基準法では最低限守らなければならない労働条件などを定めています。労働基準法を核としてさまざまな労働関連法が制定され、労働者が保護されています。

主な労働関連法

労働にかかわる法律は多岐にわたります。下図のほかにも、高齢者雇用安定法、健康保険法など労働者を雇用するにあたって重要な法律はたくさんあります。

労働基準法

- 労働契約法
- 労働安全衛生法
- 労働組合法
- 男女雇用機会均等法
- 障害者雇用促進法（しょうがいしゃこようそくしんほう）
- 育児・介護休業法
- 労働者災害補償保険法
- 最低賃金法

※国会で定められた法律の解釈を各省庁などの行政機関が具体的に指示するのが「通達」で、実質的に法律に準ずる強制力をもつ。法律と省令などを合わせて「法令」という。

法令で定められたことは、何よりも優先されます。**労働協約や就業規則、労働契約は、法令の範囲で作成しなければなりません。**たとえば、「法定労働時間を超えても残業代を支払わない」と労働者と個別に交わした覚え書きは、労働基準法の内容に反するので、無効になります。

法律・ルールの優先順位

労働に関するルールは、法令➡労働協約➡就業規則➡個別の労働契約の順で優先されます。

法令	法律や通達（法律の具体的な指示）などで定められたルール。
労働協約	会社と労働組合との間で交わされた労働条件などの約束事。書面を作成する。
就業規則	会社で働く従業員に適用されるルール。
労働契約（雇用契約）	会社と従業員が個別に結んだ労働条件などの約束事。就業規則より不利な条件は無効になるが、有利な条件なら有効となる。

例 **就業規則**では「△△手当は２万円以上」と規定。**労働契約**では…

「△△手当は３万円」と規定
就業規則より**有利**な条件なので**OK**○

「△△手当は１万円」と規定
就業規則より**不利**な条件なので**NG**×

法律に違反するとどうなるの？

法に違反すると、いろいろなデメリットが発生します。

罰則を受ける

懲役刑、罰金刑、社名の公表などが科され、会社のイメージが低下。

多額のお金がかかる

未払い賃金の支払い、損害賠償を求められることがある。

公的サービスに制限がかかることがある

ハローワークで求人ができない。助成金が支給されないことがある。

使用者と労働者の義務・権利とは？

従業員には義務だけでなく権利があり、会社にも権利だけでなく義務があるんですか？

労働契約（雇用契約）は、使用者（会社）の指揮管理下で労働者（従業員）が労働を提供し、使用者がその対価として労働者に賃金を支払うことに互いが合意したものです。**労働契約のもとで、お互いに権利と義務が生じます。**

労働契約（雇用契約）のしくみ

使用者（会社）

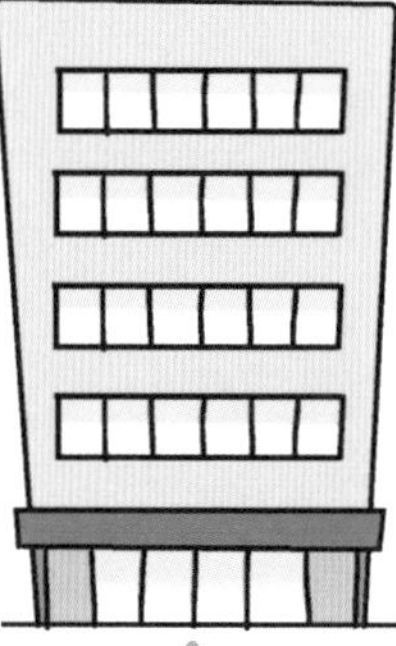

労働者（従業員）

指揮命令 →

⇔ 労働契約

← 労働の提供

使用者（会社）

権利

●**指揮命令権**
労働について指揮・命令をする。

●**業務命令権（➡4章）**
業務遂行のために、人事などを行う人事権。

義務

●**賃金支払義務（➡P102）**
賃金を滞りなく支払う。

●**安全配慮義務（➡P254）**
労働者の安全と健康に配慮する。

労働者（従業員）

権利

●**賃金請求権**
約束通りの賃金支払いを請求する。

義務

●**誠実労働義務・職務専念義務**
誠実に職務に専念する。

●**秘密保持義務（➡P56）**
業務上知った秘密を口外しない。

●**自己保健義務（➡P56）**
自己の健康に気を使い、使用者の行う健康診断を受ける。

会社で安心して働くためには、会社も従業員もきちんとルールを守らなければなりませんね？

労使が互いに合意すれば、**口頭でも雇用関係は成立**します。ただし、法律で文書での提示が定められている労働条件もあります。**重要な労働条件は雇用契約書（労働契約書）などの書面で確認し合いましょう。**

雇用契約書と就業規則 ➡詳しくは P52 へ

雇用契約書は、雇い入れる労働者と会社が交わす書類で、労働条件を記載します。正社員、短時間労働者、有期契約社員など、雇用形態によって異なります。正社員とは、一般的に「期間の定めなく（無期雇用契約）、フルタイムで働く従業員」をいいます。

雇用契約書に記載されていない労働条件については、すべて就業規則で確認します。

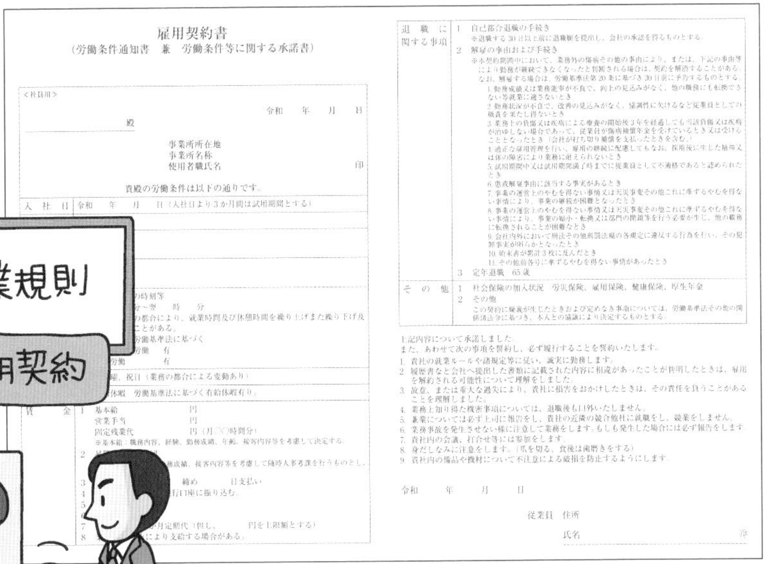

雇用契約書
（労働条件通知書　兼　労働条件等に関する承諾書）

<社員用>

令和　年　月　日

殿

事業所所在地
事業所名称
使用者職氏名　印

貴殿の労働条件は以下の通りです。

入社日　令和　年　月　日（入社日より3か月間は試用期間とする）

…の時刻等
…分～翌　時　分
…の都合により、就業時間及び休憩時間を繰り上げまた繰り下げ及…ことがある。
…労働基準法に基づく
…労働　有
…労働　有
…曜、祝日（業務の都合による変動あり）
…休暇　労働基準法に基づく有給休暇有り。

賃金
1 基本給　円
営業手当　円
固定残業代　円（月○○時間分）
※基本給：職務内容、経験、勤務成績、年齢、接客内容等を考慮して決定する。
2 …務成績、接客内容等を考慮して随時人事考課を行うものとし、
3 …締め　日支払い
4 …行口座に振り込む。
5
6
7 …か月定期代（但し、　円を上限額とする）
8 …により支給する場合がある。

退職に関する事項	1 自己都合退職の手続き ※退職する30日以上前に退職願を提出し、会社の承認を得るものとする。 2 解雇の事由および手続き ※本契約期間中において、業務外の傷病その他の事由により、または、下記の事由等により勤務が継続できなくなったと判断される場合は、契約を解消することがある。なお、解雇する場合は、労働基準法第20条に基づき30日前に予告するものとする。 1. 勤務成績又は業務能率が不良で、向上の見込みがなく、他の職務にも転換できない等就業に適さないとき 2. 勤務状況が不良で、改善の見込みがなく、協調性に欠けるなど従業員としての職責を果たし得ないとき 3. 業務上の負傷又は疾病による療養の開始後3年を経過しても当該負傷又は疾病が治ゆしない場合であって、従業員が傷病補償年金を受けているとき又は受けることとなったとき（会社が打ち切り補償を支払ったときを含む。） 4. 適正な雇用管理を行い、雇用の継続に配慮してもなお、採用後に生じた精神又は身体の障害により業務に耐えられないとき 5. 試用期間中又は試用期間満了時までに従業員として不適格であると認められたとき 6. 懲戒解雇事由に該当する事実があるとき 7. 事業の運営上のやむを得ない事情又は天災事変その他これに準ずるやむを得ない事情により、事業の継続が困難となったとき 8. 事業の運営上のやむを得ない事情又は天災事変その他これに準ずるやむを得ない事情により、事業の縮小・転換又は部門の閉鎖等を行う必要が生じ、他の職務に転換されることが困難なとき 9. 会社内外において刑法その他刑罰法規の各規定に違反する行為を行い、その犯罪事実が明らかとなったとき 10. 始末書が累計3枚に及んだとき 11. その他前各号に準ずるやむを得ない事情があったとき 3 定年退職　65歳
その他	1 社会保険の加入状況　労災保険、雇用保険、健康保険、厚生年金 2 その他 この契約に疑義が生じたときおよび定めなき事項については、労働基準法その他の関係諸法令に基づき、本人との協議により決定するものとする。

上記内容について承諾しました。
また、あわせて次の事項を誓約し、必ず履行することを誓約いたします。

1. 貴社の就業ルールや諸規定等に従い、誠実に勤務します。
2. 履歴書など会社へ提出した書類に記載された内容に相違があったことが判明したときは、雇用を解約される可能性について理解をしました。
3. 故意、または重大な過失により、貴社に損害をおかけしたときは、その責任を負うことがあることを理解しました。
4. 業務上知り得た機密事項については、退職後も口外いたしません。
5. 兼業については必ず上司に報告をし、貴社の近隣の競合他社に就職をし、競業をしません。
6. 業務事故を発生させない様に注意して業務をします。もしも発生した場合には必ず報告をします。
7. 貴社内の会議、打合せ等には参加をします。
8. 身だしなみに注意をします。（爪を切る、食後は歯磨きをする）
9. 貴社内の備品や機材について不注意による破損を防止するようにします。

令和　年　月　日

従業員　住所

氏名　印

就業規則

雇用契約

●すべての従業員に必ず示す労働条件➡ P53
●非正規労働者に必ず示す労働条件➡ P215
●有期契約社員に必ず示す労働条件➡ P225

就業規則とは？

就業規則というのは、すべての会社でつくらなければならないものなんですか？

就業規則とは、会社と従業員が守る規律や労働条件などのルールを定めたものです。**常時雇用している従業員が 10 人以上の事業場には、就業規則の作成・届出義務があります。**
懲戒処分など、就業規則に定めていなければ行うことができないルールもあります。**従業員 10 人未満の小さい職場でも就業規則を定めておきましょう。**

※常時雇用している従業員とは、雇用形態を問わず、常時雇用している者（正社員、パート、アルバイト、契約社員など）。派遣社員は除く。

就業規則の作成の注意点

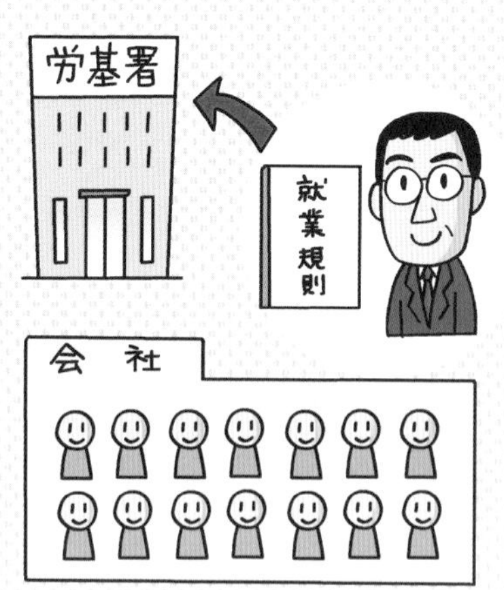

常時 10 人以上の従業員を使用する場合は就業規則を作成し、所轄の労働基準監督署長に届け出る。

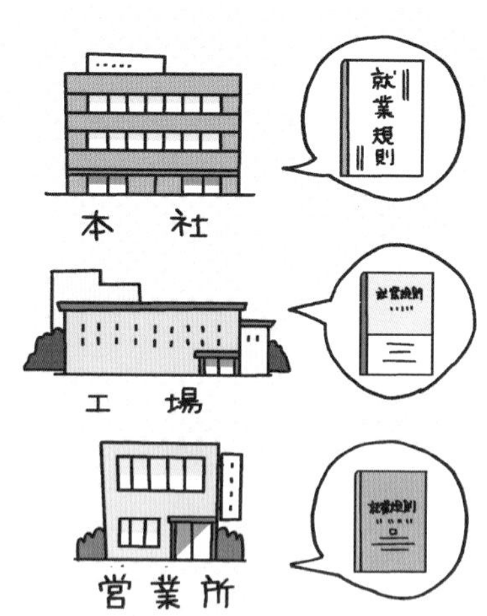

会社ごとではなく、事業場ごと（本社、工場、営業所など）に作成する。

就業規則で決めておくこと

職場には正社員、パートなどの複数の雇用形態が混在していて、労働条件もそれぞれ異なることが多いものです。このような場合は、「正社員向け就業規則」「パート向け就業規則」 などと雇用形態ごとに就業規則を作成します。

次のように、就業規則に記載する事項が決められています。

●必ず定めて記載する事項（絶対的記載事項）

1. 所定労働時間、休憩時間、休日、休暇。シフト制勤務の場合はその交替・原則的な条件など
2. 賃金（賞与など臨時の賃金を除く）、賃金の計算方法、支払い方法、締め日、支払日、昇給に関すること
3. 退職・解雇について　退職の申出日、定年制の有無と年齢、解雇事由など

●制度があれば記載する事項（相対的記載事項）

1. 退職金
2. 賞与など臨時の賃金
3. 会社で決めた最低賃金
4. 食費、作業費の負担について
5. 安全衛生に関して（健康診断、安全衛生教育の内容など）
6. 研修、職業訓練について
7. 災害補償、業務外の傷病についての上積み補償など
8. 表彰に関する事項
9. 懲戒に関する事項（懲戒事由、懲戒処分の内容など）
10. その他事業場の従業員すべてに適用される定めをする場合はそれに関する事項

労働基準法では記載事項として定められてはいませんが、**服務規律、情報保護、ハラスメント防止などは重要事項**です。労基法以外で定められている記載事項もあります。会社にとって必要な事項を盛り込みましょう。

就業規則（しゅうぎょうきそく）に効力をもたせるには？

就業規則を決めただけでは効力がないように思うのですが？

就業規則を作成したら社員に周知します。この周知がないと就業規則の効力が認められません。

一度決めた就業規則を、変更することはできますか？

労働関連法の改正や、法令の解釈が変わって裁判で新しい判断が下されることがあるので、**就業規則は1年に1度は見直して、更新する**といいでしょう。

就業規則の作成・変更の流れ

変更は、就業規則を作成したときと同じ手順で、従業員の代表者(➡ P30)の意見書を添付して労働基準監督署（ろうどうきじゅんかんとくしょ）に届け出ます。職場での周知も忘れずに行います。

❶就業規則を作成・変更する。

❷従業員に周知する。

❸従業員の代表者から意見を聞く。

❹意見書を添付して労働基準監督署に届け出る。

経営状態が悪化するなどで労働条件を下げざるを得ない場合は、就業規則を変えられますか？

従業員の不利益になるような就業規則の変更は、作成・変更の手続きだけでは不十分です。**その不利益変更（ふりえきへんこう）が合理的かどうかが問われる**ことになり、場合によっては個別の合意が必要です。

不利益変更の合理性のポイント

- 経営上の必要性や程度は妥当か。
- 従業員が受ける不利益の程度は妥当か。
- 代わりに他の労働条件を上げているか。
- 社会的にも妥当とされるか。
- 従業員や労働組合に十分な説明をしているか。
- 従業員の大部分または労働組合の合意をとっているか。
- 不利益が大きい従業員には経過措置をとっているか。

不利益変更の手順（労働組合がない場合）

事前の準備　会社の状況や労働条件などの現状を把握し、就業規則を変更する必要性を確認する。同業他社の動向、過去の裁判例、具体的な不利益、代償的措置などについて、検討・確認する。

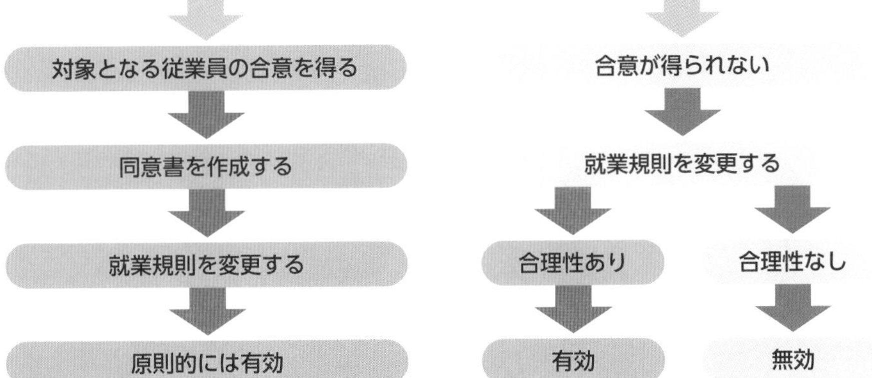

労使協定とは？

労働条件の原則では、仕事が回らない場合はどうすればよいのでしょうか？

決められた要件を満たせば、その範囲を超えた制度を設けることができますが、その際、労使間で協定を交わす必要があります。**この協定を労使協定といいます。**

労使協定の結び方

- 事業場単位で労使協定を結ぶ。
- 従業員の代表者を適正に選ぶ。
- その制度について決められた項目で合意する。
- 有効期間ごとに労使協定を結び直す。
- 労働基準監督署に届け出る義務があるものは、必ず届け出る。

従業員の代表者とは…

❶事業場の従業員の過半数を代表する者、または事業場で従業員の過半数が加入する労働組合があればその労働組合。

❷管理監督者（➡ P83）ではない者。

適正な選出方法とは…

従業員の代表者を決めることや労使協定の目的を明らかにしたうえで、立候補、投票、挙手による信任、話し合いなどの公正な手続きで選出する。

✕ 使用者が指名した者はダメ。

時間外労働や休日労働については、どのような労使協定を結ぶ必要がありますか？

法定労働時間を超えて働いてもらうには、通称「36（サブロク）協定」と呼ばれる労使協定を結び、労働基準監督署に届け出なければなりません。

36 協定で取り決める項目

➡詳しくは P76 へ

時間外労働をさせる場合

- 時間外労働をさせる必要のある具体的事由・業務の種類・労働者数
- 通常の所定労働時間（任意）
- 時間外労働の限度時間（1日・1か月・1年）
- 労使協定の有効期間（休日労働の場合を含む）
- 時間外労働（休日労働を含む）は 1 か月 100 時間未満、かつ 2～6 か月平均が 80 時間を超えないことの確認
- 特別な事情で臨時的に限度時間を超える場合の延長時間などは別途作成（特別条項）

休日労働をさせる場合

- 休日労働をさせる必要のある具体的事由・業務の種類・労働者数
- 通常の所定休日（任意）
- 休日労働をさせる休日とその始業・終業時刻

労働条件の原則を外すにあたって、労使間できちんと合意が交わされたということを証明するのが労使協定書です。

＊「36協定届」は押印・署名が廃止され、協定当事者についてのチェックボックスが設けられています。

主な労働関連法がこう変わる！

法律と異なる制度は無効に！　会社の就業規則を見直してみましょう。

労働条件明示事項の追加　(2024年4月～)

すべての労働契約締結時、また有期労働契約の更新時に「就業場所・業務変更の範囲」の明示、さらに有期労働契約の締結時・更新時には「更新の上限の有無と内容」の明示などが新たに追加されます。

専門・企画業務型裁量労働制導入要件の見直し　(2024年4月～)

新たに、または継続して裁量労働制を導入するには、本人の同意を得ることや同意撤回の手続き、同意をしなかった場合に不利益な取り扱いをしないことを労使協定に定める、などの要件が加わりました。これらは導入や適用するまでに労働基準監督署に協定届・決議届として届け出る必要があります。

育児休業取得状況の公表の義務づけ　(導入済み)

2023年4月から常時雇用する労働者が1000人を超える会社は、年1回、育児休業等の取得率の公表が義務づけられました。男性の「育児休業等の取得率」または「育児休業等と育児目的休暇取得率」のいずれかを自社のHPや厚生労働省のWebサイト「両立支援のひろば」等で公表します。

男性の育児休業取得を促すための制度を創設　(導入済み)

通常の育休とは別枠で、出産後8週間以内に男性が育休を取得できる産後パパ育休（出生時育児休業）が新設されました。また、男女ともに育休取得の申し出がしやすいような雇用環境の整備、育休制度を取得する意向を個別に確認することなどが義務づけられました。

上記のほかにも、次のような「働き方改革」が導入されています。

- フレックスタイム制度が拡充（➡ P90）。産業医との連携、産業保健機能、安全管理体制（➡ P254～）が強化。時間外労働に絶対的な上限規制が設けられ、割増賃金率アップ。
- 専門職で高い年収がある従業員は、本人の希望などにより労働時間等の規制から外れる（高度プロフェッショナル制度➡ P100）。
- 一定要件がある従業員に、年5日の年次有給休暇を取得させることの義務づけ（➡ P3、P174）。
- 70歳までの就業機会確保の努力義務化（➡ P230）、男性育休義務化（➡ P194）、ハラスメント防止（➡ P266）。

はじめに

2023年4月には、月60時間を超えた分の時間外労働の割増賃金率引き上げが中小企業にも適用され、2022年には産後パパ育休の創設や短時間労働者の社会保険適用の拡大といった法改正が行われました。就業規則や賃金規程の見直しを迫られる改正だけに、経営者の関心は高く、当法人にも多くの問い合わせがあります。

働き方改革に向けて、すでに全企業に導入済みの制度に続き、今後も新しい制度が次々と施行されます。2023年には育児休業取得率や男女賃金格差等、人的資本情報の開示が義務づけられました。従業員の採用定着やエンゲージメント向上のためにも、人事労務対策は企業の健全な経営にとって必要不可欠であり、重要な課題となっています。

労働基準法改正以外でも、2022年4月からは中小企業にもパワーハラスメント防止が義務づけられ、労働者とのコミュニケーションもこれまで以上に課題として意識する必要があります。人的資本経営の達成のためにも働く環境整備は欠かせません。このような法改正や制度変更は「知らない」ではすまされず、いつ企業が法令違反の当事者になってもおかしくありません。新しい生活スタイルにあわせた働き方の変革が必要です。

ブラック企業の公表、不法な残業代計算や過重労働(かじゅうろうどう)、待遇格差やハラスメント、従業員の健康確保など、企業にメスが入る例が増えています。人事労務に関する法令遵守、コンプライアンスは今後いっそう厳しくなっていくと考えられます。

本書では、労働基準法についてできるだけわかりやすく解説をするだけではなく、法改正や制度変更も最新情報を掲載しています。また日々の労務管理やトラブルに対応できるように関連法規を含めてご理解いただけるよう構成しており、法律について知識をもたない方に向けて図や表を用いて解説をしています。

本書を活用していただき、労働関係法や法令遵守の対策について理解を深める一助になれば監修者として幸いです。

【監修者】
汐留社会保険労務士法人
今井慎・新井将司・池田優子

これ一冊でぜんぶわかる！ 労働基準法 2024～2025年版 もくじ

3章 賃金・賞与・退職金の支払い

4章 人事・懲戒処分・休職

5章 退職・解雇

6章 休暇の種類と年次有給休暇

7章 妊娠・出産・育児・介護

8章 業務委託・非正規雇用・派遣労働・高年齢者雇用

9章 労災保険と従業員の健康・安全

10章 労働基準監督署の調査と労使紛争の解決

●スタッフ
イラスト：あべかよこ
本文デザイン・DTP：菅野祥恵、山中里佳（株式会社ウエイド）
執筆協力：松原ヨーコ
編集協力：パケット
編集担当：遠藤やよい（ナツメ出版企画）

本書の特徴と使い方

本書は基本的に１つの項目を２ページで解説しています。調べたい内容は目次やさくいんですぐに探し出せます。

実務はここを確認！
各項目の冒頭で、実務に直結する内容を簡潔にまとめてあります。

書類の実例を紹介！
必要なところには、書類の作成例なども掲載していますので活用してください。

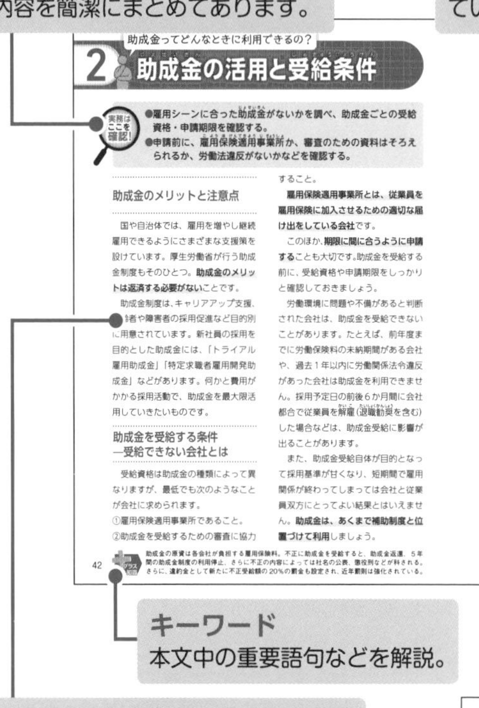

助成金ってどんなときに利用できるの？

2 助成金の活用と受給条件

実務はここを確認！
●雇用シーンに合った助成金がないかを調べ、助成金ごとの受給資格・申請期限を確認する。
●申請前に、雇用保険適用事業所か、審査のための資料はそろえられるか、労働法違反がないかなどを確認する。

助成金のメリットと注意点

国や自治体では、雇用を増やし継続雇用できるようにさまざまな支援策を設けています。厚生労働省が行う助成金制度もそのひとつ。**助成金のメリットは返済する必要がない**ことです。

助成金制度は、キャリアアップ支援、高齢者や障害者の採用促進など目的別に用意されています。新社員の採用を目的とした助成金には、「トライアル雇用助成金」「特定求職者雇用開発助成金」などがあります。何かと費用がかかる採用活動で、助成金を最大限活用していきたいものです。

助成金を受給する条件
—受給できない会社とは

受給資格は助成金の種類によって異なりますが、最低でも次のようなことが会社に求められます。
①雇用保険適用事業所であること。
②助成金を受給するための審査に協力すること。

雇用保険適用事業所とは、従業員を雇用保険に加入させるための適切な届け出をしている会社です。

このほか、**期限に間に合うように申請する**ことも大切です。助成金を受給する前に、受給資格や申請期限をしっかりと確認しておきましょう。

労働環境に問題や不備があると判断された会社は、助成金を受給できないことがあります。たとえば、前年度までに労働保険料の未納期間がある会社や、過去１年以内に労働関係法令違反があった会社は助成金を利用できません。採用予定日の前後６か月間に会社都合で従業員を解雇（退職勧奨を含む）した場合などは、助成金受給に影響が出ることがあります。

また、助成金受給自体が目的となって採用基準が甘くなり、短期間で雇用関係が終わってしまっては会社と従業員双方にとってよい結果とはいえません。**助成金は、あくまで補助制度と位置づけて利用**しましょう。

助成金の原資は各会社が負担する雇用保険料。不正に助成金を受給すると、助成金返還、５年間の助成金制度の利用停止、さらに不正の内容によっては社名の公表、懲役刑などが科される。さらに、違約金として新たに不正受給額の20％の罰金も設定され、近年罰則は強化されている。

42

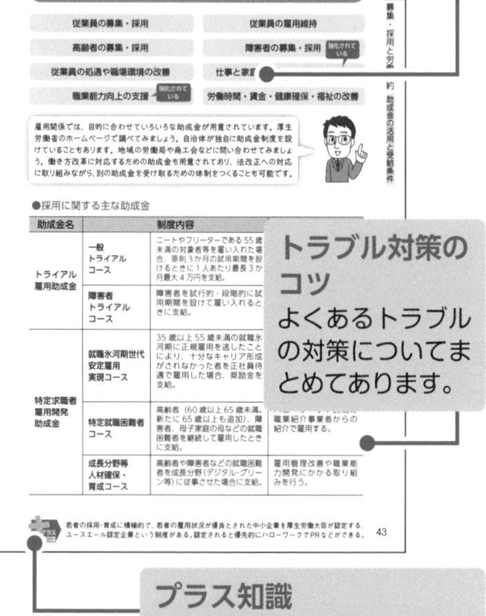

助成金は目的別にいろいろある

従業員の募集・採用	従業員の雇用維持
高齢者の募集・採用	障害者の募集・採用（強化されている）
従業員の処遇や職場環境の改善	仕事と家庭
職業能力向上の支援（強化されている）	労働時間・賃金・健康確保・福祉の改善

雇用関係では、目的に合わせていろいろな助成金が用意されています。厚生労働省のホームページで調べてみましょう。自治体が独自に助成金制度を設けていることもあります。地域の労働局や商工会などに問い合わせてみましょう。働き方改革に対応するための助成金も用意されており、法改正への対応に取り組みながら、別の助成金を受け取るための体制をつくることも可能です。

●採用に関する主な助成金

助成金名		制度内容	
トライアル雇用助成金	一般トライアルコース	ニートやフリーターである55歳未満の対象者等を雇い入れた場合、原則３か月の試用期間を設けるときに１人あたり最長３か月最大４万円を支給。	
	障害者トライアルコース	障害者を試行的・段階的に試用期間を設けて雇い入れるときに支給。	
特定求職者雇用開発助成金	就職氷河期世代安定雇用実現コース	35歳以上55歳未満の就職氷河期に正規雇用を逃したことにより、十分なキャリア形成がされなかった者を正社員待遇で雇用した場合、奨励金を支給。	
	特定就職困難者コース	高齢者（60歳以上65歳未満。新たに65歳以上も追加）、障害者、母子家庭の母などの就職困難者を継続して雇用したときに支給。	職業紹介事業者からの紹介で雇用する。
	成長分野等人材確保・育成コース	高齢者や障害者などの就職困難者を成長分野（デジタル・グリーン等）に従事させた場合に支給。	雇用管理改善や職業能力開発にかかる取り組みを行う。

若者の採用・育成に積極的で、若者の雇用状況が優良とされた中小企業を厚生労働大臣が認定する、ユースエール認定企業という制度がある。認定されると優先的にハローワークでPRなどができる。

43

1 募集・採用と労働契約　助成金の活用と受給条件

トラブル対策のコツ
よくあるトラブルの対策についてまとめてあります。

キーワード
本文中の重要語句などを解説。

プラス知識
本文にプラスした情報を掲載。

わかりやすい文章
本文はできるだけ簡単なわかりやすい文章で解説。大切な箇所は太字にしてマーカーを入れてあります。

図解でわかりやすく！
右ページは、図、イラスト、チャートなどでわかりやすく解説。

専門家に相談！
実務上でちょっと疑問に思うことなどを専門家の視点から解説。

人事異動が権利の濫用にあたる基準とNG例

❶業務上の必要性があるかどうか。
NG例
×人事異動をした理由に合理性がない。
×これまで前例がなかったのに、急にその人のみに出向などを命じた。

❷従業員の被る不利益の程度が大きいかどうか。
NG例
×過去に行われた人事異動に比べて、地位、賃金、手当、査定などの処遇が著しく低い。
×人事異動によって、介護、育児、通勤に大きな不利益が生じる。

❸悪意や不当な目的・動機があるかどうか。
NG例
×人事異動に至るまでの経緯、待遇などから、本当の目的は退職勧奨と判断できる。
×組合活動をしているなどに対しての嫌がらせ、報復や差別が目的になっている。

合理性のある理由が必要といっても、「労働力の適正な配置のため」「従業員の能力や意欲を引き出すため」程度で十分とされます。

専門家に相談！ 限定社員に範囲を超えた異動をお願いするには？

ジョブ型雇用の注目もあり、職種や勤務地などを限定して採用する限定社員は、近年増えています。労働者のほうも、勤務地が決まっていて転勤の心配がない、職の専門性を高められるなどのメリットを感じて働いています。

経営の都合で部署の縮小、支店の廃止といったような事態になったとき、そのまま退職してもらう道もありますが、別の部署に異動してもらうという方法もあります。このような場合は、雇用契約内容の変更になるので、従業員の同意を得て、雇用契約書をあらためて作成するとよいでしょう。

一般的に、家族と離れて単身赴任になるといった私生活上の不便程度では権利の濫用にあたらないとされる。とはいえ、介護・育児をする従業員への十分な配慮は必要。

133

4 人事・懲戒処分・休職　人事異動が認められないとき

本書は、2024年4月現在の法令に基づいて執筆しています。

1章

募集・採用と労働契約

1 募集内容の制限と募集方法
2 助成金の活用と受給条件
3 採用・選考時の注意点
4 外国人の雇入れと在留カード
5 障害者雇用に関する制度
6 内定の通知と内定取り消し
7 労働条件の説明と雇用契約書
8 従業員教育と服務規律
9 雇用保険と社会保険の加入要件
10 入社時の提出書類
11 マイナンバーの管理
12 試用期間と本採用拒否

募集時にしてはいけないことは？

1 募集内容の制限と募集方法

- 募集内容の記載では性別と年齢制限の表現に気を配り、実際と異なることは書かない。
- ハローワークを利用する前に、自社が労働基準法違反をしていないか、労働保険と社会保険に適正に加入しているかを確認する。

性別や年齢制限を設けず幅広く募集する

従業員の募集を行うときは、前もってどのような人材を何人採用するかなどと考えを巡らせます。会社には、必要とする人材をどのような条件で採用するかを選ぶ自由があります。しかし、**法令によって募集内容に制約があることに注意**しなければなりません。

まず、**男女で異なる条件をつけたり、男女の募集人数に理由なく差をつけたりすることは禁止**されています。

年齢を制限して募集することもできません。ただし、人材を長期的な視野で育てるために若い人を採用したいといった理由があれば、**条件つきの年齢制限が認められることもあります**。

要は性別や年齢について、「男性がいい」「若い人を雇いたい」といった色眼鏡で、募集段階から振り分けするのはやめましょう、ということです。制限をつけずに幅広く募集して選考した結果、若い男性が多くなったというのであれば、法的にも問題はありません。

実際と異なった募集内容を示すことも禁止されています。たとえば、有期雇用契約（会社と従業員の間であらかじめ期間を定めて結ばれる労働契約）で採用する可能性があるのに、「正社員のみ募集」とうたうようなケースです。賃金額を実際以上に高く設定するのも虚偽記載となります。

ハローワークで募集するには条件がある

募集方法には、知人の紹介、求人サイトや求人雑誌に申し込んで掲載するなどがあります。厚生労働省が運営する**ハローワークは、無料で全国どの地域でも利用できるのがメリットです**。少人数の募集でもコストの負担が気になることはなく、インターネットサービスも便利です。

ただし、ハローワークで掲載するには、**原則として労働基準法違反がなく、労働保険と社会保険に適正に加入していることが条件**になります。

虚偽記載への対策として、職業安定法の改正で、求人情報の的確な表示も定められている。2024年4月からの労働条件明示事項変更は募集時にも対応が必要（➡P52）。

募集の主なルール

●禁止されている募集内容

募集内容	具体例
性別を限定する 性別によって異なる条件をつける 男女のいずれかを優先する	✕「女性のみ」　✕「男性歓迎」 ✕「男性５名、女性３名募集」 ※理由があれば「歓迎」は OK。
年齢制限を設ける	✕「30 歳以下のみ応募可」
誤解を与える内容・虚偽の内容	✕有期雇用の可能性もあるのに「正社員のみ」とする ✕給与が 18 万～ 20 万円なのに、「20 万円以上」とする
実務経験を必要とする免許資格	✕「1 級ファイナンシャルプランニング技能士の資格必要」 ※薬局勤務の薬剤師など、職務上必須の資格であればよい。
地域や国籍を限定する	✕「電車・徒歩 30 分以内で通える人」 ✕「日本国籍者」

●認められている募集内容

募集内容	具体例
業務内容と必要な能力を列記する	○「パソコン上で会計ソフトを使った経理事務を行うので、日商簿記２級程度の知識が必要」
性別・年齢を限定しない表現	○「学生歓迎」 ○「短時間でも OK」
新規学卒者とそれに同等とする者を採用する場合	○「来年３月に卒業予定」 ○「学校卒業後３年以内の者」

●条件つきで認められている年齢制限

募集内容	具体例
長期的にキャリアを形成させる目的がある場合、上限年齢を定めてよい ※年齢の上限は 35 ～ 44 歳くらいまで、職務経歴や実務経歴が必要な資格を不問とする、正社員で募集するなどが条件。	○「35 歳未満（職務経歴不問）」 ○「40 歳未満」
定年年齢を上限として上限年齢を定めてよい ※ただし正社員で募集するのが条件。	○「65 歳未満（定年が 65 歳）」
60 歳以上の高年齢者に限定した場合、募集年齢を定めてよい ※年齢の上限は設定できない。	○「60 歳以上歓迎」 ✕「60 歳以上 70 歳まで」

応募者側は働く内容をイメージしたいもの。採用条件を多く列記して応募の門戸を狭めるよりも、職務内容や労働条件を具体的に記したい。また、年齢の募集幅を広げることで、よりよい人材が集まることも期待できる。求人情報に画像や PR も入れられるので、活用したい。

助成金ってどんなときに利用できるの？

2 助成金の活用と受給条件

●雇用シーンに合った助成金がないかを調べ、助成金ごとの受給資格・申請期限を確認する。
●申請前に、雇用保険適用事業所か、審査のための資料はそろえられるか、労働法違反がないかなどを確認する。

助成金のメリットと注意点

国や自治体では、雇用を増やし継続雇用できるようにさまざまな支援策を設けています。厚生労働省が行う助成金制度もそのひとつ。**助成金のメリットは返済する必要がない**ことです。

助成金制度は、キャリアアップ支援、高齢者や障害者の採用促進など目的別に用意されています。新社員の採用を目的とした助成金には、「トライアル雇用助成金」「特定求職者雇用開発助成金」などがあります。何かと費用がかかる採用活動で、助成金を最大限活用していきたいものです。

助成金を受給する条件—受給できない会社とは

受給資格は助成金の種類によって異なりますが、最低でも次のようなことが会社に求められます。

①雇用保険適用事業所であること。
②助成金を受給するための審査に協力すること。

雇用保険適用事業所とは、従業員を雇用保険に加入させるための適切な届け出をしている会社です。

このほか、**期限に間に合うように申請する**ことも大切です。助成金を受給する前に、受給資格や申請期限をしっかりと確認しておきましょう。

労働環境に問題や不備があると判断された会社は、助成金を受給できないことがあります。たとえば、前年度までに労働保険料の未納期間がある会社や、過去１年以内に労働関係法令違反があった会社は助成金を利用できません。採用予定日の前後６か月間に会社都合で従業員を解雇（退職勧奨を含む）した場合などは、助成金受給に影響が出ることがあります。

また、助成金受給自体が目的となって採用基準が甘くなり、短期間で雇用関係が終わってしまっては会社と従業員双方にとってよい結果とはいえません。**助成金は、あくまで補助制度と位置づけて利用**しましょう。

助成金の原資は各会社が負担する雇用保険料。不正に助成金を受給すると、助成金返還、５年間の助成金制度の利用停止、さらに不正の内容によっては社名の公表、懲役刑などが科される。さらに、違約金として新たに不正受給額の20％の罰金も設定され、近年罰則は強化されている。

助成金は目的別にいろいろある

- 従業員の募集・採用
- 従業員の雇用維持
- 高齢者の募集・採用
- 障害者の募集・採用

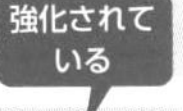

- 従業員の処遇や職場環境の改善
- 仕事と家庭を両立させるための支援
- 職業能力向上の支援　強化されている
- 労働時間・賃金・健康確保・福祉の改善

雇用関係では、目的に合わせていろいろな助成金が用意されています。厚生労働省のホームページで調べてみましょう。自治体が独自に助成金制度を設けていることもあります。地域の労働局や商工会などに問い合わせてみましょう。働き方改革に対応するための助成金も用意されており、法改正への対応に取り組みながら、別の助成金を受け取るための体制をつくることも可能です。

●採用に関する主な助成金

助成金名	制度内容		主な受給要件
トライアル雇用助成金	一般トライアルコース	ニートやフリーターである55歳未満の対象者等を雇い入れた場合、原則3か月の試用期間を設けるときに1人あたり最長3か月最大4万円を支給。	安定的な就職が困難な方をトライアルで雇用すること。
	障害者トライアルコース	障害者を試行的・段階的に試用期間を設けて雇い入れるときに支給。	雇用保険被保険者資格取得の届け出を行うこと。(障害者短時間トライアルの場合は不要)
特定求職者雇用開発助成金	就職氷河期世代安定雇用実現コース	35歳以上55歳未満の就職氷河期に正規雇用を逃したことにより、十分なキャリア形成がされなかった者を正社員待遇で雇用した場合、奨励金を支給。	正規雇用労働者として採用すること。過去に正規雇用労働者として安定雇用されていないこと（妊娠・出産・育児を理由とした離職は除く)。
	特定就職困難者コース	高齢者（60歳以上65歳未満。新たに65歳以上も追加)、障害者、母子家庭の母などの就職困難者を継続して雇用したときに支給。	ハローワークや民間の職業紹介事業者からの紹介で雇用する。
	成長分野等人材確保・育成コース	高齢者や障害者などの就職困難者を成長分野（デジタル・グリーン等）に従事させた場合に支給。	雇用管理改善や職業能力開発にかかる取り組みを行う。

若者の採用・育成に積極的で、若者の雇用状況が優良とされた中小企業を厚生労働大臣が認定する、ユースエール認定企業という制度がある。認定されると優先的にハローワークでPRなどができる。

採用で聞いてはいけない情報があるの？

3 採用・選考時の注意点

- 就職差別につながるようなデリケートな情報の取り扱いに気をつける。証明書の提出などを有効に使う。
- 不採用者の情報はすみやかに処分し、他の目的への利用や第三者に提供してはならない。

採用で収集が禁止されている情報

採用では、履歴書（りれきしょ）などを提出してもらい、面接や採用試験、適性テストなどを経て、採用決定をするのが一般的です。採用過程でできる限り有用な情報を集めたいところですが、**収集してはいけない情報もある**ので注意しましょう（➡右ページ）。

人種や民族、本籍、職務とは無関係の身体のサイズなどは社会的差別の原因となるので面接などでも聞いてはなりません。**支持政党、労働組合への加入状況なども質問してはいけない**事項です。

証明書や免許証を提出してもらう

履歴書に虚偽の記載がないかは、できる限りチェックしておきたいものです。採用審査のための書類として、必要資格であればそれを証明する免許証など、学歴や職歴であれば卒業証明書や退職証明書（たいしょくしょうめいしょ）（➡P162）を提出してもらうとよいでしょう。

退職証明書では、前職での退職理由がわかります。経歴を詐称していれば、提出を求められた時点で、自ら応募を辞退するという効果も期待できます。

応募者の情報は採用・選考以外に使わない

採用・選考に使用した履歴書などの応募書類には、氏名・住所・職歴・家族状況などの個人情報が含まれています。これらの情報は、個人情報保護法により、当初の目的である**採用・選考以外に使ってはなりません**。個人情報は目的を明らかにして収集しましょう。

採用する応募者の履歴書などは、人事労務の資料としてそのまま保存するのはかまいません。しかし、不採用とした応募者の書類は、コピーも含めて確実に返却、廃棄などの処分をします。不採用の応募者から「履歴書はどうした？」といった問い合わせがくることもあるので、**応募時にあらかじめ処分方法を説明しておく**のもよいでしょう。

個人情報保護法により、本人の同意のない個人情報の第三者への提供は制限される。前の職場などに履歴書の記載事項についての事実確認はできるが、勤務態度などは基本的に聞けない。バックグラウンドチェックは本人の同意を得て慎重に行う。

採用選考時に配慮すること

●書類審査・面接で
適性や能力に関係のない場合、聞いたり、書かせたりしない事項。

❶本人に責任のない事項

- 本籍・出生地に関すること
  例「戸籍謄（抄）本」、本籍が記載された「住民票」
- 家族に関すること
  例家族の職業（職種・勤務先）・健康・地位・学歴・収入・資産など、家族の仕事の有無、家族構成
- 住宅状況に関すること
  例間取り、部屋数、住宅の種類、近郊の施設など
- 生活環境・家庭環境などに関すること

❷本来本人の自由であるべき事項

思想信条にかかわることであり、偏見や差別につながる、応募者に精神的苦痛を与える、応募者の人権を侵害する可能性があるなどのため禁止されている。

- 宗教に関すること
- 支持政党に関すること
- 人生観、生活信条に関すること
- 尊敬する人物に関すること
- 思想に関すること
- 労働組合に関する情報
  例加入状況や活動歴など
- 社会運動に関すること
  例学生運動など
- 購読新聞・雑誌・愛読書などに関すること

❶❷の情報も、本人がアピールポイントとして自ら積極的に話すのであればかまいません。

●採用選考で
就職差別につながる恐れがあるので行って（おこな）はならない事項。

- 身元調査などの実施
  例「現住所の略図」を書いてもらう
  （生活環境などの把握や身元調査につながる可能性がある）

●健康情報で
特別な必要のない限り収集するべきではない事項。

- 合理的・客観的に業務上で必要性が認められない採用選考時の健康診断の実施
- 職場で感染する可能性が低いHIV（エイズ）、B型肝炎などの感染の有無
- 色覚異常などの遺伝情報についての情報

2024年4月から労働者の募集などの際、従事すべき業務や就業場所の変更の範囲、有期労働契約の更新の上限や内容の明示が必要になった（➡P52、224）。

外国人を雇用するときの注意点は？

4 外国人の雇入れと在留カード

- 在留カードの「在留資格」「就労制限の有無」「資格外活動許可欄」を必ずチェックする。
- 外国人が入社するときと退職するときにはハローワークに届け出る。

在留カードの記載内容で就労可能かどうかがわかる

日本で働く外国人労働者は増え続けています。外国人の採用にあたっては、注意ポイントがいくつかあります。

まず**在留カードを確認**します。在留カードとは日本国内に中長期滞在する資格をもった外国人に交付されるもので、観光目的などで入国した外国人には交付されません。原則として**在留カードがなければ就労できない**のです。

在留カードがあっても就労できないことがあります。**「在留資格」が留学や家族滞在などの場合は、就労が認められません**。また、職務に制限がある在留資格は、制限範囲の職務でしか働くことはできません。

しかし、就労が認められない在留資格でも**資格外活動許可が下りていれば就労できます**。同様に、職務に制限がある在留資格でも、資格外活動許可があれば制限範囲の職務以外の仕事に就くことができます。資格外活動許可は、留学生がアルバイトをするときなどに出入国在留管理庁に申請して取得します。

なお、**外国人の雇入れ時と退職時には、雇用期間や雇用保険加入の有無にかかわらずハローワークに届け出なければなりません**。

在留カード番号の届け出が必要となっており、より厳しく確認されます。届け出をしなかったり虚偽の届け出をした場合、罰金刑が科されることがあります。

新卒の外国人留学生を採用するときは、在留資格を「留学」から就労できる種類のものに変更しなければなりません。**内定が決まったら、外国人留学生自身に出入国在留管理庁で在留資格の変更手続きをしてもらいます**。

ただし、留学生が学生時代に習得した技術や知識と内定先の企業の職務内容がかけ離れている場合、在留資格の変更許可が下りないことがあります。採用を決める際は、その職務が採用予定の外国人留学生に適しているかどうかを十分に検討することが大切です。

就労資格のない外国人を雇ったり、認められた職務の範囲を超えて外国人を働かせることは「不法就労助長罪」にあたる。3年以下の懲役または300万円以下の罰金が科される。

在留カードのチェックポイント

●表面

日本国政府 GOVERNMENT OF JAPAN　在留カード RESIDENCE CARD　番号 No. AB12345678CD
氏名 NAME TURNER ELIZABETH
生年月日 DATE OF BIRTH 1985年12月31日　性別 SEX 女 F.　国籍・地域 NATIONALITY/REGION 米国
住居地 ADDRESS 東京都千代田区霞が関1丁目1番1号霞が関ハイツ202号
在留資格 STATUS 留学 College Student
就労制限の有無 就労不可
在留期間（満了日） PERIOD OF STAY (DATE OF EXPIRATION) 4年3月（　年10月20日）
許可の種類 在留期間更新許可（東京入国管理局長）
許可年月日 　年06月10日　交付年月日 　年06月10日
このカードは　年10月20日まで有効 PERIOD OF VALIDITY OF THIS CARD です。
法務大臣
見本・SAMPLE

●裏面

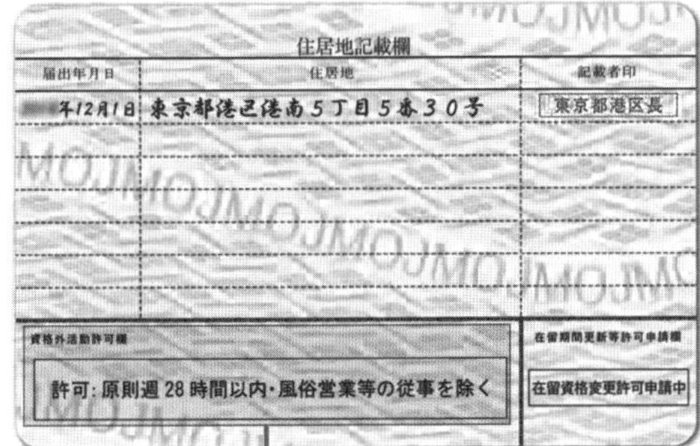

ポイント1

[就労制限の有無]の記載内容

- ●[就労不可]：原則として就労が認められない。
- ●「～就労活動のみ可」：制限つきで就労が認められる。制限範囲は［在留資格］で確認！
- ●「就労制限なし」：就労内容に制限がない。

ポイント2

[在留資格]の記載内容

✕**就労できない在留資格**
留学、家族滞在、研修、文化活動、短期滞在

○**制限範囲内で就労が可能な在留資格**
外交、公用、教授、芸術、宗教、報道、経営・管理、法律・会計業務、医療、研究、教育、技術・人文知識・国際業務、企業内転勤、興業、技能、技能実習、介護、高度専門職、特定技能1号・2号

◎**就労制限のない在留資格**
永住者、日本人の配偶者等、永住者の配偶者等、定住者

ポイント3

[資格外活動許可欄]の記載内容

ポイント1・2では就労できない記載内容でも、この欄に「許可」と書かれていれば、就労時間や就労場所の制限つきで就労できる。

詳しい内容は、資格外活動許可書で確認することがある。

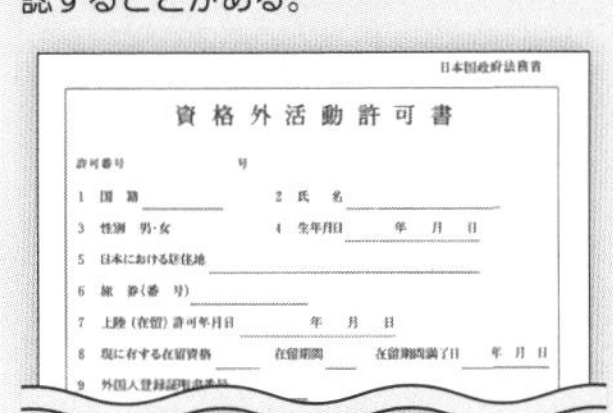
日本国政府法務省

資格外活動許可書

許可番号　号
1 国籍　2 氏名
3 性別 男・女　4 生年月日　年　月　日
5 日本における居住地
6 旅券(番号)
7 上陸(在留)許可年月日　年　月　日
8 現に有する在留資格　在留期間　在留期間満了日　年　月　日
9 外国人登録証明書番号

トラブル対策のコツ

在留カードが有効かどうかを確認しよう

在留カードで氏名・生年月日・性別・国籍が確認できます。また有効期限や在留期間（満了日）が切れていないかもできる範囲でチェックしましょう。切れている在留カードは無効です。表面右上の**在留カード番号を出入国在留管理庁のホームページ上で照会すれば、そのカードが失効しているかどうかを確認することができます。**

プラス知識　外国人でも在日韓国人・朝鮮人は「特別永住者」とされ、就労の手続きなどは日本人と同様。雇用時・退職時のハローワークへの届出義務などは行う必要はない。

障害者は一定以上雇い入れるの？

5 障害者雇用に関する制度

●少なくとも５年ごとに見直しがされる障害者の法定雇用率。そのつど障害者雇用義務の有無をチェックする。

●採用や雇用では、障害を理由とした差別は禁止。仕事がしやすいような合理的な配慮も忘れない。

段階的に上がる障害者の法定雇用率に備える

障害者雇用促進法に基づき、**一定規模の会社は法定の障害者雇用率以上の障害者を雇用する義務**があります。

現在の民間企業の障害者の法定雇用率は 2.5%です（2024 年４月～）。これはつまり､常用労働者（➡右ページ）が 40 人以上いる会社は、少なくとも１人の障害者を雇用する義務があるということです。**対象となる会社は、毎年６月１日時点の障害者雇用状況をハローワークに報告する義務**があります。

障害者の法定雇用率を超えて多くの障害者を雇用している会社には、障害者雇用調整金が支給されます。反対に、障害者の雇用人数が法定雇用率を下回る会社は、障害者雇用納付金を納めなければなりません。障害者の法定雇用率は少なくとも５年ごとに見直され、2026 年７月からは 2.7%への引き上げも決定しています。地域の中小企業で障害者の雇用率を上げるねらいもあり、法定雇用率は今後も上がるでしょう。

現在は障害者雇用義務の対象とならない会社も、将来は対象となるかもしれません。そのための準備として、障害者雇用に関する助成金制度（➡P43）などを利用しながら障害者の雇入れを検討していきたいものです。

障害者への差別は禁止。合理的配慮をする

募集や採用、雇用にあたって障害者を差別することは禁じられています。たとえば、車いすを利用していることなどを理由とした採用の拒否や、障害者というだけで昇給させないということはできません。また、採用や雇用では、採用試験問題の点訳、車いすに合わせて作業台の高さを調節するなど、合理的な配慮をしなければなりません。2024 年４月から民間事業者も合理的配慮の提供が義務化されます。障害者の情報取得利用、意思疎通に差別がないように、アクセシビリティに関する法律もできました。

テレワークを活用することで障害者雇用のハードルも下がってきている。テレワーク形式による雇用の場合、助成金の拡充（トライアル雇用期間の拡充）が可能となる。

障害者雇用義務のしくみ

●常用労働者が40人以上の民間企業では、2.5%の障害者雇用義務がある。

2026年から 2.7%へ引き上げ

●常用労働者のカウント方法

週所定労働時間が 30 時間以上➡1人
20時間以上 30 時間未満➡0.5 人
(短時間労働者)
10時間以上 20 時間未満(重度障害者等一部)➡0.5 人

例①正社員が25人、短時間労働者のパートが20人の会社の常用労働者数は、
25人+(0.5×20人)=35人
40人未満なので、障害者雇用義務の対象となる会社にはあてはまらない。

例 50人の場合、50人×2.5%≒1人
100人の場合、100人×2.5%≒2人
の障害者雇用義務

例②正社員10人、短時間労働者のパートが60人の会社の常用労働者数は、
10人+(0.5×60人)=40人
40人×2.5%=1人
障害者雇用義務がある民間企業として、最低1人の障害者を雇用する義務がある。

●障害の種類別・重度別 障害者数のカウント方法

週所定労働時間		30時間以上	20時間以上30時間未満(短時間労働)※	10時間以上20時間未満
身体障害者	重度以外	1人	0.5人	—
	重度	2人	1人	0.5人
知的障害者	重度以外	1人	0.5人	—
	重度	2人	1人	0.5人
精神障害者		1人	0.5人※※	0.5人

例短時間労働の身体障害者を1人、短時間労働の重度の知的障害者を1人雇用している場合
1人×0.5+1人
=1.5人
障害者の雇用人数は1.5人とカウントする。

※週 10時間以上 20時間未満の一部障害者もカウント可能に(2024年4月〜)。
※※条件付きで「1人」とみなす特例措置がある(当分の間延長)。

●調整金と納付金のしくみ

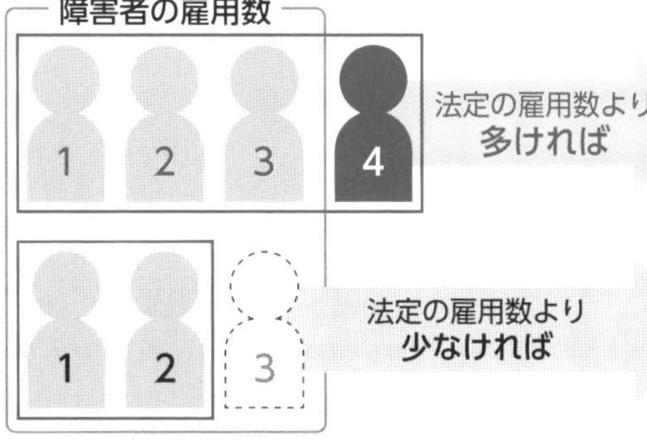

超過する人数分
1人あたり
月 29,000 円の
調整金が支給される
(2023年4月分から引上げ)

不足する人数分
1人あたり
月 50,000 円の
納付金を収める

※調整金の対象障害者が一定数(10人)を超える場合、超過人数分の支給額は月 23,000 円に変更(2024年4月〜)。
※ただし、従業員100人以下の規模の会社には、納付金の納付義務が当分の間猶予されている。

重度の障害などで著しく労働能力が低い場合は、最低賃金より低い賃金を設定できる特例がある。ただし、事前に労働基準監督署に申請して許可を得ることが必要(➡P111)。

内定後に採用を取り消すことはできるの？

6 内定の通知と内定取り消し

- 内定通知は書面で、内定の時期・内容、相手からの承諾の時期・意思をはっきりさせる。
- 内定取り消し事由は事前に知らせ、取り消しをするときは理由を十分に説明するなど誠実に対応する。

内定通知と承諾は書面でやりとりする

書類審査、面接などを行った結果、採用予定者を決定して「○月○日から採用します」と相手に伝えることを**内定**といいます。

内定通知は口頭やメールでもできますが、内定をめぐってトラブルになるケースは案外多いものです。そのため、**いつ、どんな内容で内定を出したか**をはっきりさせるためにも、**書面で採用内定通知を出す**のが一般的です。採用予定者からの返答も、**誓約書**（➡P62）などと一緒に書面でもらうことで、採用予定者が承諾した日にちや入社についての意思表明が明確になります。

内定取り消し事由は限られている

企業側と採用予定者が互いの合意を確認し合えば、その時点で**労働契約**が成立します。いったん労働契約が結ばれると、企業側からそれを解除することは**解雇**とみなされます。解雇するには、「客観的に合理的で、社会通念上も認められる」ような理由がなければなりません（➡P152）。

もっとも、入社日までの内定期間中は★**始期付・解約権留保付労働契約**といって、**採用内定時には知ることや予測することができなかったような事実が起きたときに限り、内定取り消しが認められます**。具体的には、成績不良で卒業できない、業務ができないほど健康状態が悪化した、経歴などを詐称していたような場合です。会社側の都合で内定取り消しができるのは、急激な経営悪化など、**新規採用を断念しなければならないような経営事情**が発生したときに限定されます。

どんな理由であれ、内定取り消しをすると、相手は就労できなくなり、経済的にも不安定な状態に置かれます。**取り消し理由を十分に説明し、誠意をもって対応しなければなりません**。場合によっては、**和解金**を支払うことも考慮する必要があります。

始期付・解約権留保付労働契約…労働契約を結んでいるといっても、実際の就労は入社日から（始期付）、それまでは内定を取り消す権利をもっている（解約権留保付）ということ。

採用内定通知書（例）

〇〇〇年〇月〇日

発行日を明記する。

採用内定通知

〇〇〇〇様

この度実施しました採用選考試験の結果、あなたを〇〇〇年〇月〇日より採用させていただくことに内定いたしましたので、ここにご通知差し上げます。

入社日を明記する。

つきましては、同封の誓約書類に必要事項をご記入のうえ、〇〇〇年〇月〇日までに当社必着でお送りいただきますよう、お願いいたします。

採用内定通知に同意した証拠となる書類を提出してもらうとよい。

回答の期限を設ける。

以上

東京都〇〇区〇〇 X 丁目 X-X
株式会社 〇〇〇〇〇〇〇〇
代表取締役 〇〇〇〇

トラブル対策のコツ

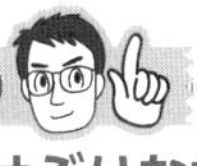

採用内定前は思わせぶりな言動に注意！

内定を出す前に、採用を確信させるような言動をしたり、研修などを行ったりして採用予定者を事実上拘束するようなことは控えましょう。「会社から採用予定を通知した」＝「内々定の状態」とみなされる可能性が高くなるからです。

内々定ではまだ労働契約が成立していませんが、事実上内定が成立した（労働契約が締結された）状態になる場合があり、**内定取り消し事由（➡左ページ）がないと、採用の見送りができなくなることもあります**。インターンや業務委託により、お試しとして就労することも注目されていますが、注意しましょう。反対に内定を出すことを条件として就職活動終了を強要する「オワハラ」にも気をつけましょう。

プラス知識

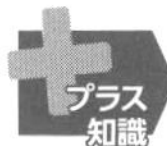

新卒者の内定取り消しでは、事前にハローワークや学校に通知をしなければならない。また、２年連続で内定取り消しを行った場合などは、厚生労働省が企業名を公表することもある。

労働条件を明示するときのポイントは？

7 労働条件の説明と雇用契約書

- 雇用契約書は２通作成し、署名した後に会社と労働者が１通ずつ保管する。
- 雇用契約書を交わすときは十分に説明し、相手の理解を得るようにする。就業規則も活用する。

労働条件通知書より雇用契約書がいい

従業員を雇い入れる際には、労働条件を知らせておかなければなりません。労働基準法では、**必ず書面で明示する労働条件が決められています**（➡右ページ）。法律上は、労働条件を記載した書面を「通知書」の形式で労働者に示せばよいことになっています。この書面が労働条件通知書です。

しかし、労働条件を一方的に示すだけでなく、相手の同意を得ておくほうが後々のトラブルは少なくなります。したがって、「労働条件について互いに合意しました」という**双方の意思確認が残る「契約書」形式の書面を交わす**ことをおすすめします。雇用契約書は２通作成し、会社側と労働者側で署名し、各々が１通ずつ保管します。電子署名も活用するとよいでしょう。

労働条件を示すとともに、相手の疑問にも答えながら、**納得したうえで署名をしてもらう**ようにします。

重要な労働条件は十分に説明する

とくに**労働者が注目する労働条件は雇用期間・賃金・労働時間**です。雇用期間では無期なのか有期なのか、有期ならどういうときに契約更新をするのか、賃金ではどんな種類の手当があるか、固定残業代（➡P120）はいくら含まれているのか、などです。

すでに採用・面接で十分に話し合ったかもしれませんが、**雇用契約書を交わすときに契約書の該当箇所を指し示しながら改めて説明**しましょう。

入社後の労働条件の変更についても理解を得ておきたいものです。異動（➡P130）の有無、降給もあり得ることなどは雇用契約書に記載しておくとよいでしょう。

雇用契約書を交わすときは、会社を知ってもらうよい機会でもあります。ここで会社の就業規則をもち出し、会社の方針や主なルールを伝えておきましょう。

法定の明示事項は最低限度のものと考え、補うべき事項は補いたいもの。たとえば、法定のように「昇給の有無」だけ明示するのは不十分。「降給の有無」までしっかり示すこと。

雇入れ時に明示する事項

●すべての従業員に明示する事項

- 労働契約の期間
（無期または有期。有期の場合は契約期間など）
- 就業場所と変更の範囲（2024年4月～）
- 業務内容と変更の範囲（2024年4月～）
- 始業時刻・終業時刻
- 所定時間外労働の有無
- 休憩時間
- 休日・休暇
- 交替勤務制をさせる場合は就業時転換について
- 賃金の決定方法､計算・支払い方法､締切・支払いの時期
- 退職に関する事項
（解雇の事由を含む）

必ず書面で明示する。

書面での明示は、労働者が希望する場合は次の送信方法が認められている。
・ファクシミリ
・出力できる電子メール、SNSなど

- 昇給に関する事項

必ず明示する。
（文書または口頭で）

- 退職金のルール
（対象となる従業員の範囲、計算・支払い方法、支払い時期）
- 賞与のルール
（対象となる従業員の範囲など）
- 従業員に負担させる食事・作業用品など
- 安全衛生のルール
- 職業訓練の制度
- 災害補償および業務外の傷病扶助
- 表彰制度
- 制裁のルールなど
- 休職制度

制度がある場合、明示する。
（文書または口頭で）

※テレワークや副業に関するルールもしっかりと説明すること。

その他、短時間労働者や有期契約社員、非正規社員に必ず明示する事項があります。くわしくは8章で確認してください。

明示すべき事項のうち法令では「口頭でよい」としている事項も、文書で示したほうがトラブルが少ない。雇用契約書に盛り込んでも、就業規則の該当部分を示してもOK。SNS等で明示する場合は、到達の確認をすることや明示した日付、担当者名等を本文に記載してトラブルを防止しよう。

雇用契約書（例）

電子署名も活用する

雇用契約書
（労働条件通知書　兼　労働条件等に関する承諾書）

<社員用>

○○○○年　○月　○日

殿

事業所所在地
事業所名称
使用者職氏名　　印

貴殿の労働条件は以下の通りです。

入社日	○○○○年　○月　○日（入社日より3か月間は試用期間とする）
契約期間	無
就業の場所（所属）	（雇入れ直後） （変更の範囲）
従事すべき業務の内容	（雇入れ直後） （変更の範囲）
始業、終業の時刻、休憩時間、所定時間外労働の有無に関する事項	1　始業・終業の時刻等 時　分～翌　時　分 なお、業務の都合により、就業時間及び休憩時間を繰り上げまた繰り下げ及び変更することがある。 2　休憩時間　労働基準法に基づく 3　所定時間外労働　有 4　休日労働　有
休日	土曜、日曜、祝日（業務の都合による変動あり）
休暇	年次有給休暇　労働基準法に基づく有給休暇有り。
賃金	1　基本給　円 営業手当　円 固定残業代　円（月○○時間分）　○○時間分を超える残業代は追加で支払う。 ※基本給：職務内容、経験、勤務成績、年齢、接客内容等を考慮して決定する。 2　昇降給　年1回 ※職務内容、経験、勤務成績、接客内容等を考慮して随時人事考課を行うものとし、降給する場合もある。 3　〆日支給日　毎月　日締め　日支払い 4　支払方法　指定の銀行口座に振り込む。 5　賞与制度　無 6　退職金制度 無 7　通勤交通費　1か月定期代（但し、　円を上限額とする） 8　業績手当 売上により支給する場合がある。

試用期間がある場合、必ず明示する。

期間の定めがある場合は、契約期間を書く。

テレワークを認めている場合、就業の場所を明確にする。

2024年4月～追加

試用期間中の条件が異なる場合は、必ず明示する。

所定時間外労働や休日労働の可能性があるときは、「有」と書く。あらかじめ36協定（➡P76）を結んでおく。

固定残業代は何時間分の賃金かまで示す。時間外手当、深夜手当、休日手当の別があれば、その内訳まで記す。

署名…自筆でサインをしたもの。契約書などでは署名だけでも有効だが、商取引上の慣習では「署名＋捺印（押印）」をすることになっている。現在は商取引のデジタル化も進められている。

退職に関する事項	1 自己都合退職の手続き ※退職する30日以上前に退職願を提出し、会社の承認を得るものとする。 2 解雇の事由および手続き ※本契約期間中において、業務外の傷病その他の事由により、または、下記の事由等により勤務が継続できなくなったと判断される場合は、契約を解消することがある。なお、解雇する場合は、労働基準法第20条に基づき30日前に予告するものとする。 1. 勤務成績又は業務能率が不良で、向上の見込みがなく、他の職務にも転換できない等就業に適さないとき 2. 勤務状況が不良で、改善の見込みがなく、協調性に欠けるなど従業員としての職責を果たし得ないとき 3. 業務上の負傷又は疾病による療養の開始後3年を経過しても当該負傷又は疾病が治ゆしない場合であって、従業員が傷病補償年金を受けているとき又は受けることとなったとき（会社が打ち切り補償を支払ったときを含む。） 4. 適正な雇用管理を行い、雇用の継続に配慮してもなお、採用後に生じた精神又は体の障害により業務に耐えられないとき 5. 試用期間中又は試用期間満了時までに従業員として不適格であると認められたとき 6. 懲戒解雇事由に該当する事実があるとき 7. 事業の運営上のやむを得ない事情又は天災事変その他これに準ずるやむを得ない事情により、事業の継続が困難となったとき 8. 事業の運営上のやむを得ない事情又は天災事変その他これに準ずるやむを得ない事情により、事業の縮小・転換又は部門の閉鎖等を行う必要が生じ、他の職務に転換されることが困難なとき 9. 会社内外において刑法その他刑罰法規の各規定に違反する行為を行い、その犯罪事実が明らかとなったとき 10. 始末書が累計3枚に及んだとき 11. その他前各号に準ずるやむを得ない事情があったとき 3 定年退職 65歳
その他	1 社会保険の加入状況 労災保険、雇用保険、健康保険、厚生年金 2 その他 この契約に疑義が生じたときおよび定めなき事項については、労働基準法その他の関係諸法令に基づき、本人との協議により決定するものとする。 3 就業規則を確認できる場所や方法（　　　　）

上記内容について承諾しました。
また、あわせて次の事項を誓約し、必ず履行することを誓約いたします。

1. 貴社の就業ルールや諸規定等に従い、誠実に勤務します。
2. 履歴書など会社へ提出した書類に記載された内容に相違があったことが判明したときは、雇用を解約される可能性について理解をしました。
3. 故意、または重大な過失により、貴社に損害をおかけしたときは、その責任を負うことがあることを理解しました。
4. 業務上知り得た機密事項については、退職後も口外いたしません。
5. 兼業については必ず上司に報告をし、貴社の近隣の競合他社に就職をし、競業をしません。
6. 業務事故を発生させない様に注意して業務をします。もしも発生した場合には必ず報告をします。
7. 貴社内の会議、打合せ等には参加をします。
8. 身だしなみに注意をします。（爪を切る、食後は歯磨きをする）
9. 貴社内の備品や機材について不注意による破損を防止するようにします。

○○○○年　○月　○日

従業員　住所

氏名　　　　　　　　　　㊞

自社で決めた「退職を申し出る期限」を示すとよい。

定年退職制を設けているときは定年を明記する。

通達により明示が求められている。

同時に承諾してほしい事項について遵守の承諾を得るとよい。

★署名（または記名＋押印）。電子署名も活用する。

署名をする代わりに「記名＋押印」でもよい。記名は自筆ではなく社名のゴム印などを使用すること。記名だけの契約書は効力が弱いとされるので、必ず押印とセットにする。電子署名も活用するとよい。

自社の一員としてスタートを切ってもらうには？

8 従業員教育と服務規律

実務はここを確認！

- **入社初めに従業員に伝えておきたいことは、就業規則などに盛り込んでまとめておく。**
- **服務規律の内容は、年に１回は見直す。時代遅れの規律はないかなどをチェックする。**

スタートの前に「会社」を知ってもらう

従業員と労働契約を結んだら、**入社前や入社時に、就業規則を確認しながらオリエンテーションを行う**ことをおすすめします。業務の流れや仕事に対する考え方、どんなことを大切にして働いてほしいかといったことを従業員に伝えておくよい機会となるからです。

中小企業の経営では、会社の意思を統一させ、職場のみんなが協力し合うことが不可欠です。何も知らない状態でスタートしてもらうよりも、ある程度の知識をもってもらったほうが、業務上のミスや誤解も少なくなります。

従業員にも義務がある

会社は従業員に対して賃金支払い義務や安全配慮義務などを負いますが、**従業員も会社に対して労務提供義務、★自己保健義務などを負っています**。互いにやるべきことを伝え、仕事への責任感や自覚をもたせることも大切です。

服務規律で盛り込む内容

会社の風紀を保ち、秩序だった組織経営を行うために、活用したいのが服務規律です。**服務規律では、遵守すべき義務やルールを盛り込みます**。出退勤、マイカー通勤や自転車通勤、データのもち込み・もち出し、ハラスメント、★競業避止、★機密情報の保持など、近年ではSNS等への投稿や生成AIの利用に至るまで、服務規律で定める事項は多岐にわたります。服務規律に違反した場合は、懲戒処分の対象となる場合もあります。

そのほか、**職場で最低限わきまえるべきマナーなどを服務心得**（➡右ページ）**として記載**します。「酒気帯び勤務は禁止」のような、常識ではあたり前のことでも定めておきましょう。服務規律に服務心得を厳守することと定めれば、服務心得に違反した場合に服務規律違反として処分できます。

自己保健義務…よりよい労務を提供するために、自己の健康を保つ取り組みをしなくてはいけないというもの。定期健康診断を受けるなど。競業避止…在職中に会社の業務と競合関係にある業務を行ってはいけないこと。機密情報の保持…会社の業務で知り得た情報を第三者に漏らしてはいけないこと。

服務心得（例）

機密情報の保持、個人情報の漏えい禁止は、常に意識してもらいたい事項。個別に誓約書を結ぶとよい（➡ P60・P62）。

服　務　心　得

（服務の基本原則）
第１条　従業員は、この規則に定めるものの他、業務上の指揮命令に従い、自己の業務に専念し、作業能率の向上に努めるとともに、たがいに協力して職場の秩序を維持しなければならない。

（服務心得）
第２条　従業員は、常に次の事項を守り服務に精励しなければならない。

1．常に健康に留意し、積極的な態度をもって勤務すること
2．自己の業務上の権限を超えて専断的なことを行わないこと
3．業務の遂行にあたっては、会社の方針を尊重するとともに所属長の指示に従い、同僚とお互いに協力しあってチームワークの向上に努め職務を遂行すること
4．常に品位を保ち、利用者および家族等には親切丁寧を旨とし、常に相手の立場を理解して、その言動には細心の注意を払い、利用者および家族等の安心と信頼を得るように努めること
5．従業員は、在職中はもちろん退職後であっても、職務上知り得た会社の業務上の秘密（会社が保有する技術上または営業上の有用な情報であって、会社が秘密として管理しているもの）および個人情報（特定の個人を識別することができる情報）を、他に漏らし、または会社の業務以外に自ら使用してはならない
6．会社の備品を大切にし、消耗品の節約に努め、書類等は丁寧に取り扱いその保管を厳にすること
7．許可なく職務以外の目的で会社の設備、車両その他の物品を使用しないこと
8．職務に関し、不当な金品の借用または贈与の利益を受けないこと
9．勤務時間中はみだりに職場をはなれないこと
10．酒気をおびて勤務しないこと
11．職場の整理整頓に努め、常に清潔に保つようにすること
12．所定の場所以外で喫煙し、または焼却炉等所定の場所以外での焼却、電熱器等の火気を許可なく使用しないこと
13．暴行、賭博、窃盗、器物の破壊等の不法行為または、喧嘩、流言、落書その他職場の風紀秩序を乱し、あるいは他人の業務を妨害するような行為をしないこと
14．業務外の目的で会社の施設を使用するときは、あらかじめ会社の許可を受けるとともに、使用後は速やかに原状に回復すること
15．許可なく会社の施設内において業務以外の目的で掲示、貼紙、印刷物の配布および演説、集会等を行わないこと。また、会社の施設内および業務時間中に政治、宗教活動を行わないこと
16．他の会社等の業務に従事するにあたっては、事前に会社に所定の届け出を行うこと。また、会社が定めた要件に満たない場合、副業・兼業を禁止または制限することができる
17．その他前各号に準ずる職場の規律、風紀を乱す、またはそのおそれのある言動をしないこと

現在は、喫煙場所を限定する会社が多い。

副業・兼業は推奨されている。改定された副業・兼業のガイドラインも要確認。

副業・兼業を認めているかどうか、認めている場合の条件は、会社のホームページなどでの公表が推奨されている。

加入しないとどうなるの？

9 雇用保険と社会保険の加入要件

●雇用保険と社会保険は、雇入れ時に加入要件を満たせば加入手続きをする。雇用の途中も、加入要件を満たした時点で加入させる。
●加入要件を満たすのに未加入のままであれば、気づいた時点ですぐに加入の手続きをする。

要件を満たせば加入させる

従業員を採用したら、**雇用保険と社会保険（健康保険・厚生年金保険）の加入手続き**を行います。**労災保険は、従業員を初めて雇い入れたときだけ手続き**をします。雇入れごとに行う必要はありません。

雇用保険と社会保険の加入要件は右ページの通りです。**非正規社員でも加入要件を満たせば、加入させなければなりません。**

加入逃れは過去２年までさかのぼって手続きする

雇用保険の加入状況についてハローワークから調査が入ることがあります。もし加入要件を満たしているのに加入させていない場合、そこで加入逃れを指摘されると、**過去２年までさかのぼって対象となる従業員の加入手続きを行い、過去２年分の雇用保険料を支払わなければなりません。**

社会保険でも、加入要件を満たす従業員を適正に加入させていないと、★**年金事務所**から調査が入る可能性があります。そこで加入逃れを指摘されると、**過去２年にさかのぼって加入手続きを行い、過去２年分の社会保険料を支払います。**

従業員のために適正な加入を

適正な加入をしないことで、従業員が受けられるはずのサービスを逃してしまうことも問題です。

たとえば雇用保険では、退職後に受けられるはずの失業給付が受け取れないことになります。健康保険では、★**傷病手当金**、出産手当金などの手厚い給付を受けることができません。また、厚生年金保険の未加入は将来の年金額に影響を及ぼします。

従業員とのトラブルを招き入れないためにも、**雇用保険と社会保険の加入は適正**に行いましょう。

年金事務所…公的年金の運営業務を担う特殊法人日本年金機構の地域事務所。特殊法人とは、法令に基づいて設立された法人。

雇用保険・社会保険の加入

雇用保険の加入要件

● **正社員、一般従業員の場合**

労働者を1人でも雇用する事業所は雇用保険の適用事業所となり、そこで働く従業員は雇用保険への加入が義務づけられる（例外あり）。

● **非正規雇用の従業員の場合**

次の2つを同時に満たすとき。

①31日以上雇用期間があること。

②1週間の所定労働時間が20時間以上あること。

＊10時間以上への適用拡大が検討されている。

複数の会社で働いている65歳以上の労働者は、複数の勤務状況で判断できるようになっている。

ハローワークで加入手続き

社会保険（健康保険・厚生年金保険）の加入要件

● **事業所の加入要件**

①法人事業所である。

②個人事業所で、常時5人以上の従業員を使用している（例外あり）。

● **個人の加入要件**

①勤務先が社会保険の適用事業所である。

②事業所に常時使用されている。

● **非正規雇用の従業員の場合はP213参照**

年金事務所で加入手続き

専門家に相談！ 社会保険に未加入だったら今から加入を！

年金事務所による従業員の適正な加入状況の調査を総合調査といいますが、近年、総合調査の件数が増えているといわれます。突然、年金事務所から会社に調査が入るのは珍しいことではありません。社会保険未適用事業所には立ち入り調査ができます。

調査が入る前に会社のほうから加入手続きを行えば、過去の未加入分は問われないというケースが多いようです。非正規社員も含めて従業員の加入要件を見直し、必要であれば、自ら年金事務所に出向いて加入手続きをするのが賢明です。

専門家に相談！ 「年収の壁・支援強化パッケージ」を実施中！

パートやアルバイトの人がある一定の収入を超えると、社会保険料の負担が発生するため、その分、手取り収入が減少することがあります。これを回避するため労働時間などの調整をする人がいます。その収入基準は俗に「年収の壁」と呼ばれます。年収の壁を超えても社会保険料の負担なく働けるように、政府は**「年収の壁・支援強化パッケージ」**をスタートしました。これは手取り収入を減らさない取り組みを実施する会社に対して助成金などを支援するという制度です。詳しくは厚生労働省のホームページを参照してください。

https://www.mhlw.go.jp/stf/taiou_001_00002.html

傷病手当金…私傷病によって働くことができない健康保険の被保険者に支給される給付金。出産手当金と同様、自営業者などが加入する国民健康保険にはないサービス。休業中の賃金を一部支給する場合、傷病手当金は支払われた賃金の額に応じて減額されることに注意する。

入社時に提出してもらう書類は？

10 入社時の提出書類

●入社時の提出書類は多岐にわたるので、手続き別に整理し、リストを作成する。
●労務管理で大切な書類は誓約書(せいやくしょ)と身元保証書(みもとほしょうしょ)。提出時に署名・捺印を確認し、保管しておく。

提出書類と提出期限を決める

入社時には、従業員からいろいろな書類を提出してもらうことになります。種類が多いので、漏れがないように**入社時提出書類リストを作成して従業員に渡しておく**とよいでしょう。

どれも重要な書類なので、**提出期限を厳守するように伝えましょう**。会社のほうで、「入社日までに」「入社日から５日間までに」というように、提出期限を決めておきます。

遵守事項の誓約を取りつける誓約書

提出書類は、社会保険や税金の手続きに関する書類や給与計算に必要な書類など幅広くありますが、**労務管理においては誓約書と身元保証書が重要書類**です。

誓約書は、雇用中の誓約事項を遵守してもらうものです。何かトラブルを起こしたときには損害賠償請求にまで発展する可能性があることを知ってもらい、気を引き締め、責任感をもって仕事に臨んでもらう意味合いもあります。

誓約書は、同意したことを示す署名・捺印をもらうことで効力が発生します。受け取ったときは署名部分をよく確認しましょう。

緊急連絡先となる身元保証書

身元保証書は、身元保証人に雇い入れた従業員の身元を保証してもらい、トラブル時に賠償の連帯責任を負ってもらうための書類ですが、**実務上は従業員がトラブルを起こしたり、音信不通になったりしたときの緊急連絡先としての役割が大きい**です。

身元保証書の有効期間は、**期間を定めていない場合は３年で、期間を定めているときでも最大５年**です。効力が失われる前に更新することができますが、実務では更新しないまま身元保証書を保管しているケースが多いです。身元保証として利用する場合は注意しましょう。

法令に違反する事項、公序良俗に反するような事項は、たとえ記載して署名・捺印をもらったといっても無効になる。

入社時提出書類リスト（例）

入社時の必要書類の連絡や、必要情報の入力をまとめて依頼できるクラウド型ソフトも多くあり、活用するとよい。

＿＿＿＿＿＿様

入社時提出書類一覧

提出期限を明記し、厳守するように伝える。

入社日から５日間までに必要書類を提出してください。
提出期限に間に合わない場合は、すみやかに連絡してください。

提出書類は□にレ点を入れて、本紙とともに提出してください。

- □入社時諸届出書
- □雇用契約書
- □入社誓約書
- □機密保持誓約書
- □貸与パソコン使用誓約書
- □身元保証書
- □運転免許証のコピー　※社用車使用の方のみ

通勤経路、家族状況、給与振込先など諸々の情報を一括して記載してもらう書類を独自に作成するとよい。

民法改正により、身元保証人の損害限度額の定めが必要となった。

- □給与所得者の扶養控除等（異動）申告書（本年度分）
- □本年中（１月から 12 月まで）の源泉徴収票
  ※本年中に前職のある方のみ
- □年金手帳（基礎年金番号通知書）　※社会保険加入時のみ
- □雇用保険被保険者証　※雇用保険加入時のみ
- □副業・兼業申告書（希望者のみ）
- □テレワーク申請書（希望者のみ）

入社時にマイナンバーを収集する、マイカー通勤の場合は運転免許証のコピーを提出してもらうなど、会社の事情に合わせてリスト項目を加減します。

入社誓約書にも身元保証書にもいえることだが、従業員の故意や過失で会社が損害を被ったときに必ず損害賠償の責任を負ってもらえるとは限らない。抑止力程度に考えておきたい。

入社誓約書・貸与パソコン使用誓約書（例）

入社誓約書

＿＿＿＿＿＿様

○○○○年　○月　○日

このたび、＿＿＿＿＿＿は、貴社の社員として採用されました上は、下記の項目を厳守することを、ここに誓約いたします。

1）社員として会社の定めた就業規則および諸規則を厳守し、誠実に勤務いたします。
2）履歴書など入社時に提出した書類の記載事項に相違ありません。
3）業務上、故意または過失によって、貴社に損害を与えた場合、責任をもって賠償いたします。

以上

現住所＿＿＿＿＿＿

生年月日　○○○○年　○月

氏名＿＿＿＿＿＿

総括の入社誓約書のほか、とくに厳格に誓約してほしい事項は個別にその事項に特化した誓約書を作成するとよいです。

故意や過失で損害を被ったようなケースで損害賠償が請求できる。

＿＿＿＿＿＿殿

貸与パソコン使用誓約書

私は、貴社より貸与されたパソコンを以下の事項を厳守して使用することをお誓いいたします。

記

1. 紛失や破損しないよう、細心の注意を払い使用する。
2. 会社業務以外の目的で使用しない。
3. 不必要なソフト（ファイル共有ソフトなど）をインストールしない。
4. セキュリティーの維持に努め、アップデート等は定期的に行う。
5. 有害サイトの検索及び閲覧をしない。
6. 自己の重大な過失や故意により貸与品に損害を与えた場合、それを弁償する。

以上

○○○○年　○月　○日

住所

氏名　　　　　　　　㊞

プラス知識　誓約書には、在職中の誓約事項だけではなく、退職後の機密情報保持、競業避止など退職後の事項も誓約できる（➡P150）。

身元保証書・テレワーク勤務申請書（例）

身元保証書

現住所
氏　名

使用者＿＿＿＿を甲、被用者＿＿＿＿を乙、身元保証者＿＿＿＿を丙とし、甲乙丙間において次のとおり契約する。

第１条　乙が甲乙間の雇用契約に違反し、または故意もしくは過失によって万一甲に、金銭上はもちろん業務上信用上の損害を被らしめたときは、丙は直ちに乙と連帯して甲に対して、損害額を賠償するものとする。

第２条　前条に定める損害額の上限は○○万円とする。

第３条　本契約の存続期間は本契約成立の日から５年間とする。

第４条　甲は次の場合においては遅滞なくこれを丙に通知しなければならない。

①乙に業務上不適任または不誠実な事跡があって、これのために丙の責任を引き起こす恐れがあることを知ったとき。

②乙の任務または任地を変更し、これのために丙の責任を加重しまたはその監督を困難な

上記契約を証するため、本

通を所持する。

○○○○年　○月　○日

所在地

使用者名
使用者　甲　氏名

緊急連絡先としても活用するために、身元保証人の電話番号を明記してもらうとよいでしょう。連絡先は定期的に確認しておきたいものです。

故意や過失で損害を被ったようなケースで損害賠償が請求できる。
損害限度額の定めが必要。

テレワーク勤務申請書

＿＿＿＿＿＿様

○○○○年○月○日

わたしは就業規則第○条によるテレワーク勤務を希望いたします。
テレワーク勤務によって、生産性の低下や機密情報の漏えい、貴社の信用を毀損することのないよう誓約いたします。

勤務場所	1.自宅　2.その他（　　　　　　）
勤務中の電話番号	
テレワーク勤務を必要とする理由	1.育児 2.介護 3.その他（　　　　　　）
希望勤務日	月・火・水・木・金・土・日
希望勤務時間	時　分　～　時　分 （このうち休憩：　時　分　～　時　分）
勤務開始と勤務終了の報告	1.E メール（担当者：　　　　） 2.電話（担当者：　　　　）
貸与を希望する機器	
その他報告事項	

住所：
氏名：

テレワーク勤務をさせる場合は、テレワークの内容に納得し、適正に働いてもらうためにテレワーク勤務についての申請書兼誓約書を提出してもらってもいいでしょう。

身元保証人は、保証能力のある成人としておきたい。１人でもよいが、２人いたほうが、緊急の連絡をとりやすい。

マイナンバーは厳重に管理するって本当？

11 マイナンバーの管理

実務はここを確認！

- **担当者以外の人がアクセスできないように、一般の個人情報よりも厳しい管理をする。**
- **決められた収集方法・利用・保管・廃棄を守る。どのように管理したか記録を残しておく。**

マイナンバーは重要な個人情報

2016年1月よりマイナンバー制度が導入され、12桁の番号がマイナンバーとして個人に割りあてられています。**税や労働保険・社会保険の手続きの際には、申請用紙などに対象となる従業員のマイナンバーを記載する**ことが必要になっています。

マイナンバーが未記載の場合、手続きができないため、会社は従業員やその家族のマイナンバーを収集しておく必要がありますが、**マイナンバーはとくに重要な個人情報だと認識して管理**しなければなりません。

厳しく適正な収集・管理をする

マイナンバーを従業員から収集するときは、**決められた手順を踏んで本人確認**をします。なりすましなどの不正を防ぐためです。管理するときも、**情報の漏えいや決められた目的以外での使用を防ぐために、保護管理体制をしきます**。マイナンバーの管理担当者を決める、鍵のついたキャビネットに保管する、保存しているパソコンのアクセス制限やログ管理をするなどです。

マイナンバーは、社会保障・税・災害関連の行政手続き以外の法律で定められた目的以外では収集・保管・利用をしてはなりません。個人の税務・社会保障関連の情報が不正に取得されるおそれがあるので、**従業員番号などに流用するといった使い方はしない**ようにします。

廃棄・削除はすみやかに

従業員が退職したなどで、**マイナンバーの使用や保管の必要がなくなったときは、すみやかに廃棄・削除**をします。マイナンバーが記載されている書類の一定期間の保存を必要とする場合、マイナンバー部分を塗りつぶしたり、抹消したりして保管します。そして、保存期間が過ぎたらすみやかに処分します。

マイナンバーは「特定個人情報」と呼ばれ、マイナンバー法で個人情報よりも厳しい管理が定められている。

マイナンバーの管理

収集

- 従業員に利用目的を伝えてから収集する。
- 「マイナンバーカード」または「マイナンバー入りの住民票の写しと写真付きの身分証明書」を提示してもらい、本人確認をする。

利用

- 「社会保障」「税」「災害関連」の行政事務で必要な場合のみ利用する。
- 給与所得者の扶養控除等申告書などの申告・申請用紙に記載する。

管理

- 管理担当者を決める。
- マニュアルを作成する。
- 紙で管理する場合、鍵のついたキャビネットなどに保管する。
- データ管理する場合、パソコンのアクセス制限とログ（記録）管理をする。パスワード設定やセキュリティーソフトの利用をする。

廃棄

- 退職などで必要がなくなったら廃棄・削除する。
- 廃棄時はシュレッダーなどで裁断する。
- データは復元できないように削除する。
- 保存期限のあるマイナンバーの入った書類は、マイナンバー箇所を塗りつぶし、保存期限を過ぎたら廃棄・削除する。

正当な理由なくマイナンバーの情報漏えいをした者は、4年以下の懲役または200万円以下の罰金が科される。懲役と罰金を合わせて科すこともある。

試用期間をうまく活用するには？

12 試用期間と本採用拒否

- 試用期間中に本採用を拒否する事由を就業規則に明記しておく。
- 本採用拒否の場合は、客観的なデータをもとに該当する従業員と話し合うなど、十分な段取りを踏む。

試用期間は従業員の適格性を見極める期間

多くの会社では、入社後に**試用期間**を設けています。試用期間とは、入社した従業員の能力や適応性、勤務態度や健康状態などが自社で働くのに適しているかどうか、一言でいえば**適格性があるかどうか**を見極める期間です。**試用期間は３～６か月の間で設定**するのが一般的です。

試用期間は**仮採用**★という位置づけです。試用期間中に適格性があると判断すれば、試用期間後、本採用を行います。反対に、適格性がないと判断すれば**本採用拒否**をすることができます。

試用期間中の本採用拒否が認められるケースとは

試用期間中であっても「労働契約を結んでいる状態」ということに注意しましょう。本採用拒否をするには、**客観的に合理的で社会通念上も認められるような理由**がなければなりません。

具体的には、「履歴書を偽っていた」「勤務態度が悪い」「業務能力が不足している」など、採用試験の面接や書類審査だけでは見抜けなかった事実、**採用決定前には知ることができなかった事実がわかったとき**に限ります。「雰囲気が暗い」「社風に合わない」などは理由にできません。

また、事実がわかってもすぐに本採用拒否ができるわけではありません。その事実がどれだけ客観性があるかを示すために、**遅刻・欠勤回数や業務評価などのデータ**を残しておくようにします。データはその従業員にも伝えて、今後どのようにすれば改善できるのか**何度か話し合う**ことも必要になります。このような段取りを踏んでも適格性に改善が見られない場合は、本採用拒否もやむを得ないでしょう。

本採用拒否をする場合は、**解雇と同じ手続き**をします。★**入社後 14 日以内の即時解雇**を除いて、期間満了日の30 日以上前に**解雇予告**をするか、**解雇予告手当**を支払います（➡ P158）。

仮採用…試用期間中の社員と会社の関係のことで、本採用拒否事由が発生したときは、会社が労働契約を解消する権利をもっている状態（「解約権留保付労働契約」が締結されている状態）。

試用期間運用の流れ

就業規則の整備

●試用期間について記載する（3～6か月が一般的）。
　例「3か月の試用期間を設ける」

●本採用を拒否する場合の事由について記載する。
　例「遅刻、欠勤を繰り返したとき」
　「会社からの指示にしたがわないとき」
　「会社が必要とする業務能力が不足しているとき」

新入社員への説明

●試用期間があること、どんなときに本採用拒否を行うか伝える。

試用期間中の対応

●遅刻・欠勤回数や業務評価などの適格性の状態を記録する。

●適格性に欠けていれば、記録を元に採用予定社員と改善方法などを話し合う。

適格性がある。

適格性がなく、改善が見込めない。

本採用

本採用拒否
（解雇の手続き➡P158）

専門家に相談！ 試用期間を長めにしたいときは？

　試用期間中、従業員は仮採用という不安定な立場にあります。その状態が長く続くのは、従業員への思いやりにも欠け、合理的とはいえません。たとえば、1年の試用期間は長すぎるため会社側が敗訴したケースもあります。試用期間は一般的な3か月に設定しておき、その間に会社が適格性を見極めるのは難しいと判断した場合は、**最長で6か月など一定期間延長できるようにしておくこと**をおすすめします。就業規則にも延長がある旨を定めておきましょう。

入社後 14 日以内の即時解雇…解雇予告手続きが必要ないケースとして労働基準法で認められている。ただし入社日から、仮採用ではなく本採用の場合は認められない。

column

注意！「年少者」には いろいろな雇用制限がある

時間外労働や深夜労働は禁止

満18歳未満の人を「年少者」といいます。年少者には、健康と福祉保護の観点からいろいろな雇用制限が設けられています。高校生や大学生のアルバイトなどを雇う場合は気をつけましょう。

労働契約は、基本的に本人と結ぶものですが、年少者だからといって本人に代わって親や後見人が結ぶことはできません。採用後は、事業場内に年齢を証明する年齢証明書を備えつけなければなりません。

法定労働時間を超える時間外労働や休日労働を行わせることはできません。36協定を結んでも許可されないので、注意が必要です。また、18歳未満であっても、都道府県ごとに定められた最低賃金の額を下回ってはなりません。

そのほか、変形労働時間制で働かせるには条件がつけられています。また、深夜帯（午後10時～翌午前5時）の労働、危険有害業務に従事させることもできません。

なお、満15歳に達した以後の最初の3月31日まで（中学3年生まで）の人は、原則として雇用することができません。

年少者の雇用制限事項

労働契約締結の保護
労働契約は、親や後見人が代わって結ぶことはできない。未成年（2022年4月～18歳未満）の場合も同様。

年齢証明書等の備えつけ
事業場には、年少者の年齢を証明する公的な書面（年齢証明書等）を備えつけなければならない。

時間外労働・休日労働の制限
時間外労働および休日労働をさせることはできない。

変形労働時間制の制限
次の①②の条件下でのみ変形労働時間制で労働させることができる。
①1週40時間を超えない範囲で、1週間のうち1日の労働時間を4時間以内に短縮する代わりに他の労働日を10時間以内まで延長する。
②1日8時間、1週48時間を超えない範囲で、1か月または1年単位の変形労働時間制を適用する。

深夜労働の制限
深夜帯（午後10時～翌午前5時）の労働はできない。

危険有害業務の制限・坑内労働の禁止
足場の組み立て作業、感電の危険性が高い業務、クラブの接客など、危険または有害な業務および坑内労働については就業が禁止または制限される。

2章

労働時間と休日、休憩時間

1　労働時間と休憩時間
2　休日と法定休日
3　代休と振替休日
4　時間外労働・休日労働と36協定
5　労働時間管理
6　管理監督者と管理職の違い
7　変則的な労働時間制の種類
8　1か月単位の変形労働時間制
9　1年単位の変形労働時間制
10　フレックスタイム制
11　事業場外のみなし労働時間制
12　専門業務型裁量労働制
13　企画業務型裁量労働制
14　テレワークの労務管理

労働時間と休憩時間の区分はどこから？

1 労働時間と休憩時間

●労働時間と休憩時間のルールにしたがって**所定労働時間**を設定するのが原則。
●賃金を支払う義務のある労働時間と、そうでない時間の区分を明確にしておく。

労働時間とそうでない時間

出社してから退社するまでの時間は労働時間と、休憩時間などの「労働時間ではない時間」(以下、休憩時間など)で構成されています。労働時間は、「従業員が会社の指揮管理下で労務を提供する時間」です。会社は、**労務提供の報酬として労働時間分の賃金を支払う義務があります**。

休憩時間などは、「会社の指揮管理下から外れて従業員自身が自由に使える時間」です。**休憩時間などについては賃金を支払う必要がありません**。

法定労働時間は 1日8時間・週40時間

労働基準法では、**1日8時間、週40時間を労働時間の上限**と定めています（法定労働時間）。**会社が法定労働時間の範囲で設定した勤務時間を所定労働時間といいます**。

法定労働時間を超えた労働を時間外労働といいます。時間外労働をさせる場合はあらかじめ36協定（➡ P76）**を結び、時間外労働をした時間分の割増賃金を支払わねばなりません**。

なお、従業員が10人未満の商業、映画・演劇業（映画製作事業を除く）、保健衛生業、接客・娯楽業に限っては、**特例措置対象事業場**として1日8時間、週44時間まで法定労働時間と認められています。

休憩時間は 最低限のラインを守る

休憩時間の与え方には次のように決まりがあります。

①労働時間の合間に与える。②休憩時間中は従業員が自由に過ごせるようにする。③労働時間が6時間を超える場合は45分以上、8時間を超える場合は1時間以上与える。④事業所の全員に同時に与える（一斉付与）。

休憩時間は、最低時間さえ確保していれば何回かに分けて何時間与えてもかまいません。

休憩時間の一斉付与は、労使協定を結べば一斉付与の例外が認められる。この労使協定は労働基準監督署に届け出る必要はない。

労働時間かどうかの判断基準

●労働時間（会社の指揮管理下にある）

- 制服の着替え時間
- 業務にかかる前の準備と業務後の後片づけ
- 実労働時間
- 手待ち時間　電話待ち当番や来客対応当番。昼休み中でも、労働時間になり得る。

●労働時間ではない時間（会社の指揮管理下から離れている）

- 昼休みなど規定の休憩時間
- 私用と断った外出
- 組合活動
- 中抜け時間

●状況に応じて労働時間かそうでないかに分かれる

次の仕事までの待機時間・移動時間

判断基準　自由に利用できる時間があるかないか。

コーヒーショップで一息入れるなどの時間は休憩時間などとしてもよい。

就業時間外の教育訓練

判断基準　参加の強制があるかないか。

休日のセミナー参加などで、出欠を労働者が自由に決めることができれば労働時間ではない（黙示の命令がある場合を除く）。

健康診断

判断基準　特殊健康診断かどうか。

有機溶剤健康診断など、業務を行うために必要な特殊健康診断を受ける場合は労働時間。一般の健康診断は義務づけられているが業務とは直接関連しないため、労働時間としなくてもよい。実務上では労働時間としている会社が多い。

仮眠時間

判断基準　電話や緊急事態への対応が義務づけられているかどうか。

電話や緊急事態への対応が義務づけられていれば労働時間になる。

専門家に相談！　直行、直帰、出張の労働時間はどう判断する？

直行先に着いた時間から労働時間が始まります。それまでの移動時間は、移動中に会社から特段の用務を命じられている場合等を除き、基本的に労働時間にはあたりません。直帰では、最後の仕事先での業務が終わった時間が労働時間の終了時間です。

出張先でも、最初の作業場に着いた時間から労働時間が始まり、業務が終わったときが労働時間の終了時間です。出張中は、**労働時間の長さにかかわらず所定労働時間働いたものとみなして賃金を計算している会社がありますが、労働時間の実態把握が厳しく義務づけられているため、法令違反の恐れもある**ので注意が必要です。

テレワーク中であっても労働基準法が適用され、労働時間の適切な管理が求められる。電話やメールによる始業、終業の報告のほか、位置情報等とともに出退勤の時刻が記録できるような勤怠管理システムの活用を検討しよう。

休日はどのように与えればいいの？

2 休日と法定休日

●法定休日の範囲で休日を決めて就業規則に定める。
●休日労働をするときは、前もって36協定に規定しておく。法定休日の労働では休日労働の割増賃金を支払う。

休日は1週に1日を与える

休日とは、「あらかじめ定められた、労働義務を負わない日」のことです。したがって、**休日は前もって決めておく**必要があります。

労働基準法上、**休日は1週間に1日以上与えなくてはなりません**。業種などによって週に1日の休日を確保するのが難しければ、4週間に4日以上の休日を与えてもかまいませんが、4週間の起算日（4週の第1日目）を定めておく必要があります。このように**最低限与えなければならない休日を法定休日といいます**。

近年は週休2日制の会社が一般的になっていますが、「1週間に2日の休日」「隔週で週休2日」など、**会社が設定する休日を所定休日といいます**。所定休日は、もちろん法定休日以外で決めることになります。

休日を設定するのは、心身を休めることができるまとまった時間を確保するためです。従業員の健康維持のために、休日を活用しましょう。

法定休日に働く休日労働の決まり

本来なら**法定休日にあたる日にも労働させることを休日労働といいます**。どうしても休日労働をさせるときは、あらかじめ36協定（➡P76）の中で規定しておかなければなりません。また、**休日労働には原則として35%以上の割増賃金を支払わなければなりません**（➡P117）。

ところで、休日は連続して続く24時間ではなく、0時から24時までの暦日で数えるのが原則です。

つまり、前の労働の終了時間から24時間経っていたとしても、労働した日が法定休日であれば休日労働になります。

また、休日労働が日付をまたいで翌日までかかってしまった場合、翌日にかかった分は翌日分の労働時間として計算することになります。

4週4休の場合、起算日を決めていなければ、労基署の調査などが入った場合、1週1休制が適用され、残業代などを決定されてしまうので注意。

休日・労働日・休暇の違い

休日	労働日	休暇
あらかじめ定められた 労働義務がない日	労働義務がある日	もともと労働日だったが、 会社または従業員の都合で 労働義務がなくなった日

●労働基準法の休日とは

夜勤明け 9：00　翌日 9：00　0：00　24：00

日をまたいでの連続24時間を1日でカウントできない

午前0時～午後12時までの暦日を1日でカウントする

交代勤務制や、旅館業、自動車を運転する業務では、暦日でなくても、24時間連続した時間を休日とすることが認められる場合がある。

休日の決めかた

●週休２日制の例

月	火	水	木	金	土	日
8時間	8時間	8時間	8時間	8時間	休日	休日

8時間×５日＝ 40時間（法定労働時間内）

●週休１日制の例

月	火	水	木	金	土	日
8時間	8時間	8時間	4時間	8時間	4時間	休日

8時間×４日＋４時間×２日＝ 40時間（法定労働時間内）

●４週４休の例

起算日　　起算日

1週目	2週目	3週目	4週目	1週目	2週目	3週目	4週目
	休日 休日		休日 休日	休日		休日	休日 休日

起算日から４週間で４日休みをとる。

起算日をまたがっていれば、４週で
４日未満の休みがあってもOK。

原則は法定休日と法定労働時間を守って自社の休日を設定します。

完全週休２日制は毎週必ず２日の休日が確保されている制度。週休２日制は、隔週などで週休が２日ない週がある制度。

代休と振替休日はどう運用するの？

3 代休と振替休日

実務はここを確認！

●振替休日を運用する場合は、就業規則の整備と正しい運用を行う。
●代休はとくに要件がなく、直前の決定でもよい。割増賃金支払いの決まりを守ればよい。

似ているようで異なる代休と振替休日

休日に労働させる場合、代わって別の労働日に休んでもらう会社は多いでしょう。代わりに休む日の取らせ方には代休と振替休日がありますが、両者は似ているようでまったく違います。

代休は、休日に労働させた後で、他の労働日を代わりに休日（代休）とするものです。一方、**振替休日は、あらかじめ休日と定められた日が「労働日」となり、その代わりに振り替えられた労働日が「休日」となるもの**です。要するに、後で決めるか、事前に決めておくかで代休か振替休日かに分かれるのです。

代休は「休日に労働」振替休日は「労働日に労働」

代休では「休日に労働する」ことに変わりはないので、その休日が法定休日であれば、休日労働の割増賃金を支払わなければなりません。法定休日でなくても、その労働時間が1日8時間・週40時間の法定労働時間を超えていれば時間外労働の割増賃金が発生します。

振替休日では、事前に労働日と休日を交換しているのですから、「労働日に労働する」ことになり、休日労働の割増賃金は発生しません。ただし、法定労働時間の範囲を超えていれば、時間外労働の割増賃金が発生します。

規定が多い振替休日現実的には代休で十分

振替休日は、休日労働の割増賃金を支払わなくてよいのがメリットです。しかし、振替休日をするにはいくつかの要件（➡右ページ）を守らなければなりません。

休日に働く日が事前にわかり、計画的に休日をとれる会社でないと振替休日の管理は難しいです。そのため、簡単に運用できる代休を活用している中小企業が大半です。

法定休日は曜日まで定めなくてもよい。たとえば土・日を所定休日にしている会社は、あえて「土曜日を法定休日にする」と決めることはない。

代休と振替休日のしくみ

●代休

金	土	日	月	火	水	木	金	土	日
労働日	労働日	休日	労働日	労働日	労働日	労働日	労働日	労働日	休日

事後に代休に

Work!

❶休日に労働する。
- ●法定労働時間を超えている場合は、時間外割増賃金を支払う。
- ●法定休日の場合は、休日労働割増賃金を支払う。

Holiday!

❷後で、代休を決めて休む。
- ●代休は一日分の賃金を控除する。

●振替休日

金	土	日	月	火	水	木	金	土	日
労働日	労働日	休日	労働日	労働日	休日	労働日	労働日	労働日	労働日

労働日に

休日に

Work!

- ●労働日となり、休日労働にはならない。

Holiday!

- ●振替休日は休日なので、賃金は支払わない。

事前に休日と労働日を入れ替え、休日に変更になった日を振替休日とする。

振替休日の要件
①就業規則で振替休日の制度を定めておく。
②前日までに振替休日を決め、休日と労働日を振り替えることを従業員に伝える。

注意：休日当日になって従業員を呼び出したり、後で休日を決めたりした場合は振替休日とならない。

振替休日は規定が多くて使いにくいかもしれません。実情は、割増賃金を支払うだけで簡単に運用できる代休を活用している中小企業が大半です。

完全週休２日制が浸透している現在、１週間に２日の所定休日のうち、１日働いても、もう１日休日が確保されていることが多いので、法定休日労働にはならないこともある。

残業や休日残業をさせるには決まりがあるの？

4  時間外労働・休日労働と36協定

実務はここを確認！

- 労働者に法定労働時間を超えて時間外・休日労働をお願いできる36協定は1年に1回結び直す必要がある。
- 一定の限度時間を超えて残業させるときは、特別条項を作成する。

残業させる前に36協定を届け出る

時間外労働や休日労働をさせる場合は、あらかじめ労使協定を結んで管轄の労働基準監督署に届け出ておかなければなりません。この労使協定は労働基準法第36条で規定されているため、「**36（さぶろく）協定**」（正式名称「時間外労働および休日労働に関する協定」）と呼ばれています。

労働基準監督署に指摘される労働基準法違反では、「残業させているのに、そもそも36協定を届け出ていない」という違反も多いのです。**36協定は1年に1回更新する必要があります**。1度結ぶきりではなく、空白期間を置かないように1年に1回は結び直し、そのつど労働基準監督署に届け出ることが重要です。

労使協定にも労働基準監督署に届け出る必要があるものとないものがありますが、36協定は前者にあたります。**労働基準監督署に届けなくては効力を発揮しない**ので気をつけましょう。

会社ごとではなく、工場や事務所などの事業所ごとに結んで届け出ることにも注意します。協定内容が同一であれば、本社一括届出も活用できます。

限度時間を超える場合は特別条項を作成する

36協定さえ結べば、何時間も残業させてよいというわけではありません。**「一定期間で何時間時間外労働させてよいか」という限度時間（➡右ページ）が決められており、その時間内に収めなければなりません**。ただし、特別な事情があれば、臨時的なものに限り、限度時間を超えて時間外労働を延長することができます。その場合は、**特別条項を作成し、36協定と合わせて届け出ます**。

特別条項では、限度時間を超える理由や対象者、延長時間数、延長回数などを詳しく記載します。

また、特別条項における延長時間も上限があります。注意が必要です。

限度時間を超えて残業をさせた場合や36協定違反には、6か月以下の懲役または30万円以下の罰金が科される。

36 協定に記載する限度時間と特別条項

●限度時間

限度時間
一定期間の時間外労働の限度。「時間外労働をさせる時間」は限度時間の範囲で決める。

ただし、特別な事情で臨時的なものに限り、特別条項を作成すれば限度時間を超える時間外労働の延長が認められる。

限度時間の範囲

期　間	一　般	対象期間が 3 か月を超える 1 年単位の変形労働時間制
1 週間	15 時間	14 時間
2 週間	27 時間	25 時間
4 週間	43 時間	40 時間
1 か月	45 時間	42 時間
2 か月	81 時間	75 時間
3 か月	120 時間	110 時間
1 年	360 時間	320 時間

＊ 2024 年 4 月から、建設業、自動車運転従事者、医師にも時間外労働上限規制が適用となる。ただし、一般の限度時間が適用されないものもあるので注意すること。

●特別条項の記載内容

❶原則の限度時間

❷特別な事情で、臨時的なもの

❸労使の手続き方法
記載例:「労使の協議を経て」「労働者代表への申入れ」など

❹1 か月 45 時間の限度時間を超える月数
・年間 6 か月まで

❺限度時間を超えた延長時間の上限
・年 720 時間まで
・1 か月 100 時間未満（休日労働含む）
・複数月平均 80 時間まで（休日労働含む）

❻限度時間を超えた場合の賃金の割増率

○臨時的と認められるもの
- 予算業務
- 決算業務
- 納期のひっ迫
- 大規模なクレームへの対応
- 機械のトラブルへの対応

×臨時的と認められないもの
- とくに事由を限定せず、「業務が繁忙なとき」「業務の都合上必要なとき」「業務上やむを得ないとき」とするもの
- 使用者が必要と認めるとき
- 年間を通じて適用されることが明らかなもの

災害等の臨時の必要がある場合は、時間外労働が認められるが、許可基準にサーバー攻撃や大規模リコールが含まれることになった。

●限度時間を超えた場合の健康確保措置（選択）

❶労働時間が一定時間を超えた場合、医師による面接指導を実施。
❷深夜労働は 1 か月に一定回数以内。
❸終業から始業までに一定時間以上の継続した休息時間を確保。
❹勤務状況や健康状態に応じて代償休日又は特別な休暇を付与。
❺勤務状況や健康状態に応じて健康診断を実施。
❻連続して年次有給休暇を取得させるなどの措置。
❼心と身体の健康問題についての相談窓口を設置。
❽勤務状況や健康状態に配慮し必要なら適切な部署に配置転換。
❾必要に応じ、産業医等による助言・指導、保健指導を受けさせる。
❿その他。

違反した場合は罰則の適用となります。

限度時間の適用除外…建設、運転、研究開発などで業務量の変動が著しい事業、指定された業務、そして公益上の必要から集中的な作業を要する業務では、限度時間に独自基準が設定されている。

36 協定届（例）

時間外労働をさせる理由、業務、従業員の人数を明記する。

所定労働時間を明記する（任意）。

「1日」「1か月」「1年」で時間外労働をさせる時間数を書く。「延長できる限度時間」を超えないようにする。

有効期間（1年）を明記する。

様式第９号（第16条第1項関係）

時間外労働
休日労働 に関する協定届

労働保険番号	□□□□□□□□□□□□□□□□□□□（都道府県／所掌／管轄／基幹番号／枝番号／被一括事業場番号）
法人番号	□□□□□□□□□□□□□

事業の種類	事業の名称	事業の所在地（電話番号）	協定の有効期間
金属製品製造業	ナツメ金属工業株式会社	（〒 000 － 0000 ）東京都文京区榊穂町1－1－1（電話番号：03 － 0000 － 0000 ）	0000年4月1日から1年間

時間外労働	時間外労働をさせる必要のある具体的事由	業務の種類	労働者数（満18歳以上の者）	所定労働時間（1日）（任意）	延長することができる時間数 1日 法定労働時間を超える時間数	1日 所定労働時間を超える時間数（任意）	1箇月（①については45時間まで、②については42時間まで）法定労働時間を超える時間数	1箇月 所定労働時間を超える時間数（任意）	1年（①については360時間まで、②については320時間まで）起算日（年月日） 法定労働時間を超える時間数	1年 所定労働時間を超える時間数（任意）
① 下記②に該当しない労働者	臨時の受注、納期変更	検査	15人	8時間	5時間		45時間		360時間	
	臨時の受注、納期変更	機械組み立て	20人	8時間	5時間		45時間		360時間	
② 1年単位の変形労働時間制により労働する労働者										

休日労働	休日労働をさせる必要のある具体的事由	業務の種類	労働者数（満18歳以上の者）	所定休日（任意）	労働させることができる法定休日の日数	労働させることができる法定休日における始業及び終業の時刻

上記で定める時間数にかかわらず、時間外労働及び休日労働を合算した時間数は、1箇月について100時間未満でなければならず、かつ2箇月から6箇月までを平均して80時間を超過しないこと。☒
（チェックボックスに要チェック）

協定の成立年月日　0000年　00月　00日

協定の当事者である労働組合（事業場の労働者の過半数で組織する労働組合）の名称又は労働者の過半数を代表する者の　職名 検査係　氏名 山川一郎

協定の当事者（労働者の過半数を代表する者の場合）の選出方法（投票による選挙）

上記協定の当事者である労働組合が事業場の全ての労働者の過半数で組織する労働組合である又は上記協定の当事者である労働者の過半数を代表する者が事業場の全ての労働者の過半数を代表する者であること。☒
（チェックボックスに要チェック）

上記労働者の過半数を代表する者が、労働基準法第41条第2号に規定する監督又は管理の地位にある者でなく、かつ、同法に規定する協定等をする者を選出することを明らかにして実施される投票、挙手等の方法による手続により選出された者であって使用者の意向に基づき選出されたものでないこと。☒（チェックボックスに要チェック）

0000年　00月　00日

使用者　職名 代表取締役　氏名 ナツメ祐二

中央　労働基準監督署長殿

職名がある場合は、職名・個人名を明記する。役職がない場合は、〇〇係、経理担当、店員、役職なしといった、個人名とともにその立場が明らかになる地位などを書く。管理監督者（➡ P83）などは労働者の代表にはなれない。

労働者代表の選出は、使用者の指名・意向によってはいけない。労働者による公正な投票、挙手などの方法で選ぶ。選出目的を明確にして必ずチェックを入れる。

時間外労働および休日労働は、法令の規定を超えないことを約束する。

旧様式で届け出る場合はチェックボックスの記載を加える。

36 協定は 2021 年 4 月から押印・署名が廃止されたが、36 協定届が協定書を兼ねる場合は、使用者、労働者代表の記名・押印などが必要となる。建設業、自動車運転従事者、医師の 2024 年 4 月以降分の 36 協定届はそれぞれの新様式で届け出をする必要がある。

36 協定届（特別条項）（例）

- 臨時的な特別の事情で原則 1 か月 45時間、1 年 360時間の限度時間を超えて残業をさせる場合、特別条項が必要になる。通常の 36協定届では、1 か月と 1 年の残業時間は限度時間内におさめなければならない。
- 臨時的な特別の事情は一時的、突発的な必要があるものに限り、なるべく具体的にしなければならない。
- 1 か月の限度時間を超えることができる回数は 1 年に 6 回（6か月）まで。
- 限度時間を超えることができる時間にも以下の絶対的な上限が発生。
  ① 1 年間で 720時間以内（月平均 60時間）
  ② 1 か月で 100時間未満（休日労働含む）
  ③ 2 〜 6 か月の複数月平均で 80時間以内（休日労働含む）

時間外労働
休 日 労 働 に関する協定届（特別条項）

様式第 9 号の 2（第 16 条第 1 項関係）

臨時的に限度時間を超えて労働させることができる場合	業務の種類	労働者数（満 18 歳以上の者）	1 日（任意） 延長することができる時間数 法定労働時間を超える時間数	1 日（任意） 延長することができる時間数 所定労働時間を超える時間数（任意）	1 箇月（時間外労働及び休日労働を合算した時間数。100 時間未満に限る。） 限度時間を超えて労働させることができる回数（6回以内に限る。）	1 箇月 延長することができる時間数及び休日労働の時間数 法定労働時間を超える時間数と休日労働の時間数を合算した時間数	1 箇月 延長することができる時間数及び休日労働の時間数 所定労働時間を超える時間数と休日労働の時間数を合算した時間数（任意）	1 箇月 限度時間を超えた労働に係る割増賃金率	1 年（時間外労働のみの時間数。720 時間以内に限る。） 起算日（年月日） 延長することができる時間数 法定労働時間を超える時間数	1 年 延長することができる時間数 所定労働時間を超える時間数（任意）	1 年 限度時間を超えた労働に係る割増賃金率
製品トラブル	検査	10	6	6	6	90	90	25	600	600	25
大規模なクレーム対応	組立	20	6	6	4	80	80	25	500	500	25

限度時間を超えて労働させる場合における手続	労働者代表への事前申し入れ。	
限度時間を超えて労働させる労働者に対する健康及び福祉を確保するための措置	（該当する番号） ④ ⑥	（具体的内容） 代償休日の付与、有給休暇取得の促進。

上記で定める時間数にかかわらず、時間外労働及び休日労働を合算した時間数は、1 箇月について 100 時間未満でなければならず、かつ 2 箇月から 6 箇月までを平均して 80 時間を超過しないこと。☒
（チェックボックスに要チェック）

協定の成立年月日 0000 年 00 月 00 日

協定の当事者である労働組合（事業場の労働者の過半数で組織する労働組合）の名称又は労働者の過半数を代表する者の 職名 検査係 氏名 山川一郎

協定の当事者（労働者の過半数を代表する者の場合）の選出方法（ 投票による選挙 ）

上記協定の当事者である労働組合が事業場の全ての労働者の過半数で組織する労働組合である又は上記協定の当事者である労働者の過半数を代表する者が事業場の全ての労働者の過半数を代表する者であること。☒
（チェックボックスに要チェック）

上記労働者の過半数を代表する者が、労働基準法第 41 条第 2 号に規定する監督又は管理の地位にある者でなく、かつ(同法に規定する協定等をする者を選出することを明らかにして実施される投票、挙手等の方法による手続により選出された者であって使用者の意向に基づき選出されたものでないこと。☒（チェックボックスに要チェック）

0000 年 00 月 00 日

使用者 職名 代表取締役 氏名 ナツメ祐二

中央 労働基準監督署長殿

限度時間を超えた労働者に対して健康確保措置（➡ P77）を行う。選んだ健康確保措置を記載する。

限度時間を超えて労働させる場合に、労使間で行う手続きを具体的に定める。協議、通告など。

36 協定は電子申請で届け出することも可能です。また、厚生労働省のホームページでは 36 協定作成支援ツールもあり、法改正後の新様式にも対応しているので、このようなサービスの利用もおすすめです。

事業所の住所や従業員の数などに変更があったときは、労使協定を結び直して労働基準監督署に届け出る。締結の空白期間があってはならないが、重複する期間がある分にはかまわない。

上手な労働時間管理のコツは？

5 労働時間管理

実務はここを確認！

- 残業時間が多い、残業代がかさむという問題を抱えている場合、自社の労働時間管理を見直してみる。
- 労働時間管理体制を整えると、申請用紙をつくる、シフト表をつくるなどの手間がかかるが、経営リスクは低くなる。

労働時間管理は会社の責務

従業員の労働時間を把握し、適切に管理するのは会社の責務です。残業時間管理についても、会社が主導して行うことが大切です。なお、国は労働時間を適正把握する方法について、ガイドラインを定めています。

残業を従業員任せにしていると、しなくてもよい残業を放置し、結果として支払わなくてもよい残業代を支払うことにもなってしまいます。「従業員が勝手に残業をしたのだから」と残業代を支払わないでいると、★**未払い残業代のリスク**を抱えてしまいます。

事前に従業員が申請した残業について、会社が認めるかどうかを判断する残業の事前許可制を導入してもよいでしょう。会社が残業をするかどうかを決め、残業時間を管理するのは会社だという方針を明確にします。ただし、実際はサービス残業が黙認されて残業事前許可制が形だけのものになっている会社が多いのも現状です。依然として未払い残業代のリスクがありますから、制度は厳しく運用しましょう。

長時間・変則的な業務には多様な働き方で対応

顧客や作業との兼ね合いで、どうしても営業時間が長くなる、勤務時間が変動するという業務もあります。このような場合、**時間をずらして何通りかの所定労働時間を設定するシフト制を採用するのが一般的**です。シフト制では始業・終業、休日などの労働条件を明示し、シフトのルールもしっかり決めておきます。シフト制の雇用管理について留意事項も公表されています。

長時間労働などを解消するために、国では、**テレワークの推奨**（➡P98）、**勤務間インターバル制度**（➡P11）の導入を努力義務としています。テレワークの場合、中抜け時間があっても始業終業が適正に把握されていれば問題ないとされています。多様な働き方を有効に活用しましょう。

未払い残業代のリスク…「残業代が支払えない」などの理由で残業時間を把握していない会社は、トラブルになったときに労働者が申告した通りの残業時間が認められる可能性が高くなる。

労働時間の管理方法

●労働時間を把握し管理する（記録は３年間保存）

	始業時刻	終業時刻
1	9:00	18:00

タイムカード打刻。

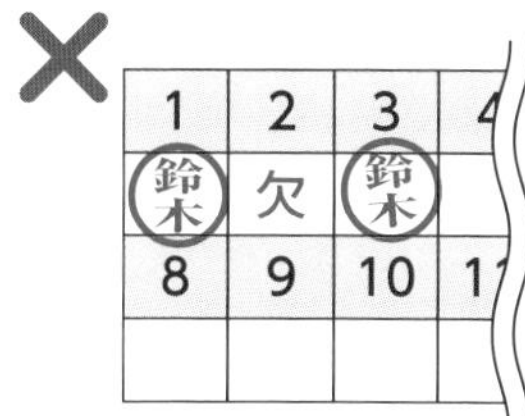

出勤簿に印鑑を押すだけの管理方法はNG。客観的な労働時間（始業・終業時刻）のデータを記録しなければならない。

タイムカード管理のほか、IC カードで始業時刻・終業時刻を記録するなどいろいろな管理方法があります。ただし、本人ではなく上司がタイムカードを押すなどは禁止です。

●残業を管理する

事前許可制を導入する　オススメ

労働時間の設定例

- その日の○時までに残業を所定の方法で申請してもらう。会社は、認めるかどうか、承認・不承認の判断をする。
- 終業時刻に部署の電気を消し、残業する人だけ別の部屋に移動してもらう。

△ 残業は従業員の判断に任せている

- ダラダラ残業の温床になる危険性がある。
- 労働基準監督署などから長時間労働を指摘される可能性が高くなる。
- 残業代がかさみ、未払い残業代のリスクが高くなる。

従業員にも「残業をしている」という意識をもってもらうことが大切です。

●自社の業務に合った労働時間を設定する

労働時間の設定例

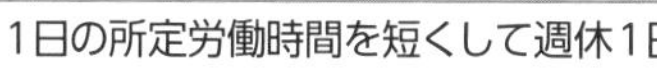

労働日を多くしたい。 →	1日の所定労働時間を短くして週休1日制や隔週2日制を導入。
営業時間を長くしたい。 →	シフト制にして複数の従業員が交代で勤務する。
業務の繁閑に対応したい。 →	変形労働時間制を導入。

どうしても残業時間が減らないという場合、労働時間の設定が自社の働き方に合っていないことがあります。効率的な働き方を考えるとともに労働時間の設定も見直してみましょう。

会社はやむを得ず労働時間を自己申告させている場合、労働時間の実態把握をする義務がある。パソコンのログ記録や入退出記録と労働時間がかけ離れている場合、会社が調査する必要がある。

「名ばかり管理職」には残業代を支払う必要があるの？

6 管理監督者と管理職の違い

実務はここを確認！

●自社の管理職が、管理監督者の範囲にあたるかどうかを確認する。
●管理監督者の範囲にあたらない管理職には、残業時間を適切にカウントして残業代を支払う。

管理監督者と管理職が混同されている

労働基準法では、**「経営者側と一体的な立場にある人」は管理監督者とみなされ、労働時間、休憩、休日に関する一部の法律は適用されません**。労働時間や休憩、休日は、管理監督者の裁量で決めることができるからです。したがって、いくら働こうが、管理監督者が自身で決めたことなので、残業代は発生しないことになります。

一方で、部長や課長などのいわゆる「管理職」は管理監督者に相当するとして、時間外労働や休日労働をカウントしない会社が多く見られます。

しかし、**「経営者側と一体的な立場にある人」はかなり限定される**ものです。いくら会社の管理職でも、本来の管理監督者の範囲にあたらなければ、一般の労働者にすぎません。当然、時間外労働や休日労働をすればその労働時間がカウントされ、割増賃金を支払う必要が出てきます。

「名ばかり管理職」には残業代を支払う

どんなに働いても残業代は出ない（管理監督者扱い）のに、労働実態は一般の従業員と同じように会社に管理されている管理職を「名ばかり管理職」といいます。部長や課長であっても、出勤・退勤の時間が決められて欠勤分は賃金が引かれる、残業代を含めると他の従業員と同等の賃金額、というような管理職は「名ばかり管理職」の可能性が高いです。「名ばかり管理職」とみなされた場合、過去３年までさかのぼって「一般の労働者として」残業した分の残業代を支払うよう命じられます。

ただし、**本来の管理監督者に該当した場合でも労働時間の状況把握は必要**になります。決められた出勤時間・退勤時間を強いることなどはできませんが、労働時間の状況を把握することが法改正で義務づけられたため、一般従業員と同じように健康状態などに配慮しなければなりません。

深夜帯（22時～翌5時）の労働については、どんな職業、どんな立場の従業員に対しても割増賃金を上乗せしなければならない（高度プロフェッショナル制度対象者以外）。

管理監督者の要件

管理監督者＝経営者側と一体的な立場にある

❶重役会での発言権、従業員の採用・異動などの人事権、部下の労働管理など、重要な職務と権限が与えられている。

❷出勤時間・退勤時間などに拘束されず、労働時間、仕事の手順やスケジュールの決定は自分の裁量で決めることができる。賃金は、労働時間ではなく、役割や権限、責任の遂行によって決定される。

❸管理監督者としての地位に相当する待遇、役職手当や賞与や給与が支給されている。

上の要件を満たさない管理職（課長、部長など）は、管理監督者ではない

管理監督者を否定される例

- 役職手当は出ても残業代が出ないため、給与が昇進前と大差がないか、かえって低くなった。
- 管理職の給与と、残業代が出る部下との時間単価に差がない。
- 各種会議で決められた方針やマニュアル、上司からの指示などに沿って業務を行う立場にすぎない。
- 出勤時間・退勤時間を自分で決められない。欠勤があれば給与から控除されるなど、時間外労働以外は労働時間で給与が決められる。
- 店長だが、欠員が出れば代わりに店に出て一般従業員と同じ業務をこなさなければならない。
- 他の従業員と一緒にシフトに入っている。

裁判で名ばかり管理職かどうかが争われるときは、ケース・バイ・ケースで総合的に判断されます。

一般の労働者と同じように労働時間管理をして残業時間に対して残業代を支払う。

多すぎる「管理職」には要注意

人件費カットのために従業員をどんどん管理職に登用して残業代を支払わない会社は、「残業代逃れ」で悪質だと判断される可能性が非常に高いといえます。「課長職だが管理監督する部下がいない」「チーフマネージャーだが行う仕事は一般の従業員と同じ」というような従業員を何人も抱えているような会社は要注意です。

「名ばかり管理職」かどうかが争われた過去の裁判では、管理監督者と認められたのはごく一部。ほとんどが「名ばかり管理職」だとみなされて未払い残業代の支払いを命じられている。

1週間単位の変形労働時間制は使いにくいの？

7 変則的な労働時間制の種類

●変則的な労働時間制を採用する前に、クリアしなければいけない要件を確認する。
●制度を導入してからも、きちんと運用する。そうでないと、未払い残業代のリスクを抱えることになる。

仕事の事情に応じて活用できる労働時間制

いろいろな働き方があり、実労働時間だけではかりにくい仕事や、繁閑の差が激しくて常に1日8時間・週40時間に収めるというルールがどうしても合わない仕事もあります。

そこで特例として、**法定労働時間を超えて労働時間を設定することができる変則的な労働時間制**がいくつか用意されています。それが各種の**変形労働時間制やみなし労働時間制**です（➡右ページ）。

自社の仕事に合った労働時間制を採用すれば、残業時間が大幅に短縮されて残業代が削減できるというメリットがあります。半面、制度や運用管理面に不備があると、その労働時間制は無効とされ、後から多額の未払い残業代を請求される可能性も高くなります。

制度を理解し、きちんと運用することが大切です。

人気がない週単位の変形労働時間制

1週間単位の非定型的変形労働時間制（1週間単位の変形労働時間制）は、「1日10時間・1週40時間」という枠組みの中で1週間の労働時間をやりくりすることができる制度です。ただし、利用できる会社の規模や業種が次のように決められています。

- **常時働いている従業員が30人未満**
- **業種は小売業、旅館業、料理店、飲食店**

これらの事業場は、従業員が10人未満であれば、1週44時間まで所定労働時間にできる特例が認められていますが、1週間単位の変形労働時間制を採用した場合はこの特例を利用できなくなります。また、労使協定を締結しておくほか、労働時間はその1週間が始まる前までに従業員に書面で知らせなければならないなど、手間もかかります。このため、あまり利用されていないのが実情です。

制度の不備を指摘されると、その労働時間制は無効になる。1日8時間・週40時間の法定労働時間の原則に戻って残業代などを計算し、支払わなければならない。

労働時間制度の種類

		概　要	参照ページ
変形労働時間制	1週間単位の非定型的変形労働時間制	1週間単位で労働時間を調整できる。業種や規模に条件がある。	➡左ページ、下図
	1か月単位の変形労働時間制	1か月以内で労働時間を調整できる。	➡P86
	1年単位の変形労働時間制	1か月を超えて1年以内で労働時間を調整できる。	➡P88
	フレックスタイム制	2週間以上3か月以内で労働時間を調整できる。労働時間の調整は従業員に任せる。	➡P90
みなし労働時間制	事業場外のみなし労働時間制	事業場の外で業務をした時間を一定時間労働したものとみなす。	➡P92
	専門業務型裁量労働制*	一定の専門業務をした時間を一定時間労働したものとみなす。	➡P94
	企画業務型裁量労働制*	一定の企画業務をした時間を一定時間労働したものとみなす。	➡P96

＊ 2024年4月制度改正あり。

それぞれの制度の中で設定した労働時間を超えれば、割増賃金を支払わなければなりません。発生した残業代を支払わなくてもよい制度はないので、誤解のないようにしましょう。

1週間単位の非定型的変形労働時間制

利用できる会社	●常時使用している従業員が30人未満 かつ ●業種が、小売業、旅館業、料理店、飲食店
設定できる労働時間の限度	1日10時間まで・週40時間まで
労使協定	必要（労働基準監督署への届け出が必要）
労働時間の通知期限	週始まりの前日までに、1週間の労働時間を決めて従業員に書面で通知する

勤務シフト表の例

日	月	火	水
6	6	8	休
木	金	土	
休	10	10	

1日は10時間まで・
週は40時間まで設定できる。

常時使用している…「平常時は○人働いている」という意味で、「（非常勤ではなく）常勤で」という意味ではないので注意。一時的にその人数を超えても、常時ではないので大丈夫。

1か月の間で労働時間を調整できる制度とは？

8 1か月単位の変形労働時間制

- 1か月の労働時間が、30日で171.4時間、31日で177.1時間以内に収まる仕事で導入を検討するとよい。
- 期間の途中で頻繁に勤務シフト表を変更するような場合は制度の導入に無理がないか検討する。

1か月単位の変形労働時間制に合う仕事

1か月単位の変形労働時間制は、1か月以内の一定期間（**変形期間**）で労働時間を調整できる制度です。

「月初めは忙しいが月の半ばはヒマだ」「下旬は経理の作業で忙しい」など、1か月以内の期間で繁閑期がある会社や所定労働日数が短いパート、交替制や夜勤がある職場（工場、病院）などで運用すると便利です。

なお、「経理課のみ」「パートのみ」など、**部署、職種に限定して導入することも可能**です。

1か月単位の変形労働時間制では、下の要件を満たせば、1日8時間・週40時間（特例措置対象事業場は週44時間➡P70）の法定労働時間を超えて、労働時間を設定することができます。

- **1か月以内の変形期間で、1週間の平均労働時間が40時間以内（特例措置対象事業場は44時間以内）**

制度を続けるための注意点

1か月単位の変形労働時間制を導入するには、右ページのような要件を満たさなければなりません。

また、変形期間の起算日の前にすべての労働日の労働時間を決めて、書面で示さなければなりません。事前に知らせるのは労働日と休日、労働日ごとの労働時間で、想定される勤務シフトはすべて就業規則などに定めます。**変形期間の途中で、決めた労働時間を変更したり、労働日と休日を変更したりすることは原則としてできません**。

また、決められた労働時間を超え、かつ1日や週の法定労働時間を超えた場合は割増賃金を支払います。

この制度を導入しているものの、変形期間内に頻繁に勤務シフト表の変更を行うような会社は、制度が会社の実情に合っていないのかもしれません。導入そのものの見直しをおすすめします。

勤務シフト表で定めた労働時間を超え、かつ法定労働時間を超えて残業すれば割増賃金を支払う。変形期間の労働時間の限度を超えたときも支払うが、支払いが重複しないように注意する。

1か月単位の変形労働時間制

●導入要件

❶**就業規則に定める。**
または労使協定を結んで労働基準監督署に届け出る。

❷**変形期間は1か月以内で定め、起算日を明らかにする。**

❸**変形期間内の1週間あたりの労働時間が40時間を超えないように、労働時間を決める。**

※太字は1日の労働時間

例 とにかく月の前半は忙しいというケース。1日9時間や10時間働いてもらう日もあるけど、後半になれば暇になり1日5時間で帰ってもらう日も。結果として、1か月の週の労働時間が平均40時間以内に収まるので、残業代は発生しない！

●休日8日
●1か月労働時間
計176時間
●週の平均労働時間
39.7時間

●月

月	火	水	木	金	土	日
	1 **10**	2 **9**	3 **10**	4 **9**	5 **休**	6 **9**
7 **10**	8 **9**	9 **10**	10 **9**	11 **10**	12 **休**	13 **休**
14 **9**	15 **9**	16 **7**	17 **休**	18 **7**	19 **休**	20 **休**
21 **7**	22 **7**	23 **5**	24 **5**	25 **5**	26 **休**	27 **休**
28 **5**	29 **5**	30 **5**	31 **5**			

❹**変形期間内での全労働日の労働時間を定めた勤務シフト表を作成し、起算日の前までに各従業員に通知する。**

●1か月の労働時間の限度*
30日の場合、171.4時間（188.5時間）
31日の場合、177.1時間（194.8時間）
（ ）内は特例措置対象事業場

＊40時間（特例は44時間）×変形期間の暦日*÷7日で計算。
＊暦日（れきじつ）：0時から24時間までを1日とした日。暦通りの日。
休日もカウントする。

別の変形労働時間制度で1か月を超える期間の労働時間の限度を求める場合も、左の式で計算できます。

万一、変形期間の途中で、あらかじめ決めた労働時間を変更する場合は、どのような場合に変更することがあるのかを就業規則に定めておくとよい。

1か月を超えて1年以内で労働時間を調整できる制度とは？

9 1年単位の変形労働時間制

- 1か月を超えた期間や季節（1年以内）で繁閑の差がある仕事で導入を検討するとよい。
- 期間の途中で頻繁に勤務表を変更するような場合は制度の導入に無理がないか検討する。

1年単位の変形労働時間制に合う仕事と注意点

1年単位の変形労働時間制は、1か月を超えて1年以内の一定期間（**対象期間**）で労働時間を調整できる制度です。

1年の間で繁忙期・閑散期がはっきりしている業種（リゾートホテル、語学学校など）、1か月の期間を超えて業務時間を調整したい会社などには都合のよい制度です。なお、「営業職のみ」「正社員のみ」など、**事業所ごとや職種ごとに限定して導入することも可能**です。

1年単位の変形労働時間制では、下の要件を満たせば、1日8時間・週40時間の法定労働時間を超えて、労働時間を設定することができます。

- **1か月を超えて1年以内の対象期間で、1週間の平均労働時間が40時間以内**

1年単位の変形労働時間制は、期間が長いので、従業員が疲弊しないように労働時間や連続した労働日数の規制は1か月単位の変形労働時間制よりも厳しくなっています。

また、**原則として事前に配った勤務シフト表の労働日と総労働時間は変更することはできません**。想定される勤務シフトはすべて就業規則などに定めましょう。

途中退職、途中入社の場合の計算方法

対象期間の途中で退職した従業員、または入社してきた従業員に対して1年単位の変形労働時間制を適用させる場合は、本人の実労働時間が対象期間内の実労働期間中で週平均どれくらいになるかを計算します。

実労働時間が週平均40時間を超えていれば、超えた分の労働時間数に対して割増賃金を支払います。週平均40時間に満たない場合は割増賃金を支払う必要はありませんが、満たない分の労働時間分の賃金を給与から控除することはできません。

1年単位の変形労働時間制の労使協定で必要な事項は、対象となる労働者の範囲、対象期間及び起算日、特定期間、労働日、労働日ごとの労働時間、有効期間など。

1年単位の変形労働時間制

●導入要件

❶労使協定を結び、労働基準監督署へ届け出る。

❷対象期間は1か月を超えて1年以内で定め、起算日を明らかにする。

❸対象期間内の総労働日数（または休日数）と総労働時間を定め、労使協定とともに労働基準監督署に届け出る。

❹対象期間内の1週間あたりの労働時間が平均40時間を超えないように、労働時間を決める（ただし限度がある。下記参照）。

❺対象期間を1か月以上の期間に区分し、区分期間内の労働日と総労働時間を決めた勤務シフト表をその区分期間が始まる30日前までに作成する。

主な労働時間等設定の決まり

- 労働日数（1年あたり）：280日まで
- 対象期間内の所定労働時間の総枠の上限：1年（365日）の場合、2085.71時間
- 1日の労働時間：10時間まで
- 週の労働時間：52時間まで
- 対象期間が3か月を超える場合：
  ① 48時間を超える週は連続3週まで、②労働時間が48時間を超える週は3か月ごとに区分した期間の中で3回まで
- 連続労働日数：6日まで。ただし、★特定期間は12日まで

たとえば、繁忙期の月の労働時間は200時間に設定する一方、閑散期の月は150時間にして、結果として対象期間内の週平均労働時間を40時間以内に抑えるという運用ができます。

特定期間…対象期間中、とくに仕事が繁忙になる期間として定めた期間。対象期間すべてを特定期間とするようなことはできない。

従業員が勤務時刻を決められるってどういうこと？

10 フレックスタイム制

- 労使協定を結んで就業規則に規定する。労使協定は原則労基署に届ける必要はない。
- コアタイム、フレキシブルタイムを設定するときは、それぞれの開始時間と終了時間を決める。

出退勤の時間は従業員に任せる

フレックスタイム制は、**3か月以内の一定期間（清算期間）で総労働時間を定め、従業員にその範囲内で各自の出社時間・退社時間を決めて働いてもらう制度**です。フレックスタイム制の場合、1日、1週間の所定労働時間はありません。労働時間の上限も、1日単位・週単位ではなく**清算期間内の総労働時間で計算し、実労働時間が総労働時間を超えなければ、原則として割増賃金は発生しません。**

総労働時間は、1週間あたりの平均労働時間が法定労働時間の40時間（特例措置対象事業場は44時間➡P70）を超えないように設定します。完全週休2日制の場合、「所定労働日数×8時間」を清算期間中の総労働時間にできます。

例）23日×8時間＝184時間

フレックスタイム制を導入するときは、労使協定を結び、就業規則に規定しておきます。労使協定は原則として労働基準監督署に届ける必要はありません（清算期間が1か月を超える場合は届け出が必要）。

従業員に労働時間を任せるデメリット

フレックスタイム制は、各従業員の業務に応じて柔軟に労働時間を決めることができるという利点がある半面、従業員の労働時間が不規則になりがちです。従業員の出社時間・退社時間をあらかじめ把握するのが難しいため、**緊急に発生した業務に対応できないという不都合も起こることがあります。**

なお、フレックスタイム制でも、休日、休憩、深夜労働の原則は適用されます。週に1日の休日を与え、休憩も1日の労働時間に応じて与えます。フレキシブルタイム（➡右ページ）の時間以外でやむを得ず労働が深夜に及び、会社もそれを認めているような場合は、深夜労働の割増賃金（➡P117）を支払わなければなりません。

実労働時間が総労働時間を超えた場合、超過分の割増賃金を支払う。総労働時間より不足している場合は不足分の賃金を控除するか、法定労働時間の総枠の範囲で不足時間分を翌月にもち越す。

フレックスタイム制

●導入要件

❶労使協定を結び、かつ就業規則に規定する。	（原則労働基準監督署への届け出は不要だが、清算期間が 1か月を超える場合は必要）
❷ 3か月以内で清算期間を定める。	賃金計算期間と同じにするとよい。
❸清算期間内の総労働時間を決める。	清算期間が 1 か月の場合、30 日の月は 171.4 時間（188.5 時間）、31 日の月は 177.1 時間（194.8 時間）が最大。 ※1（ ）内は 44 時間の特例の場合。 ※2 完全週休2日制の場合は特例あり。
❹標準となる1日の労働時間を決める。	年次有給休暇を取得したとき、この時間分労働したものとして賃金を計算する。
❺コアタイムを決める。	必ず勤務しなければならない時間帯。必ずしも設定する必要はない。設定する場合、休憩時間はコアタイム内に設ける。
❻フレキシブルタイムを決める。	この時間帯内であればいつ出社して退社してもよい。

●設定例

7:00～9:00～11:00	11:00～12:00	12:00～13:00	13:00～15:00	15:00～17:00～20:00
フレキシブルタイム	コアタイム	休憩	コアタイム	フレキシブルタイム

コアタイムに出勤しない場合でもその分を賃金から控除することは一般的にしない。しかし、懲戒事由にして懲戒処分の対象にしたり、査定の減点対象にすることはできる。

社外での仕事なら何でも使えるの？

11 事業場外のみなし労働時間制

- 導入前に、従業員の事業場外の労働時間を携帯電話などで管理できないのかどうか検討する。
- 就業規則に明記し、みなし労働時間が法定労働時間を超えるときは労使協定を結んで届け出る。

多くても少なくても一定の労働時間にできる

事業所や工場の中で勤務する場合は、タイムカードなどで出退勤の時刻を確認し、どれくらい労働をしたかが把握できます。しかし、外回りの営業やテレワークなど、会社の外で働く業務では、実労働時間を把握して管理するのが難しいことがあります。

そこで特例として、**会社の外で働く業務で、労働時間を算定するのが難しい場合について、所定労働時間働いたものとみなす事業場外のみなし労働時間制**があります。たとえば、外回り営業を「外回り営業にかかる時間は７時間くらいだから所定労働時間７時間とする」と決めていたら、５時間で済んだ日も８時間かかった日もどちらも７時間働いたことになります。

会社が管理できていれば認められない

注意したいのは、この制度は、社外で働き、なおかつ労働時間を管理できない場合に限って認められる点です。たとえ事業場外の労働でも、会社がつくったスケジュール通りに動いている、携帯電話で逐一業務報告をしている、というような場合は会社が労働時間を管理し、把握できる状態にあるとされ、事業場外のみなし労働時間制は認められないことがあります。

所定労働時間とは別に労働時間を設けることがある

「所定労働時間は７時間だけど、この業務だけは８時間はかかる」という具合に、**所定労働時間を超えて働くことが必要な業務については、その業務の「通常必要とされる時間」を設定します。「通常必要とされる時間」を決めるときは労使協定を結びます。**

「通常必要とされる時間」が法定労働時間を超える場合は、労使協定を労働基準監督署に届け出て、法定労働時間を超えた分は割増賃金を支払います。

テレワーク（インターネットなどの情報通信技術を活用した働き方）が推進されているが、テレワークにみなし労働時間制を適用する場合は、通常の労働時間制や変形労働時間制が適合しない場合のみ適用できると考えられる。ガイドラインでも基準が定められている。

事業場外のみなし労働時間制の注意点

●こんな働き方の場合は認められない

社外で働いていても…

✕ 携帯電話で1日何度も業務報告をしている。

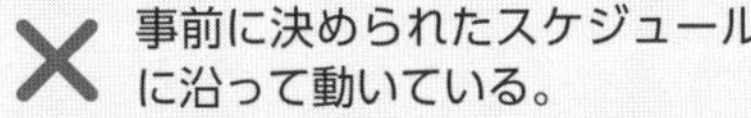

✕ 事前に決められたスケジュールに沿って動いている。

✕ 何人かのグループになって、リーダーの指示のもとで働いている。

✕ 携帯電話などで上司の指示を受けながら働いている。

✕ 相手先の仕事場などで、「何時から何時まで働く」と労働時間が正確にわかる。

労働時間を把握できていればこの制度は使えません。現代は携帯電話やGPS、パソコンのログ履歴などで従業員の居場所や労働時間がわかり、「把握できない」働き方が少なくなっています。勤怠システム導入により、労働時間を把握できるとして適用を認めなかった判例もあります。

●「通常必要とされる時間」の定め方

みなしの所定労働時間	→	就業規則に定める。
所定労働時間を超えて働くことが必要な業務については、その業務の「通常必要とされる時間」	→	労使協定を結んで就業規則に定める。
「通常必要とされる時間」が法定労働時間を超える場合	→	●労使協定を結び、労働基準監督署に届け出る。 ●法定労働時間を超えた分は割増賃金を支払う。

プラス知識

旅行添乗員の業務について「みなし労働時間制とは認められない」と会社が最高裁で敗訴した判例がある。導入している場合は、運用が適切かどうか、見直してみることも必要。

上司が仕事に指示を出すのはダメ？

12 専門業務型裁量労働制

実務はここを確認！

●労使協定を結び、労働基準監督署に届け出る。就業規則に明記する。
●適正なみなし労働時間を設定し、労働状況や従業員の健康に気を配る。

みなし労働時間を決めておく

新商品の研究開発やシステム設計、編集などでは、業務の性質上仕事の進行や時間配分を担当の従業員の裁量に委ねなければならないことがあります。この場合、実労働時間にかかわらずみなし労働時間による労働時間計算が認められる制度があります。これが専門業務への裁量労働のみなし時間制で、一般的には**専門業務型裁量労働制**と呼ばれています。

所定労働日に働いた日は、その日の労働時間が5時間であっても10時間であっても、あらかじめ「8時間労働したものとみなす」と決めていれば8時間になります。

運用の注意点

右ページの20の専門業務で専門業務型裁量労働制が認められています。ただし、**上司や使用者は、業務を行う従業員に対して、業務の進め方や時間配分に対して具体的な指示をしないことが条件**です。いつも上司の指示通りに仕事を進める、プロジェクトチームでリーダーの指示を受けて分担作業を行う、先輩従業員の補助業務を行うといった場合は、専門業務型裁量労働制が認められない可能性が高くなります。

専門業務型裁量労働制を導入するには、労使協定を結び、労働基準監督署に届け出る必要があります。対象となる業務を特定し、適正なみなし労働時間を労使と協議したうえで決めていきます。2024年4月から労働者の個別同意が必要となりました。みなし労働時間が法定労働時間を超える場合、超える部分に対しては割増賃金を支払います。

国による、裁量労働制への調査は厳しくなっています。対象業務・対象者は適切か、実際の労働時間との乖離はないか、苦情処理体制や健康確保措置が運用されているかなどが調査されます。大企業向けに企業名公表の基準も作られました。適正に定めることが必要です。

雇用主は裁量労働制の対象となる従業員の労働時間の状況を把握する必要がある。一定の長時間労働には、医師の面接指導等の健康確保措置を行う。また、休憩時間は、原則通り、労働時間に応じて取得させる（➡ P70）。法定休日や深夜に労働した場合は、割増賃金を支払う必要がある。

専門業務型裁量労働制

●対象となる業務〈20 業務〉

- 新商品・新技術の研究開発、または人文科学・自然科学の研究
- 情報処理システムの分析または設計
- 新聞・出版事業の記事の取材・編集、または放送番組制作の取材・編集
- 衣服・室内装飾・工業製品・広告などのデザイン考案
- 放送番組・映画制作などのプロデューサー・ディレクター
- 広告・宣伝事業の商品などのコピーライター
- システムコンサルタント
- インテリアコーディネーター
- ゲーム用ソフトウェアの制作
- 証券アナリスト
- 金融商品の開発
- 大学の教授・准教授・講師
- 公認会計士
- 弁護士
- 建築士
- 不動産鑑定士
- 弁理士
- 税理士
- 中小企業診断士
- M&A アドバイザリー

銀行または証券会社で合併・買収等に関する考察および助言をする業務が追加された（2024 年 4 月～）

●主な導入要件

①労使協定を結び、労働基準監督署に届け出る。
②対象とする業務、みなし労働時間などを決める。
③対象業務を行う手段や時間配分などに対して、具体的な指示をしない旨を労使協定に盛り込む。

労使協定の有効期間は3年以内が望ましいとされています。

具体的な指示とは？

業務について、上司が細かく指示命令を行う。
進捗について、変更させたり、時間配分を指示する。
→ 具体的な指示 

業務の納期を決める。
進捗状況を報告させる。
→ 具体的な指示ではない 

2024 年 4 月から導入要件変更により、労使協定で「同意しなかったことにより、不利益な取扱いをしないこと」「同意撤回の手続き」も定める必要がある。

対象者や制度の導入方法は？

13 企画業務型裁量労働制

- 導入前に、手順や対象となる従業員を確認し、適正に運用できるか検討する。
- 適正なみなし労働時間を出し、従業員の労働状況や健康にも十分に配慮する。

みなし労働時間を決めておく

会社の中枢部門で企画・立案などの業務に携わるホワイトカラー労働者に対して、みなし労働時間を認める制度が**企画業務型裁量労働制**です。みなし労働時間の設定法は専門業務型裁量労働制（➡ P94）とほぼ同じです。**所定労働日に働いた日は、その日の労働時間が５時間であっても10時間であっても、あらかじめ「８時間労働したものとみなす」と決めていれば８時間になります**。

専門業務型裁量労働制と異なるのは、対象となる事業場や対象となる従業員の範囲、制度の導入手続きです。たとえば、対象となる事業場は、事業場自体が会社経営の中枢であるか重要な影響を及ぼすもの（本社、本店など）に限られます。本社から具体的な指示を受けて業務を行っている事業場や支店、少しでも非対象業務が想定されている場合は対象とはなりません。

手順が煩雑で対象者も限定される

導入では★労使委員会を設置し、対象者、労働時間としてみなす時間などについて５分の４以上の多数による決議を経なければなりません。適切な調査審議のため、実施状況の報告も必要で、６か月以内ごとに１回開催します。

また、対象となる業務を決議すればその業務に就くすべての人に適用できるわけではありません。企画業務型裁量労働制が適用できるかどうかは、個々の従業員について判断します。５年以上の職務経験をもち、上司の指示がなくても適切に業務を進められる力量のある従業員が対象として適切です。

対象となる従業員本人の同意を得ることも必要で2024年４月から同意撤回が可能になります。実施した後も制度開始日から６か月以内に１回およびその後１年間に１回は、労働基準監督署に定期報告をしなければなりません。また、有効期間ごとの決議も必要です。

労使委員会…会社および労働者を代表する者によって構成される委員会。賃金、労働時間などの労働条件に関する事項を調査・審議し、会社に対して意見を出す。

企画業務型裁量労働制　導入の流れ

労使委員会を設置する

- 委員の半数は、その事業場の過半数の従業員が加入する労働組合（または従業員の過半数の代表者）に指名された者。
- 委員会の議事を作成・保存し、周知する。

労使委員会で決議する

- 委員の5分の4以上の賛成。
- 決議事項は、以下の10点。
  ①対象業務の範囲
  ②対象労働者の範囲
  ③労働したものとみなす時間
  ④対象労働者の健康・福祉を確保するための措置の内容
  ⑤対象労働者からの苦情の窓口などの設置
  ⑥制度の適用について対象労働者から同意を得ることと不同意従業員への不利益な取り扱い禁止
  ⑦同意の撤回の手続き
  ⑧対象労働者の賃金・評価制度を変更する場合に説明を行うこと
  ⑨決議の有効期間
  ⑩制度の実施状況に係る記録を保存すること

決議を労働基準監督署に届け出る。

対象労働者の同意を得る

- 対象事業場は、本社・本店、会社の決定に大きな影響を及ぼす計画が行われる支社・支店など。
- 対象業務は、運営、企画、立案、調査、分析で、遂行にあたって大幅に従業員の裁量に委ねる必要のある業務。
- 対象者は、対象業務に常時従事し、適切に遂行するための知識、経験等をもつ者。
- 決議内容や適用される賃金・評価制度、同意しなかった場合の配置や処遇等を説明する。

制度を実施する。

決議の有効期間満了後、継続する
- 有効期間は3年以内とすることが望ましい
- 継続する場合は労使委員会の決議が必要

企画業務型裁量労働制は、上記のように要件が厳しく手順も煩雑なので、小規模の会社ではほとんど使われていない制度になっている。

従業員に裁量をもたせつつ長時間労働に配慮する

14 テレワークの労務管理

●テレワーク勤務者向けの就業規則を整備する。
●労働状況や健康状態を把握するためにも、従業員が出社する機会やしくみを設けるとよい。

テレワークのメリット・デメリット

テレワークは、所属オフィスに通勤せず、パソコンや携帯電話などを活用して自宅やサテライトオフィスなどで仕事をすること。新型コロナウイルス感染症の世界的大流行をきっかけに、国内でも急速に広がりました。

テレワークの利点には、職場と住居が近くなり仕事と家庭生活が両立しやすい、通勤時間が減る、業務の効率化につながるなどが挙げられます。一方で、**仕事と仕事以外の切り分けが難しい、長時間労働になりやすい**という欠点が指摘されています。会社の労働時間管理次第で、メリットがデメリットにもなり得るということです。

従業員に裁量のある労働時間制度に

テレワークでは、オフィス勤務ほどには、会社側の労働時間管理が行き届かない場合があります。そこで、労働時間管理をある程度従業員の裁量に任せる労働時間制を採用する会社も多くあります。よく使われているのがフレックスタイム制（➡P90）です。対象となる従業員の要件に制限が少ない、従業員が始業・終業時刻を調整できるといった利点があります。

一定の業務についてみなし労働時間を定める、事業場外みなし労働時間制（➡P92)、専門業務型裁量労働制(➡P94)、企画業務型裁量労働制（➡P96）を採用する会社もあります。ただし、この３つのみなし労働時間制は、従業員の働き方や職種を見極めて導入することが大切です。

どのような労働時間管理をするにしても、会社は従業員の労働時間の状況を把握し、長時間労働が引き起こす健康障害などを防がなければなりません。なお、テレワーク勤務者への労働時間管理や服務規律などが、他の従業員とは異なる場合は、テレワーク勤務者向けの就業規則となる**テレワーク勤務規程**を作成しておきます（➡右ページ）。

労働状況を適切に把握するために、面談で実際の働き方を確認していくことも必要になる。たとえば、労務管理ソフトが記録した従業員のパソコンの利用時間が、従業員自身が申告する労働時間と大きくずれるような場合など。

テレワーク勤務規程（例）

テレワーク勤務規程

第１章　総則

（目的）

第１条　本規程は、株式会社●●（以下「会社」という）の従業員がテレワーク勤務する場合の必要な事項について定めたものである。

テレワーク勤務規程に入れる主な事項

- ●採用する労働時間制
- ●対象者　●申請方法
- ●評価　●教育
- ●服務規律

（時間外および休日労働等）

第１３条　テレワーク勤務者が、時間外労働、休日労働および深夜労働をする場合は、所定の手続を経て所属部署の長の許可を受けなければならない。

２　時間外および休日労働について必要な事項は、就業規則または別に定めるところによる。

テレワーク勤務者の時間外労働、休日労働、深夜労働を許可制とする場合はこのように規定する。
原則として認めない場合の規程例は、
「第○条　テレワーク勤務者については、原則として時間外労働、休日労働および深夜労働をさせることはない。
　ただし、やむを得ない事由がある場合は所定の手続きを経て所属長の許可を受けなければならない。」

（在宅勤務者の就業場所）

第１５条　在宅勤務者の就業場所は、原則として自宅とする。

２　業務の都合上その他やむを得ない事由がある場合は、会社の承認を得て自宅以外の場所で就業することができる。

就業場所としてテレワークを行う場所を明示する。

（テレワーク勤務時の服務規律）

第２５条　テレワーク勤務者は、就業規則に定めるもののほか次に定める事項を遵守しなければならない。

（１）会社の情報および作成した成果物を第三者（同居の親族等を含む）が閲覧、コピー等しないよう最大の注意を払うこと。

服務規律では、情報保護や遵守事項を明記する。

長時間労働対策の例

❶メール送付の抑制　時間外、休日や深夜に、管理職、一般従業員の双方で指示や報告のメールを送ることを控える。

❷システムのアクセス制限　会社の社内システムに、深夜や休日はアクセスできないように設定する。

❸時間外・休日・深夜労働の原則禁止　時間外・休日・深夜労働を原則禁止とする、会社からの事前許可制とするなどを就業規則にも明記しておく。

❹従業員への注意喚起　テレワークで長時間労働が生じるおそれのある従業員や、休日・深夜労働をした従業員に対して、注意喚起を行う。労働時間の記録を見せたり、労務管理システムを活用して対象者に自動で警告を表示するようにしたりする。

厚生労働省「テレワークにおける適切な労務管理のためのガイドライン」より

テレワークでは、ある程度長く業務から離れる、いわゆる中抜け時間が発生しやすい。中抜け時間を認める場合は、休憩時間として報告してもらい、その分始業時刻を早める、終業時刻を遅くするといった対応をする例がある。実際は、中抜け時間を認めない、すなわち管理しないことも多い。

column

新顔の高度プロフェッショナル制度は中小企業には使いにくい!?

年収・仕事内容などで条件付き、従業員の健康確保が会社の義務に

2019年4月からスタートした「働き方改革」では、新しい労働時間制度が創設されました。従業員自身に仕事の裁量を認める一方で、法定の労働時間規制を外す高度プロフェッショナル制度です。この制度を採用するには、「労働時間と成果との関連性が高くないと認められる業務」「職務の範囲が明確」「年収1,075万円以上」「高度専門職のみ」「本人の同意が必要」「一定の導入手続きを踏む」といった条件が必要となります。

この制度では、時間外労働、休日労働の規制がありません。深夜労働のしばりからも外れており、深夜に働いても深夜割増賃金がかかりません。

従業員側にとっては過重労働になりやすいというデメリットがあります。このため、企業側は定められた健康確保措置を講じて従業員の健康を守る義務があります。また、制度の対象から外れたいという要求が従業員本人からあった場合は、応じなければなりません。

導入や運用の条件を見ると、従業員の平均年収が400万円程度といわれ、マンパワーが不足気味の中小企業では導入しにくい制度といえるかもしれません。2023年3月末までの高度プロフェッショナル制度の導入企業数は24社で、少数にとどまります。

高度プロフェッショナル制度の導入と健康確保措置

導入と運用の流れ

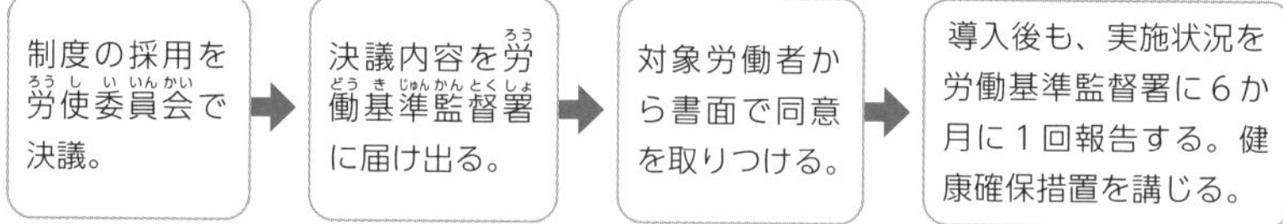

導入と運用の決まり

(A)～(C)をすべて行う。

(A) 健康管理時間として労働時間を把握する。

(B) 4週間を通じて4日以上の休日を取得し、かつ年間104日の休日を確保する。

(C) 次の4つのうちいずれかを実施する。

- ❶ 11時間以上の勤務間インターバル措置+深夜労働を月4回までに制限
- ❷ 1か月または3か月あたりの健康管理時間の制限（1か月100時間・3か月240時間まで）
- ❸ 1年につき2週間連続（または本人が希望した場合、1週間を2回）の休日確保
- ❹ 1か月80時間超の残業または本人の申し出があった場合の臨時の健康診断

3 章

賃金・賞与・退職金の支払い

「賃金」にはどういう基準があるの？

1 賃金となるもの・ならないもの

- 名称はどうであれ「賃金」とされたものは、その支給要件にあてはまれば支給しなければならない。
- 退職金も制度や運用次第で「賃金」になる。自社の退職金制度を確認する。

「賃金」は労働の対価

賃金とは、従業員（労働者）が労働したことに対して会社（使用者）が支払うものです。給与、給料、手当、賞与などと名称が変わっても、**労働の対価として従業員に支払われるものはすべて「賃金」**になります。

結婚祝金や弔慰金などは、支払われるシーンを考えると「労働の対価」とはいいきれない面もあります。ただし、「○○のような場合に支給する」などと、**就業規則で支給要件が明確にされているような場合は「賃金」**にあたります。

しかし、就業規則に定めがなく、そのつど任意で支給しているような場合は「賃金」とはなりません。

通勤手当や通勤定期券などは業務のための費用ではなく、就業規則に支給要件が明確にされていれば賃金として取り扱われます。

経費や福利厚生は賃金にならない

就業規則に記載されていようがいまいが、**経費や福利厚生としての側面が強い場合は賃金とならないものもあります**。

例としては、出張旅費や作業服、制服などを実費支給または実物支給で行うもの、社宅や保養所などの福利厚生施設の利用料です。

退職金には注意

退職金が「賃金」かどうかで、不支給が問題になることがあるので注意が必要です。

退職金が就業規則に明記されていて、制度化されていれば賃金となります。ただし、就業規則に明記されていなくても、慣習として退職金が支払われている場合は、「退職金＝賃金」とされるケースがあります。**退職金が賃金であれば、支払う義務を負います。**

解雇予告の手続きで支払う解雇予告手当（➡P158）や業務上のケガや病気で休んだ初日３日間に支払う休業補償（➡P250）は賃金とはならないことに注意。

賃金にあたるかどうかの判断

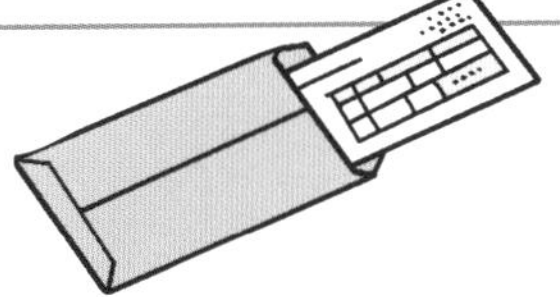

賃金とは
名称を問わず、労働の対価として会社が従業員に支払うもの。

条件

支給要件が定められている。	経費や福利厚生の面が強い。

No. Yes. Yes. No.

賃金とならない

- 〈任意で支給される〉慶弔金、退職金
- 出張経費、実物給付の作業服や制服、保養所や社宅などの利用料

賃金となる

- 毎月の給与（賃金）と手当、賞与
- 〈就業規則に支給要件が定められた〉手当、通勤定期券、食事、退職金
- 休業手当（➡ P114）

退職金は、制度上は任意でも支給が慣例となっている場合は「賃金」とみなされることがあります。

「賃金」になると、決められた支給要件通りに支払わなくてはなりません。税金や社会保険料、労働保険料の算定対象になるということです。
※課税対象とならない賃金もあります。

賞与は賃金だが、就業規則で「会社の業績や個々の成績等を勘案して支払う。業績の状況によっては支払わないときもある」というような規定にしておくと、柔軟な支払いができる。

賃金支払いで守らなければならないことは？

2 賃金支払いのルール

- 賃金支払いの５原則と合わせて、ノーワーク・ノーペイの原則は普段の給与計算でも使う。
- 非常時支払いのルールを覚えておき、いざというときに従業員の要望に柔軟に応じる。

従業員の生活を安定させるためのルール

賃金の支払いでは、定期的な収入を確保して従業員の生活を安定させるために、**①通貨で、②直接本人に、③全額を、④毎月１回以上、⑤一定の期日で支払う、という５原則があります。**

①通貨で支払う

賃金は、通貨、つまり現金で支払います。ただし、通勤定期券など法令や労働協約(➡ P23)で定められているものは現物支給も許されます。

従業員の同意があれば本人名義の口座へ銀行振り込みやいわゆる賃金のデジタル払いも可能となっています。同意は書面で取りつけます。

②直接本人に支払う

賃金は直接本人に支払います。家族や弁護士であっても、代理人を介して支払うことはできません。銀行振り込みやデジタル払いにするときも必ず本人名義の口座などに振り込みます。

ただし、本人が病気療養中で家族が受け取りに来るようなケースでは、支払ってよいとされています。

③全額を支払う

賃金は全額支払い、本人の同意なしに控除はできません。ただし、雇用保険料と社会保険料の本人負担分、所得税と住民税は、会社側から支払うために控除することができます（法定控除）。また、労使協定を結んだ項目を控除することができます（協定控除）。

④毎月１回以上支払う

賞与などの臨時の賃金を除いて、毎月１回は支払わなければなりません。年俸制であっても、最低 12 回に分けて賃金を毎月支払うことになります。日払い、週払いは、月１回以上の条件を満たしているので OK です。

⑤一定の期日で支払う

「毎月 25 日に支払う」などと毎月支払う日を定めておきます。定めた日が銀行の休業日である場合は、その前後の日に振り込むことは認められています。前の日となるか後の日となるかは、就業規則で明記します。

直接本人に支払うルールでは、もし親などの代理人に支払った後に、本人が「受け取っていない」と申し出てきたら、改めて本人に支払わなくてはならない。

賃金支払いのルール

5原則

通貨で支払う。

直接本人に支払う。

全額を支払う。

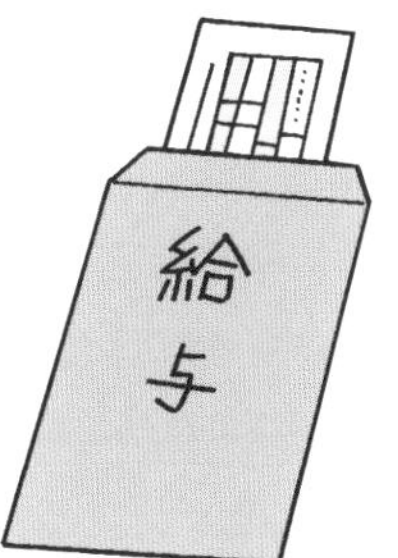

毎月１回以上支払う。

一定の期日で支払う。

そのほか

非常時支払いのルール

- 従業員が出産、病気、火災などの災害にあてる費用として請求してきた場合、すでに働いた分の賃金を支払う。
- 支払い期日が来ていなくても支払う。まだ働いていない分の賃金については支払う必要はない。

ノーワーク・ノーペイの原則

- 働かなかった日や時間については、賃金を支払わなくてもよい。欠勤、遅刻・早退はその分の賃金を控除できる。

賃金で差別してはいけないこと

- 国籍、信条、社会的身分。
- 性別。

非常時支払いのルールはいざというときのために覚えておきましょう。

2023年４月より外国人労働者への対応やキャッシュレス化、デジタル化のため、電子マネーで給与支払いができるようになった。2023年11月現在、資金移動業者は83社の登録がある。デジタル払いでは労使協定の締結が必要。

賃金の種類によって性質が異なるの？

3 基本給と手当

●基本給は、決定したらほぼ下げられないことを念頭に置いて決定する。手当の種類や支給内容は、就業規則に規定する。
●労働時間管理を行い、時間外労働、休日労働、深夜労働には法定の割増率を掛けて割増賃金を支払う。

基本給は簡単に下げられない

毎月の賃金（給与）は、いくつかの性質が異なる賃金が組み合わさっています。

基本給は、文字通り基本となる給与で、会社が従業員に対して「毎月、最低でもこの賃金を支払う」と約束する賃金です。

基本給は、年齢、勤務年数、業務内容、能力、業績などを考慮して決まります。決定は会社の裁量で行ってよいものですが、上げることはあっても、いったん上げた基本給を下げることはなかなかできません。基本給を上げる際は、慎重に行わなければなりません。

手当は柔軟に決められる。残業手当は必ず支払う

手当は、家族の状況や福利厚生、職務、職能などの要素を考慮して支給する賃金で、**規定次第で柔軟な使い方ができます**。たとえば、「○○の成績を収めたら支給する」と規定すれば、その条件にあてはまるときだけに支給すればよいのです。

しかし、同じく「手当」と呼ばれていても、時間外労働、休日労働、深夜労働に対して支払われる**割増賃金（時間外手当、休日手当、深夜手当）は、その労働をした時間分必ず支払わなければなりません**。他の手当とは性質が異なることに注意します。

期間単位で決定する賃金 成果で決定する賃金

賃金の決め方には、1時間単位で金額を決定する時給制のほか、日給制、月給制、年俸制があります。また、定められた期間よりも出した成果や業績に応じて決める出来高給制（歩合給制、業績給制）もあります。

正社員は「月給制」、短時間勤務は「時給制」、契約社員は「月給制＋出来高給制」という具合に、働き方に応じて、ときには2種類以上組み合わせて決定します。

月給制には、日給月給制と完全月給制がある。日給月給制は、遅刻、早退、欠勤などをした場合、ノーワーク・ノーペイの原則に基づきその相当額を月給の額から控除できる。完全月給制は、遅刻、早退、欠勤をしても、賃金が控除されない。成果型の勤務などに使われることがある。

賃金体系

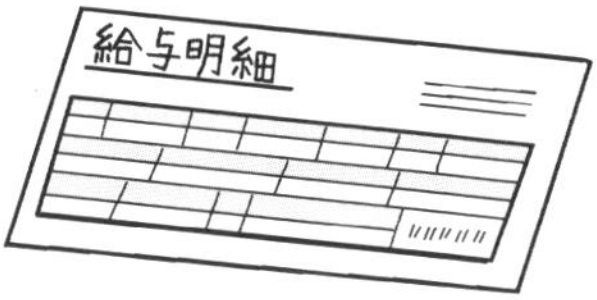

- 賃金
  - **基本給**：最低限、毎回支給することを約束された賃金
  - **各種手当**：家族状況、福利厚生、職務、職能、成績など、会社の規定に応じて支給される賃金
    - 住宅手当
    - 通勤手当
    - 資格手当　など
  - **割増賃金**：時間外労働、休日労働、深夜労働に対して支払われる法定の賃金
    - 時間外手当
    - 休日手当
    - 深夜手当

賃金の決め方

時給制	1時間単位で賃金額を決める。
日給制	1日の所定労働時間に対して賃金額を決める。
月給制	1か月の所定労働時間に対して賃金額を決める。
年俸制	1年の所定労働時間に対して賃金額を決める。
出来高給制	出した成果や量などに応じて賃金額を決める。「出来高給」「歩合給」「業績給」「インセンティブ」などとも呼ばれる。

テレワークの普及により、通勤手当に代わる水道光熱費負担などのテレワーク手当も普及している。課税取り扱いの基準も公表された。

出来高給制の残業代の計算方法は？

4 出来高給の計算

- 時間単価と割増率が低い出来高給を効果的に加えることで、残業代を抑えることができる。
- 基本給に出来高給を組み入れるときは、常に平均賃金の60%以上を上回るように制度をつくる。

労働時間の要素が薄い出来高給制

出来高給制（歩合給制、インセンティブなど）は、仕事の成果や量に対して賃金を支払うものです。月給制や時給制などが、一定期間の所定労働時間に労働したことに対して賃金を支払うのに対して、**労働時間の要素は薄くなっている（時間性が弱い）のが特徴**です。

出来高給の決め方は、「出来高の△％を支払う」というものや、「この仕事1回の単価○万円」というものなど、さまざまです。

残業代の単価が低くなる

出来高給でも、法定労働時間を超えた分の残業代は発生しますが、算定対象となる労働時間数が固定的な賃金とは異なります。

出来高給の場合、1時間あたりの賃金を出すための算定対象となる労働時間数は、所定労働時間ではなく、残業時間も含めた総労働時間です。つまり、「その仕事の成果を出す（量をこなす）ためにかかった時間」であれば、所定労働時間も残業時間も同列に扱うということです。

したがって、固定的な賃金と出来高給が同じ10万円の場合、通常は所定労働時間数よりも総労働時間数のほうが長いため、時間単価は出来高給のほうが低くなります。また、時間性が弱いので、割増率が低くなっています。このようなことから、**出来高給制を導入すると、残業代が低く抑えられるという利点があります**。

賃金額の変動の幅が大きい

デメリットは賃金額の変動幅が大きいことです。**総労働時間は毎月変わるので、毎月計算が必要**になります。最低賃金や残業代未払いも細かく確認が必要です。出来高給制を賃金に組み入れるときは、このようなメリット・デメリットを考慮して利用しましょう。

インセンティブ…報奨金。日本の会社では、出来高給、歩合給と同じ意味で使われる。

月給制などと出来高給の違い

時給、日給、月給など

時間性が強く、成果性が弱い

- 所定労働時間に働いたことに対して賃金を支払う。
- 賃金に、成果（量）は含まれない。

出来高給

時間性が弱く、成果性が強い

- 成果を上げたり、量をこなしたことに対して、賃金を支払う。
- 残業時間を含む、成果を上げるために要した時間を労働時間とみなす。

出来高給制の組み入れ方（例）

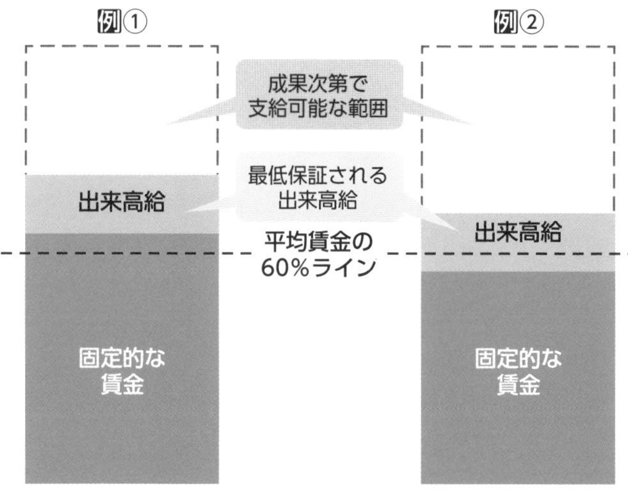

- 月給などの固定的な賃金がラインを常に上回るように設定する。
- 月給などの固定的な賃金がラインを下回っているが、出来高給の最低ラインが常にラインを上回るように設定する。

法令により、基本給は「平均賃金（➡P114）の60%以上」を保証することが必要とされます。意識して、賃金制度をつくりましょう。

最低賃金を計算するときも、出来高給の場合は「総労働時間数」を使う（➡P111）。月給制などと同じ賃金額でも、総労働時間数が長いと最低賃金額を下回ることがあるので注意が必要。

毎年チェックした方がいいの？

5 最低賃金の確認方法

●最低賃金は非正規社員や外国人労働者などすべての労働者に適用される。最低賃金は毎年改定され、10月に発効となる。
●支払っている自社の賃金を最低賃金と比べるときは、通勤手当などの「除外する賃金」に気をつけ、適正に算出する。

賃金額が最低賃金を下回ってはいけない

従業員に支払う賃金額は、最低賃金以上でなければなりません。最低賃金は都道府県単位で決められており、毎年改定され、10月に発効となります。最低賃金には地域別最低賃金と**特定（産業別）最低賃金**★の２種類があり、どちらか高いほうの賃金額をその地域のその産業の最低賃金額とします。

最低賃金の決まりは、正社員だけでなくすべての従業員に適用されます。最低賃金額ぎりぎりの賃金設定をしている場合は、毎年改定時期が来るたびに賃金を見直し、最低賃金を下回らないように賃金のベースアップを図ることが大切です。

賃金が最低賃金を下回っていると、最低賃金額に満たない賃金分を過去３年までさかのぼって支払うよう、労働基準監督署から是正指導を受けることがあるので注意してください。

ちなみに、**最低賃金が適用されるのは、勤務する営業所・事業所がある都道府県の基準**です。たとえば本社が東京で千葉県に工場がある場合、工場で働く従業員の最低賃金額は千葉県の最低賃金額で見ます。

計算に含める手当 除外する手当

最低賃金額は時給で示されているので、自社の賃金が最低賃金の基準を満たしているかを確認するときは、日給制、月給制、出来高給制では時給に換算して確認します。

計算するとき含める賃金は、「毎月支払われる基本的な賃金」です。毎月の支払いではない賞与、深夜手当、残業手当（時間外手当、休日手当）などは除外します。また、厚生労働省の通達により、通勤手当、家族手当、精皆勤手当も除外します。

計算に含める賃金を間違えると、最低賃金額との正確な比較ができなくなるので注意が必要です。

特定（産業別）最低賃金…その都道府県の主要産業などは、特定（産業別）最低賃金として地域別最低賃金よりも高い賃金水準が設定されている。毎年10月～翌２月頃に改定される。

最低賃金を確認する

時給制はそのままで、日給制、月給制、出来高給制は１時間あたりの賃金に換算して比較する。

●時給制の場合
時間給≧最低賃金額

●日給制の場合

$$\frac{\text{日給}}{\text{１日の所定労働時間数}} \geq \text{最低賃金額}$$

●月給制の場合

$$\frac{\text{月給}}{\text{月平均所定労働時間数}} \geq \text{最低賃金額}$$

月平均所定労働時間数 ➡ 年間所定労働時間数÷12（か月）

年間所定労働時間数は、「年間の労働日数×所定労働時間」で計算する。

※年間の範囲（1～12月、4～3月など）にとくに決まりはない。

●出来高給制の場合

$$\frac{\text{その月の出来高給}}{\text{その月の総労働時間数}} \geq \text{最低賃金額}$$

その月の総労働時間数 ➡ 残業時間も含めた総労働時間数

●複数の給与制度を併用している場合
給与制度ごとに計算した賃金の合計額≧最低賃金額

計算から除外する賃金

- ●臨時に支払われる賃金➡結婚祝金など
- ●１か月を超える期間ごとに支払われる賃金➡賞与など
- ●時間外手当、休日手当、深夜手当
- ●通勤手当
- ●家族手当
- ●精皆勤手当

事前に労働局長から許可を得れば最低賃金の減額が可能な人

- ●精神または身体の障害で著しく労働能力の低い人
- ●試用期間中の人
- ●認定済みの職業訓練を受けている人
- ●軽易な労働に従事する人、断続的に労働に従事する人

CASE 1 月給制

事業所所在地▶ A県（最低賃金額 950円）
月給制▶ 170,000円（除外する賃金を差し引いた額）
月平均所定労働時間▶ 170時間

$$\frac{170{,}000\text{円}}{170\text{時間}} \fallingdotseq 1{,}000\text{円/時間} > 950\text{円}$$

○ A県の最低賃金額よりも高いのでOK

CASE 2 複数の給与制度（日給制・出来高給制）

事業所在地▶ A県（最低賃金額 950円）
日給制▶ 1日 4,000円・所定労働時間 8時間（除外する賃金を差し引いた額）
その月の出来高給▶ 60,000円
その月の総労働時間▶ 150時間

$$\frac{4{,}000\text{円}}{8\text{時間}} + \frac{60{,}000\text{円}}{150\text{時間}}$$
$$= 500\text{円/時間} + 400\text{円/時間}$$
$$= 900\text{円/時間} < 950\text{円}$$

✕ A県の最低賃金額よりも低いので、違法

2023年に最低賃金額は、全国加重平均で1,004円となった。調査を開始した1978年以降の最高額で、厚生労働省や都道府県の労働局のホームページでチェックできる。

上手に賃金アップして士気を高める方法は？

6 賃金調整のしくみづくり

- 昇給（しょうきゅう）のルールとともに、降給（こうきゅう）のルールを就業規則（しゅうぎょうきそく）に明記し、雇（やとい）入れ時にも説明していく。
- 従業員のモチベーションを高めるために賃金アップは必要。調整が容易な手当を活用する。

昇給・降給のルールをつくる

昇格、経験、職務内容、年齢などで**基本給を上げることを昇給といいます**。昇給の判断基準は会社が決めてよいものですが、注意点があります。いったん昇給すると、基本給を下げる降給を行うのは簡単ではありません。昇給の判断は、今後の景気、経営状況なども考慮しながら慎重に行います。ベースアップ、定期昇給のしくみも注意が必要です。

経営状況や経営環境が悪化した、人事評価で基準以下だった、降格（こうかく）したといった理由で降給するのがやむを得ない場合もあります。しかし、**就業規則に規定がないと降給はできません**。

法令により昇給のルールを明示する決まりはあっても、降給のルールについて明示の義務はありません。しかし、ルールをつくらないでいると、「降給をするルールがない」ことになってしまいます。したがって、就業規則には「昇給の有無、昇給があるときはその条件」を明記するとともに、同じように「降給の有無、降給があるときはその条件」を明記しておきます。

成績で支給する手当で意欲を高める

昇給が難しいとなると、従業員のモチベーションも下がってしまいます。そこで、別のしくみで従業員の意欲を高める必要が出てきます。

活用したいのが手当です。**手当の支給の有無は、会社の独自の規定で決めることができます**。以前は家族手当、扶養手当など生活保障型が多かったのですが、近年は従業員の業績や会社の業績に応じて支給して従業員のやる気を引き出す業績・功績型が増えています。短い労働時間で生産性を上げるためにも効果的です。

「会社の利益が○％アップしたら支給する、アップしなかったら支給しない」など、支給基準を明確にするのがポイントです。

会社全体の基礎賃金を上げていくことをベースアップ（ベア）という。また定期昇給とは、一定期間ごとに昇給を行うこと。現在、定期昇給をする中小企業は少ない。

降給の規程（例）

第○条　賃金の改定

1　賃金の改定は、従業員の勤務成績、会社の業績などを勘案して必要に応じて行う。

2　前項のほか、経営状況の悪化など特別に必要がある場合は臨時に賃金の降給改定を行うことがある。

昇給も降給もあり得るので「改定」とする。

第○条　降給

降給は、査定で一定水準以下の場合、降格の場合、その他各人の技能、能力、経験及び勤怠等を考慮して降給に値すると判断した場合、に行う。

降給を行い得る旨を記載する。査定、経営状況などに関連したもので、懲戒処分の降給とは異なることを示しておく。

手当の活用

会社の業績や個人の成績に応じて付加する手当で調整する。

会社や個人の成績が上がらなければ付加しない。

4月	5月	6月	7月	8月	9月
A手当				A手当	A手当
B手当		B手当		B手当	B手当
基本給	基本給	基本給	基本給	基本給	基本給

昇給や賃金アップでは、従業員と折半して支払う社会保険料の額の上昇幅を見込んでおきたい。社会保険料は、原則として年に1回賃金額をもとに見直しが行われる。昇給すると残業手当も高くなる。

仕事を休ませたときの賃金の支払いは？

7 休業手当と平均賃金

●やむを得ない理由であれ、会社から休業を申し出た場合は原則として休業手当を支給する。

●平均賃金は、計算する事由が発生するたびに行う。日給、時間給、出来高給の最低保障額に注意する。

会社都合の休業中も生活を保障する

会社の都合による休業中は、従業員の生活を最低限保障するための賃金を休業手当として支払わなければなりません。 休業手当は、平均賃金の60%にあたる額と決められています。

会社の都合による休業は幅広く、材料不足、機械の故障、資金不足などのほか、労働基準監督署の勧告で営業停止になったときなども含まれます。契約で決められたシフト、本来入れるはずだったシフトに入れなかった場合も休業とみなされることがあります。

自然災害などの不可抗力で仕事ができないときは、休業手当の支払いを免除されます。また、従業員が★ストライキなどを起こして休業せざるを得ないときは、休業手当は不要です。

地震や台風の影響による休業については、出社をお願いするのか、賃金の支払いや休業手当はどうなるのか、ルールを備えておいたほうが安全です。

平均賃金の算定期間は3か月

平均賃金を使うものには、休業手当のほか、懲戒処分の減給、年次有給休暇の賃金、解雇予告手当などがあります。休業補償など労災保険の給付の計算も平均賃金をもとにしています。

平均賃金の計算では、算定期間、算定対象となる賃金を正確に把握しておく必要があります。**算定期間は、平均賃金の計算が必要な事由が発生した日（算定事由発生日）の直前の賃金締切日より以前3か月間**です。賃金総額は、賃金の支払いが遅れて未払いになっている分も含めます。

なお、週3日などで働く場合、正社員と同じ計算方法をあてはめると平均賃金額があまりにも少なくなることがあります。そこで、日給制、時間給制、出来高給制などでは、実労働日を基本にして算出した額を平均賃金の最低保障額（➡右ページ）にしています。

ストライキ…労働者に認められた争議行為のひとつで、労働条件などに関する要求を通すために団結して仕事を放棄すること。

平均賃金の計算方法

基本的な計算方法

通勤手当、精皆勤手当、年次有給休暇の賃金、昼食料補助、〈算定期間に相当する分の〉通勤定期代を含める。

計算から控除する賃金
- 臨時に支払われた賃金（慶弔金、退職金など）
- ３か月を超える期間ごとに支払われる賃金（賞与など）
- 法令や労働協約で定められていない現物給与

$$平均賃金 = \frac{算定期間中の賃金総額}{算定期間の暦日数}$$

計算から控除する期間＊
＊この期間中に賃金が支払われている場合は、その賃金額も計算から控除する。
- 業務上の傷病による療養のために休業した期間
- 産前産後の休業期間
- 育児・介護休業期間
- 使用者側の事由によって休業した期間
- 試用期間

●算定期間とは…
算定事由発生日の直前の賃金締切日より以前３か月間

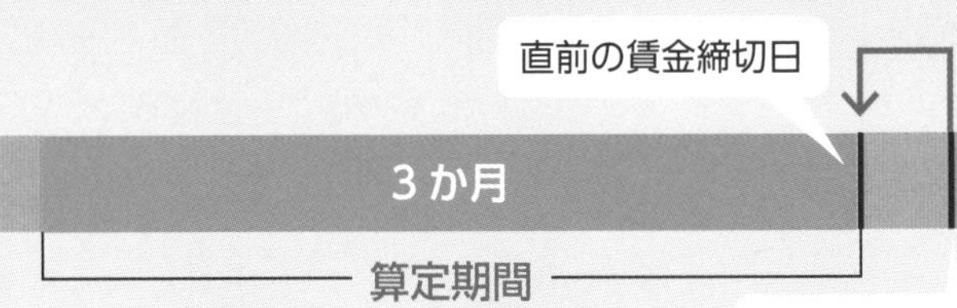

算定事由発生日
（休業手当では、休業日の最初の日）

日給、時間給、出来高給の最低保障額

$$\frac{算定期間中の賃金総額}{実労働日数} \times 60\%$$

基本的な計算方法で計算した平均賃金がこの額より下回った場合、この額を平均賃金額にする。

入社から３か月も経たない社員の平均賃金は、入社からの期間を算定期間として、その期間の賃金総額と暦日をもとに計算する。

割増賃金にはどんな種類があるの？

8 割増賃金の種類と割増率

実務はここを確認！
- それぞれ別個に計算するため、時間外労働、休日労働、深夜労働を区別して労働時間管理を行う。
- 給与の支払いでは、給与明細書に労働の種類ごとの時間数、賃金額を明記する。

残業と深夜労働には割増賃金を支払う

時間外労働や休日労働といった残業をさせる場合、あらかじめ36協定を結んで労働基準監督署に届け出るほかにも重要なルールがあります。**残業をさせた分の労働時間に対して、法定の割増賃金を上乗せする**というものです。

また、深夜帯（22時～翌5時）に働く**深夜労働には、通常の賃金または残業代に法定の割増賃金を上乗せしなければなりません。**

割増賃金は、「時間外労働」「休日労働」「深夜労働」ごとに割増率が異なります。給与計算をする際には、それぞれ別個に労働時間を計算し、それぞれの割増率を掛けて「時間外手当」「休日手当」「深夜手当」として支払います。

出来高給にも残業代を支払う

出来高給にも割増賃金は発生します。ただし、**出来高給は、1時間あたりの賃金の算出方法が異なるので注意してください。**

出来高給は、他の賃金制度のように「何時間労働したか」ではなく、「どれだけの結果（量）を出したか」で賃金を支払います。時間との関連が薄いので、計算方法も違ったものになっているのです（➡P119）。

月60時間超の残業は割増率がアップ

時間外労働時間が月60時間を超えると、超えた分の1時間あたりの賃金の割増率が25%から50%にアップします。割増部分は2倍にはね上がるのです。

この制度は、これまで大企業にのみ適用されて中小企業の適用は猶予されていましたが、2023年4月から中小企業にも適用されています。

この対策は、時間外労働の上限規制への対策と並行して行うと効果的です。適切な労働時間管理を行い、残業を減らすしくみをつくっていかなければなりません。

所定労働時間を法定労働時間より低く設定している場合（例：7時間）、所定労働時間は超えるが法定労働時間（8時間）内には収まる残業を法定時間内残業という。

割増賃金とは

●割増賃金は３種類

時間外手当
法定労働時間（１日８時間・週 40 時間）を超える労働時間（時間外労働）に対して支払う。

休日手当
法定休日（週１日）に労働する時間（休日労働）に対して支払う。

深夜手当
深夜帯（22 時〜翌５時）に労働する時間に対して支払う。

●それぞれの割増率

種類	割増賃金の種類	割増率
時間外手当・残業手当	法定労働時間（１日８時間・週 40 時間）を超えたとき	25％以上
	時間外労働時間が限度時間（１か月 45 時間・１年 360 時間）を超えたとき	25％以上※1
	時間外労働時間が１か月 60 時間を超えたとき	50％以上※2
休日手当	法定休日（週１回）に勤務させたとき	35％以上
深夜手当	22 時から５時までの間に勤務させたとき	25％以上

※１：25％を超える率とするように努めることが必要。
※２：中小企業への適用は 2023 年４月〜。

深夜手当の割増率（固定給の場合）

●深夜帯が通常勤務（所定労働時間内）
深夜手当＝ 25％

●時間外労働が深夜に及んだとき
時間外手当＋深夜手当＝ 25％＋ 25％ ＝ 50％

●休日労働で深夜帯に及んだとき
休日手当＋深夜手当＝ 35％＋ 25％ ＝ 60％

法定時間内残業には残業時間分の通常賃金を支払えばよく、割増賃金を支払う必要はない。法定時間内残業や早出残業は未払いになりやすいので注意。

割増賃金の計算のチェックポイントは？

9 割増賃金の計算

●月給制などでは、月の平均所定労働時間を出しておく。年間の労働日数「365（366）日－所定休日」を決めておく。

●算定から除外する賃金の種類をチェックする。会社本位で決められないことに注意。

時給に換算する

時間外手当などの割増賃金は、１時間あたりの賃金額に割増率と残業時間分を掛けて算出します。それを残業時間分の賃金に上乗せして支払います。時給制ではそのままで計算できますが、**日給制、月給制は時給に換算する**必要があります。

出来高給の場合は、出来高給の額を「総労働時間」で割って１時間あたりの賃金を計算します。総労働時間とは、残業時間などの時間外労働時間も含めた労働時間です。

割増賃金の算定対象となる賃金額を低く抑えると、割増賃金の基礎となる賃金額が低くなります。だからといって「算定対象の賃金は基本給のみとする」などと会社が勝手に設定することはできません。**算定対象にする賃金・算定から除外する賃金は決められています**。

割増賃金計算の対象となる賃金は、「毎月の通常の労働の対価」として支払う基本給や手当です。算定から除外する賃金は、原則として家族手当、住宅手当、通勤手当、賞与、割増賃金などに限られます。算定対象賃金を誤った残業代未払いも多く、確認が必要です。

年俸制は誤解が多い

年俸制には残業代が含まれていると誤解されていることが多いのですが、**年俸制でも残業をすれば別途割増賃金が発生**します。この場合、年俸の賃金総額を 12 で割った金額が、割増賃金の算定対象の賃金額になります。

賃金総額に賞与が含まれていても、年俸制の場合は賞与を除外するということにはならないのです。このため、他の賃金制度よりも１時間あたりの賃金額が高くなります。年俸制を「割安だ」と誤解して導入している場合は、賃金制度の見直しが必要です。

年俸額が決まっている場合、「その中に含まれている賞与も労働の対価として確定している」というのが通達や過去の裁判例の考え方になる。

割増賃金の計算方法（上乗せ分）

時間外手当＝1時間あたりの賃金額 × 割増率 ×時間外労働時間数

休 日 手 当＝1時間あたりの賃金額 × 割増率 ×休日労働時間数

深 夜 手 当＝1時間あたりの賃金額 × 割増率 ×深夜労働時間数

割増率は➡ P117

給与制度別の1時間あたりの賃金額の計算方法

●日給制

日給 ／ 1日の所定労働時間数

●月給制

月給 ／ 月平均所定労働時間数

月平均所定労働時間の求め方は➡ P111

●出来高給制

出来高給 ／ 時間外労働などを含めた1か月の総労働時間数

●年俸制

年俸額の12分の1 ／ 月平均所定労働時間

例ある月の出来高給が180,000円で、月総労働時間が180時間（この内、時間外労働18時間）の場合

180,000円÷180（時間）＝1,000円 ……… 1時間あたりの出来高給（出来高給÷月総労働時間）

1,000円×25%（割増率）＝250円 ………… 1時間あたりの出来高給の割増賃金

250円×18（時間）＝4,500円 ……………… 出来高給の割増賃金額

算定に含める賃金

基本給、各種手当 〈毎月の通常の労働の対価〉

算定から除外する賃金

家族手当*、通勤手当*、別居手当*、住宅手当*、★子女（しじょ）教育手当*、臨時に支払われた賃金（結婚祝金など）、1か月を超える期間ごとに支払われる賃金（賞与など）、割増賃金（時間外手当など）

＊家族手当、通勤手当、別居手当、住宅手当については、家族事情などに応じて個々に支払われていることが必要。従業員に一律定額が支払われているような場合は除外できない。

子女教育手当…子どもの教育にかかる費用を援助する手当。採用している会社は少ないが、扶養している子どもの人数などに応じて出されていれば除外できる手当となる。

残業代を前もって賃金に含める注意点とは？

10 固定残業制の注意点

実務はここを確認！

- 固定残業制を導入するときは就業規則の記載から給与明細書への記載まで細かなルールを守る。
- 正しく運用する。とくに実残業時間がみなし残業時間を上回ったときは、差額の残業代を支払う。

雇用契約書への必須記載項目

労働条件として提示する賃金額の中に、一定額の残業代を含めていることがあります。これを**固定残業制**といいます。あらかじめ残業代を含めているため、一定時間の残業時間までは支給する賃金額が変わりません。このように人件費をある程度コントロールできるので、導入している会社も多い制度です。

しかし、固定残業制にはさまざまなルールがあり、それを守らないと逆にトラブルを引き寄せることになってしまいます。**固定残業制のルールは複雑なので、社会保険労務士などの専門家と相談しながら制度を管理していくことをおすすめします**。

固定残業制は、就業規則の給与規程などに定めておかなくてはなりません。そこでは、一定額の残業代（固定残業代）を賃金に含めること、その手当の名称などを明記します。

従業員を採用する際は、雇用契約書に、固定残業代が何時間分（みなし残業時間）、いくら含まれているかを明記して説明します。

残業代を追加で支払わなくてはいけないとき

実際の運用でも細かな決まりがあります。**実際の残業時間がみなし残業時間を超えた場合は、超過した分の残業代を支払います**。実際の残業時間がみなし残業時間より少ない場合は、下回った分をどうするのかを雇用契約書、給与規程などに定めることが必要です。残業代と歩合給を調整するようなしくみは基本的には認められません。

給与明細書でも、残業ごとにみなし残業時間数、固定残業代の金額を記載したうえで、超過分の残業時間と支給額を明記します。固定残業制が正しく運用されていることを、従業員に示していくことが大切になります。

残業が月60時間を超えた場合の割増率アップ分がきちんと払われているかも注意が必要です。

固定残業代を含めた賃金は、固定残業代を除いた分が最低賃金額を上回るように設定しなければならない。固定残業代は最低賃金と比較する計算から除外することに注意。

固定残業制のメリットと注意点

一般的な賃金	固定残業制
△△手当	固定残業手当
○○手当	○○手当
基本給	基本給

割増賃金の算定対象となる賃金
（➡ P119）

メリット

①短時間で仕事を終えることができれば労働時間単価が上がるため、効率的に働こうとする意識が社員に生まれる（長時間労働抑制のために取り入れる企業もある）。
②一定の残業時間までは支給する賃金額が変わらない。

注意点

①制度を就業規則に明記する。記載事項が決められている。
②制度を雇用契約書に明記する。記載事項が決められている。
③固定残業代分の残業時間を超える残業をした場合は、超えた分の残業代を支払う。
④運用内容を給与明細に明記する。記載事項が決められている。
⑤固定残業代は、割増賃金の算定から除外される。

固定残業制規程（例）

第○条【固定残業手当】

会社は、管理監督者及び裁量労働適用者以外の従業員のうち、会社が特に指定する者に対し、次の区分により、時間外労働に相当する割増賃金額を固定残業手当として支給する。

（1）総合職　　月間○時間
（2）専門職　　月間○時間

2．前項の金額は、対象従業員ごとに雇用契約書及び給与明細書にて明示する。

3．従業員が実際に労働した時間によって計算した割増賃金額が、第1項の金額を上回る場合、会社は、その差額を時間外手当として支給する。

固定残業制を行うこと、固定残業代の性質をもつ手当名を記載する。

固定残業制は、雇用契約書、給与明細書でも示す。

固定残業代分を超過した残業代を支払うことを明記する。

就業規則には、固定残業代の金額と相当する残業時間を明記しないでよいが、個々の雇用契約書、給与明細書には明記する。相当する残業時間は、残業上限を意識して長時間の設定を避けること。

放っておくと危ないの？

11 未払い残業代のトラブル

実務はここを確認！

- サービス残業は未払い残業代請求リスクが高い。労使で話し合い、ときには金銭で解決する。
- 残業代対策の制度を導入するときは、専門家の力も借りて、制度設計から運用まで厳格に行う。

残業代対策の制度も危ない

会社が未払い残業代を請求されるトラブルは後をたちません。

トラブルとなるのは、残業をしているのに残業代を支払わない、サービス残業ばかりではありません。残業代対策として会社が導入している制度も、不備があるとみなされれば制度の有効性が否定され、法定労働時間の原則に立ち返って残業時間を再計算します。その結果、多額の未払い残業代を請求されることがあるのです。

否定される可能性が高い制度

有効性をめぐって裁判で労使が争い、**会社が敗訴する率が高いのは管理職というだけで残業代を支払わない「名ばかり管理職」**です（➡ P82）。事業場外のみなし労働時間制（➡ P92）も最高裁で会社側が敗訴するなど、未払い残業代請求リスクはとても高くなっています。裁量労働制も運用不備を指摘される例が増えています。

固定残業制（➡ P120）も、その制度自体は否定されないものの、就業規則への記載や運用に不備があるとして、会社が敗訴した例が増えています。

3年前までさかのぼって請求される

残業代を支払わないことは違法行為ですから、未払い残業代を請求されれば支払わなければなりません。

残業代は最大過去3年までさかのぼって請求できます。たとえば、未払い残業代が毎月4万円ほどだったとしても、3年前までさかのぼって請求されれば合計150万円近くになります。ましてや複数の従業員に支払うことになった場合も考慮すべきです。

未払い残業代のリスクを下げるには、適切な労働時間管理を行うことが先決です。変則的な制度を採用している場合も、導入や運用管理は適切か、振り返りを行いましょう。

未払い残業代請求では、残業時間の切り捨て部分を請求されたり、残業代単価の算出方法が間違っているケースなどがある。年間休日の考え方などによって残業代単価は違ってくるので注意。

未払い残業代の請求権は最大３年間

現在

未払い残業代

3年前　　請求時

3年分請求できる。

会社　　労働者

未払い残業代の要因

- サービス残業
- 不適切な労働時間管理
- 管理監督者性のない管理職（名ばかり管理職）
- 正しく運用されていない固定残業制、変形労働時間制、事業場外のみなし労働時間制、裁量労働制など

未払い残業代対策は従業員との話し合いから

今後の対策を立てなければならないとしても、すでに発生している未払い残業代請求リスクはどう処理すればよいのでしょうか？　素直に過去３年分、全員に支払ったとしたら、会社は経営危機に陥ってしまいます。となれば、経営状況を従業員たちに率直に話して、両者が折り合える条件で金銭的に解決するのもよいでしょう。

過去を清算するとともに、将来についても話し合っていきましょう。将来のビジョンが見えると、過去については寛容になってもらえる効果も期待できます。

経営者１人で考え、頑張るにも限界があります。残業時間を少なくし、かつ効率的な働き方をするにはどうすればよいか、どのような賃金制度を導入すればよいかなどを従業員と話し合い、ときには意見も聞きながら決めていくのも一案です。未払い残業代請求リスク対策を、従業員一人ひとりが主体的に考えて改善を図れるような会社へと転換する契機にしていきましょう。

労働時間管理が不適切な場合、従業員がメモ書きした残業時間が認められ、その時間をもとに未払い残業代を請求された例がある。客観的な記録や実態労働時間から未払いを指摘されることは多い。

賞与を上手に活用するには？

12 賞与の支払い方

- 賞与規程を見直し、その通りに運用しているかチェックする。運用されていなければ見直しを図る。
- 目的や実情に応じて賞与の全面刷新を図ってもよい。就業規則の変更は変更ルールに沿って行う。

賞与の支払い義務が生じるとき

賞与は、定期または臨時に従業員の勤務成績などに応じて支給されるもので、支給額はあらかじめ確定されていないものです。必ず支給すべきものではなく、会社の業績や従業員の勤務成績に基準を設けて、基準に達しなければ支給しないことも可能です。

賞与のルールは柔軟さを考えて設定する

賞与を支給する場合は、就業規則に明記しておきます。ただし、中小企業の場合、大企業のように、「賞与時期は夏・冬の２回」「算定期間と算定基準は〜」と細かく定める必要はありません。マンパワーが圧倒的に不足している中小企業では、管理がゆきとどかず、企画倒れに終わることが多いためです。定めた通りに賞与が支払われないと、「未払い賞与の請求」が発生するリスクが出てきます。

本来、賞与は会社が自由に定めてよいものです。どんな状況になっても対応できるように、**賞与のルールは必要最小限に設定**しましょう。

業績・功績手当を賞与にまとめる

年間に支給する賃金額を変えずに、生活を保障するための手当などは毎月の賃金で支給し、成績や業績に応じて支払う賃金は賞与でまとめて支給するという方法もあります（➡右ページ）。

この方法だと、従業員にも、会社や自身の成績の変動が目に見えてわかり、モチベーションアップにもつながります。また、月々の賃金が抑えられることにより、割増賃金の単価が低くなることもメリットです。

労働効率は、今後ますます重視されます。労働効率が上がって残業時間が削減されると、支払い賃金が減ります。減った分の賃金を、労働効率を上げた成果給として賞与で還元する方法もやる気アップに有効でしょう。

賞与規程では、賞与支給の対象者は必ず決める。決めない場合、意図せず正社員だけでなく、パートや入社したての従業員なども幅広く対象に含まれてしまう。なお、同一労働・同一賃金により、パート社員への賞与の完全なる不支給は認められない可能性もある。寸志などの支給を検討しよう。

賞与の活用例

一般的な月々の賃金

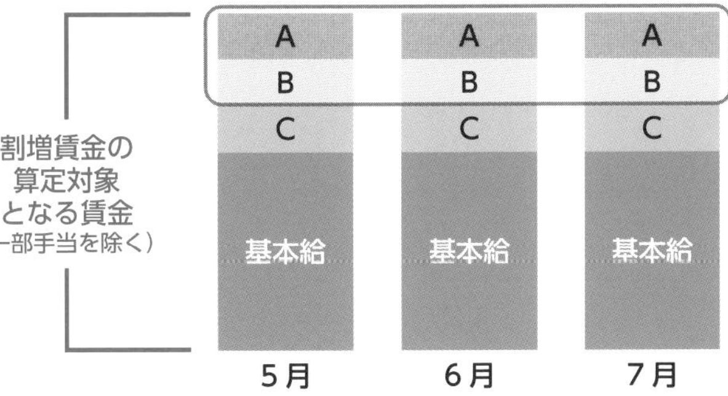

業績・功績型の手当を賞与にまとめる。

メリット①
割増賃金の算定対象となる賃金額が抑えられることによって、残業代単価が低くなる。

業績・功績型の手当を賞与に振り分けると…。

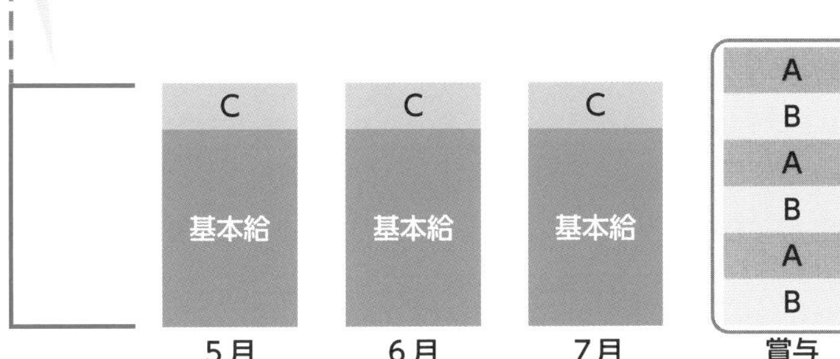

A …従業員個人の成績に応じて支給される手当
B …会社の業績に応じて支給される手当
C …生活保障型の手当

メリット②
賞与の額で業績や功績の変動がわかり、従業員のモチベーションアップにつながる。

賞与は、原則として割増賃金や最低賃金の確認の算定対象から除外されることも忘れないでおきましょう。

賞与規程では、経営状況、経営環境、従業員個人の成績や勤怠によって、「不支給とする」ことがあることも記載しておきたい。なお、不支給の場合、賞与不支給報告書の提出が必要。

現状にあった退職金制度をつくるには？

13 退職金制度

●退職金制度を導入している場合は、退職金の管理や費用が会社の経営に支障をきたしていないかを検証する。
●退職金制度を維持、または導入するなら、管理負担や費用負担が少ない退職金制度を検討してみる。

支払いルールがあれば支給しなければならない

退職金制度は任意の制度なので、支給する・支給しないは会社の自由です。実際、中小企業では退職金制度がないところも多数あります。

景気が右肩上がりのときは退職金を支給していたが、現在は支給していないというような会社は、就業規則をチェックしてみましょう。就業規則が昔のままで、**退職金規程が書いてあれば退職金を支払わなければなりません。**

慣習として支払っている場合も注意が必要です。就業規則には記載していなくても、退職金を支払うルールができているとみなされれば、退職金を支払わなければなりません。

勤務年数型から貢献型へ

就業規則を確認して退職金制度を見直すときは、退職金制度が現在の経営事情に合ったものかどうか検討する必要があります。

以前の退職金は勤務年数に比例して支払われるものが多かったのですが、**現在では成果給としての要素が強くなっています**。より会社に貢献してくれた人に退職金を多く支払うという考え方です。退職金を成果給にすると在職中の従業員のモチベーションを高めるという効果が期待できます。70歳までの就業機会の確保が求められていく中で、見直しが注目されています。

管理しやすい退職金制度を

退職金があるのとないのとでは、従業員の満足度も変わってきます。一方で、退職金の管理は大変です。退職金制度を維持する、または新しく導入するときは、中小企業のマンパワーでも管理できるような退職金制度を導入するか、外部の★中退共制度などを活用することを検討しましょう。

★iDeCo＋や個人年金を利用した制度も注目されています。

中退共制度…中小企業のための国の退職金制度。独立行政法人勤労者退職金共済機構・中小企業退職金共済事業本部（中退共）が運営。掛金は事業主負担。

退職金のメリット・デメリット

メリット

- 退職金制度があることで、よい印象をもたれる。
- 制度次第で従業員のやる気を引き出すことができる。

デメリット

- 長期間にわたる管理が大変。
- 退職金を積み立てる資金がない。
- 勤続年数比例型であれば、従業員のやる気に関係しない。

メリットを生かし、デメリットを弱めながら
制度を改定する。

改定例

- 成果給の額をポイント化し、毎年積み立てていく。
  ➡成果給積立なので従業員のモチベーションが高まる。
- 少額でも退職金制度を維持する。
  ➡会社の費用負担が低くなる。
- 中小企業退職金共済制度（略称：中退共制度）で積み立てる。
  ➡外部で積み立てるので管理負担がない。
- 企業型確定拠出年金を利用する。
  ➡従業員に運用してもらう。会社は掛金を支払うだけなので、管理負担が少ないことが多い。

※企業型確定拠出年金は、退職金ではなく企業年金になる。会社が掛金を出すが、運用は社員が行うため、受け取れる額も運用次第となる。

改定例で示した退職金制度にも、デメリットはあります。管理面･資金面で持続できることを重視し、次にモチベーションアップを考えていくといいでしょう。複数組み合わせることもできます。

iDeCo＋（イデコプラス）…企業年金を実施していない中小企業（従業員数300人以下）で、iDeCoに加入している従業員の掛金に事業主が掛金を上乗せ（追加）して拠出できる制度。

column

備えは万全？
1か月60時間超の残業代アップ

代替休暇制度は十分な検討を

長時間の残業を抑制するねらいで、時間外労働が1か月60時間を超えた部分の賃金割増率が25%以上から50%以上に引き上げられました。2010年のことです。

この割増率の改定は、経営的な負担が大きいという理由で中小企業には適用が猶予されていましたが、2023年4月からは、中小企業にも適用されています。これからは、ムダな残業がないか労働時間管理を見直してみたり、効率的な働き方を考えたりと中小企業もさらなる働き方の改革を迫られます。

60時間を超えて引き上げた分の割増賃金支払いに代えて、有給の休暇を与えることができます。この代替休暇制度は、会社が制度を導入することを決めて、従業員側と労使協定を結ぶことで有効になります。

ただし、代替休暇を取得するかどうかは個々の従業員次第。引き上げ分の賃金受け取りを希望する従業員に、代替休暇の取得を強いることはできません。

代替休暇制度のデメリットは、管理が煩雑になることです。また、半日または1日単位で休暇を取得するので、60時間を超えた時間外労働が10時間単位程度で増えなければ、結局使えない制度になってしまいます。

代替休暇制度は、どれくらいの従業員が利用できそうか、管理する人手があるかなど、入念なシミュレーションをしたうえで、導入することです。

60時間超の時間外労働割増率引き上げ

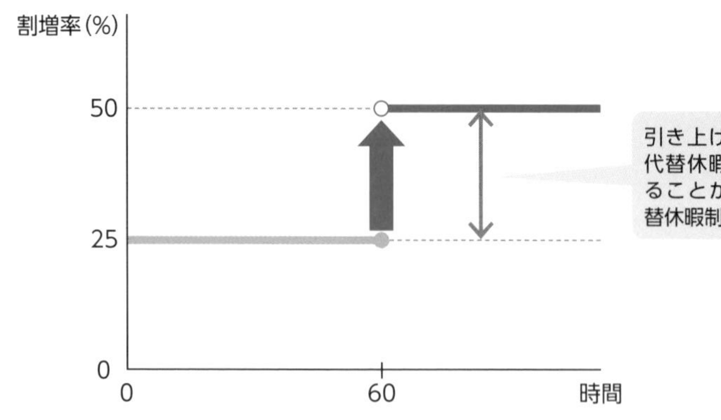

4章

人事・懲戒処分・休職

1　人事異動の種類

2　人事異動が認められないとき

3　懲戒処分の種類

4　懲戒制度の運用

5　休職制度

6　休職後の復職制度

7　女性が活躍しやすい環境の整備

人事異動は本人の同意が必要なの？

1 人事異動の種類

実務はここを確認!

- 人事異動を行う可能性があることを就業規則に記載しておく。転籍以外は、基本的に業務命令で人事異動ができる。
- トラブルを防ぐために、労働契約を結ぶ際に、人事異動を行う可能性があることを従業員に伝える。

従来と違ってきた人事異動の下準備

組織の活性化、顧客との馴れ合いを防ぐ、複数の仕事を覚えさせる、より適性のある仕事に従事させるなど、**さまざまな業務上の必要から、会社は人事異動を行います**。人事異動には、配置転換、転勤、出向、転籍、役職の任免などがあります。

職種を限定して採用した場合を別として、人事異動は★**包括的同意**でよいとされています。つまり、就業規則に人事異動がある旨を定めていれば、権利の濫用でない限り（➡ P132）、従業員本人の同意がなくても業務命令として行うことができるとされるのです（いったん労働契約を解消する転籍だけは、本人の同意が必要）。

しかし、**近年は従業員が会社からの人事異動命令を拒否するケースが増えています**。会社は、人事異動の可能性を就業規則に記載するだけでなく、事前に従業員にていねいに説明する必要に迫られているといえます。採用時には雇用契約書に人事異動の可能性を明記し、口頭でも伝えて従業員からの同意を得るように心がけましょう。

一定年齢で役職を退く役職定年のねらいは

人事異動のひとつとして、**役職定年を定める会社も多くなっています**。役職定年とは、「役職定年は、部長は58歳、課長は55歳とする」などと就業規則に定め、**規定の年齢になったら役職を外れて専門職などに移る**ようにするものです。「部長職は○年間を限度とする」など、役職に就いた後、一定年数経ったらその職を退くという制度にしている会社もあります。

役職定年のねらいは後進の育成です。年功序列型で高年齢者ほど給与が高いような会社では、高年齢者の給与を抑制する目的で設けていることもあります。役職定年を導入する場合は、**役職の引き継ぎ期間も考慮して役職定年の年齢を定めるとよい**でしょう。

包括的同意…就業規則に明示していれば、従業員の同意を得ずに業務命令をすること。これに対して、就業規則での明示に加えて従業員ごとに同意を得ることを個別的同意という。

主な人事異動の種類

配置転換
職務内容や部署などを
変更する。

出向
元の会社に在籍したまま
関係企業に移る。

役職の任免
部長、課長などの役職の任命、
昇進または解任、降格。

転勤
配置転換により
勤務場所を変更する。

転籍
元の会社との雇用契約を終了し、
関係企業と雇用契約を結ぶ。

出向と転籍の違いを覚えておきましょう。転籍はいったん雇用契約を解消するので従業員本人の同意（個別的同意）が必要になります。

包括的同意で人事異動が認められる条件 ※転籍を除く

❶人事異動権を就業規則に記載し、周知している。
例「会社は、業務上の必要により、従業員に対し辞令をもって職務の変更、転勤などの人事異動を命ずることがある」

❷人事異動を定期的に頻繁（ひんぱん）に行っている。

❸採用時に、従業員との間で職種を限定する合意はしていない。

基本的に人事異動はこれらの条件を満たせば包括的同意でOKですが、近頃は従業員一人ひとりへのていねいな説明も必要になってきています。労働条件の明示事項の追加により、就業場所や業務の変更の範囲を明示しなければならないことにも注意しましょう（➡ P52）。

出向で取り決めておくこと

出向では、出向先と出向元の責任範囲を確認しておきましょう。通常は、勤務時間、就業場所、労災（ろうさい）対応などについては出向先が管理、対応します。退職、異動などの人事については出向元が行います。賃金については、出向先が賃金を支払うのであれば、出向先の給与規程に則ります。出向元が一部賃金を補っているような場合は、出向元の給与規程が部分的に適用されます。

働き方の多様性、同一労働・同一賃金からあえて人事異動を限定する限定正社員のしくみも増えている。

どんなときに人事異動で権利の濫用になるの？

2 人事異動が認められないとき

- 人事異動を行う際は、権利の濫用とならないように配慮をする。自社内の過去の人事異動も参考にする。
- 有期契約社員の人事異動を行うときは、ないものと思って入社している人もいるので採用時に説明しておきたい。

権利の濫用を判断するポイント

人事異動は基本的に会社が業務命令として行うことができますが、★**人事権における権利の濫用にあたるとみなされれば、人事異動が無効となることがあります**。人事異動が権利の濫用にあたるかどうかを判断するポイントは、主に次の３点です。

❶業務上の必要性があるか

❷従業員の被る不利益が大きいか

❸悪意や不当な目的・動機があるか

家族の介護や育児にかかわる従業員を人事異動の対象とするときは、上記の❷について十分な配慮をしなければなりません。もし人事異動によってその従業員が介護や育児をすることが難しくなるようであれば、従業員の被る不利益が大きいと判断される可能性が強くなります。このようなときは、その従業員を対象とした人事異動を避けるか、負担が軽い人事異動を行うべきでしょう。

退職勧奨目的の人事異動、限定社員や有期雇用契約に注意

退職勧奨（➡ P152）に応じない従業員に出向などの人事異動を命じると、悪意があるとしてその人事異動が無効となることがあります。過去の裁判例では、余剰人員とみなした従業員に退職勧奨を行い、断られた後で出向命令を行ったケースで、その出向命令が実際は退職勧奨目的で権利の濫用にあたるとして否定されたことがあります。

職種や勤務地を限定して採用した場合、限定した範囲でしか人事異動ができません。また、有期雇用契約では、契約期間内の雇用を重視するため人事異動は行わないのが一般的です。もし人事異動を行う場合は、有期契約社員用の就業規則に人事異動を行うことを定めるとともに、就業場所や業務の変更の範囲を明示し、採用時や契約更新時に十分な説明が必要になります。

人事権…使用者が労働契約に基づいて、採用、人事考課、人事異動、解雇などを行う権利。正当な人事権の行使の範囲を逸脱したものは、権利の濫用にあたるとして認められない。

人事異動が権利の濫用にあたる基準とNG例

❶業務上の必要性があるかどうか。

NG例

✕人事異動をした理由に合理性がない。

✕これまで前例がなかったのに、急にその人のみに出向などを命じた。

❷従業員の被る不利益の程度が大きいかどうか。

NG例

✕過去に行われた人事異動に比べて、地位、賃金、手当、査定などの処遇が著しく低い。

✕人事異動によって、介護、育児、通勤に大きな不利益が生じる。

❸悪意や不当な目的・動機があるかどうか。

NG例

✕人事異動に至るまでの経緯、待遇などから、本当の目的は退職勧奨と判断できる。

✕組合活動をしているなどに対してのいやがらせ、報復や差別が目的になっている。

合理性のある理由が必要といっても、「労働力の適正な配置のため」「従業員の能力や意欲を引き出すため」程度で十分とされます。

専門家に相談！ 限定社員に範囲を超えた異動をお願いするには？

ジョブ型雇用の注目もあり、職種や勤務地などを限定して採用する限定社員は、近年増えています。労働者のほうも、勤務地が決まっていて転勤の心配がない、職の専門性を高められるなどのメリットを感じて働いています。

経営の都合で部署の縮小、支店の廃止といったような事態になったとき、そのまま退職してもらう道もありますが、別の部署に異動してもらうという方法もあります。このような場合は、雇用契約内容の変更になるので、従業員の同意を得て、雇用契約書をあらためて作成するとよいでしょう。

一般的に、家族と離れて単身赴任になるといった私生活上の不便程度では権利の濫用にあたらないとされる。とはいえ、介護・育児をする従業員への十分な配慮は必要。

徴戒処分に軽い・重いがあるの？

3 徴戒処分の種類

実務はここを確認！
- 徴戒事由に応じて適切な処分をするためにも、徴戒処分とその徴戒の程度を理解しておく。
- 諭旨解雇と徴戒解雇は、よっぽどの場合でないとできない重い処分と心得ておく。

軽度の徴戒処分

企業秩序を保たなくては会社の営業活動は成り立ちません。従業員は会社が円滑に営業活動を行えるように企業秩序を守る義務があります。

したがって、**従業員が会社の企業秩序を乱すような行為をしたとき、会社は徴戒処分をもって制裁罰を科すことができます**。

徴戒処分の手段には、制裁の軽い順に、**戒告**、**けん責**、**減給**、**出勤停止**、**降格・降職**、**諭旨解雇**、**徴戒解雇**があります。

もっとも軽い処分が戒告とけん責で、どちらも「もうしてはいけないよ」と従業員の将来を戒めるものです。けん責では、戒めに加えて始末書の提出を求めます。

減給は、賃金から一定額を差し引くものです。ただし**労働基準法により差し引く限度額が定められています**（➡右ページ）。

出勤停止は一定期間就労を禁止させる処分で、その間は**出勤を停止し、賃金も支給しません**。ただ、長期の出勤停止は従業員の生活を圧迫するので避けるようにします。

降格・降職では、職務資格の引き下げや役職の解任などを行います。この処分にともない給与が下がることが多くなります。

重度の徴戒処分

諭旨解雇は、徴戒解雇に相当する徴戒事由でも、一段処分が軽くなっています。**本人が反省の態度を見せているなど、情状酌量をして退職届を出してもらい、退職金は一部または全額を支払います**。本人が退職届の提出を拒否したときは、徴戒解雇に移ることもあります。

徴戒解雇（➡P156）はもっとも重い処分で、原則として解雇予告期間なしに即時解雇を行い、退職金は支給しないことが多いです。

徴戒解雇は即時解雇して解雇予告手当を支払わなくてもよいとされるが、実務では解雇の手続きに沿って解雇するのが一般的。労基署の解雇予告除外認定が得られるハードルが高いため。

懲戒処分の種類（例）

軽い ↑

戒告
口頭または文書により従業員の将来を戒める。

けん責
従業員の将来を戒めるとともに、始末書の提出を求める。

減給
始末書を求め、賃金から一定額を差し引く。ただし、1回あたりの差引額は平均賃金（➡ P114）1日分の半額まで、一賃金支払期の総額は賃金総額の10%まで。

出勤停止
始末書を求め、一定期間出勤（就労）を停止する。出勤停止期間中は賃金を支給せず、勤続年数にも加えないのが一般的。長過ぎる出勤停止は避け、暦日2週間程度までにとどめる。

降格・降職
役職や職務、職能資格の引き下げ、役職の解任などを行う。降格・降職にともなって毎月の給与が減額されることもある。

諭旨解雇
懲戒解雇を緩和した処分。従業員が深く反省しているなど、情状酌量を図りたいときに退職届の提出を勧告し、退職金を一部または全額支給する。従業員が退職届の提出に応じない場合は懲戒解雇に移る。

懲戒解雇（➡ P156）
原則として解雇予告期間がない即時解雇を行う。労働基準監督署からの除外認定が得られない場合は、解雇予告手当が必要になる。

重い ↓

減給処分の回数が多くて一賃金支払期の総額の10%を超えた場合、超えた分は次の賃金支払期の賃金から控除してもよいです。

専門家に相談！ 懲戒処分の降格と人事評価の降格の違いは？

懲戒処分で降格・降職を行うことがありますが、これは人事評価による降格とどのような違いがあるのでしょうか？

結果的には同じ処分になりますが、前者は会社の秩序を乱した行為に対しての制裁です。対して、後者は仕事の能力や成績を評価した結果、「その役職や職能が適正だ」として降格するものです。処分の理由はまったく違う点に気をつけましょう。

懲戒ではないが、トラブルを起こした従業員が社内で証拠隠滅工作をしたりするのを止めるために「自宅待機」を言い渡すことがある。待機中は、休業手当を支給する。

懲戒処分を有効にするには？

懲戒制度の運用

実務はここを確認！

●就業規則に、懲戒処分の内容と懲戒事由を明記する。軽い懲戒事由には軽い懲戒処分をあてるようにする。

●従業員が懲戒事由にあてはまる行為をしたときは、事実関係などを調査してから適正な処分を行う。

就業規則に定めなければ処分ができない

懲戒処分は、会社が企業秩序を守るために行う制裁ですが、何も規定をつくっていない状態で行うことはできません。

懲戒処分を行うには、**どんな行為が懲戒処分の対象となるか（懲戒事由）、行う懲戒処分の手段は何かをあらかじめ就業規則に明記しておく**必要があります。

懲戒事由と処分のバランスが大切

軽い懲戒事由には軽い処分、重大な懲戒事由には重い処分を行うのが原則です。軽い懲戒事由に対して重い処分を行うと、権利の濫用だとして無効になる可能性が高くなります。

ただし、**軽い懲戒事由でも回数や従業員の反省具合によっては重い懲戒処分を与えるのは妥当とされます**。たとえば、遅刻を数回繰り返した程度ならもっとも軽い懲戒処分にしますが、会社の再三の戒告にもかかわらず遅刻が常習化すればより重い懲戒処分をあてるのはやむを得ないでしょう。

軽い懲戒事由でも、重い懲戒処分を与える可能性があることは就業規則に明記しておきます。

処分までの手続きを記録する

実際に従業員が懲戒事由を犯したときは、適正に処分をするように心がけます。事実関係を調査する、複数の役員で懲戒事由を審議する、従業員本人からの弁明を聞くなどして、懲戒処分を行うかどうかを決定します。とくに本人の弁明を聞くプロセスは大切です。

審議したことや決定したことは、記録して保存しておくことも忘れてはなりません。後で、懲戒処分が権利の濫用であるかどうかが裁判で争われることになった場合、その記録が重要な資料になることがあるからです。

プラス知識

懲戒処分の手続き方法を就業規則に定めておいてもよい。その場合、既定の手続きを経ないで行われた懲戒処分は、権利の濫用にあたるとして無効になるので注意。

懲戒制度の運用のしかた

●就業規則の整備

①懲戒事由を定める。

企業秩序を乱したり会社の業務に支障を及ぼしたりする行為を、懲戒処分を行う対象にする。

主な懲戒事由

①経歴詐称
履歴書などで職歴や学歴を偽ること。労使間の信頼関係が断たれ、人事評価や賃金体系の見直しを迫られる可能性がある。

②職務上の非違行為
無断欠勤をする、勝手に職場を離れる、勤務状況や成績が不良であるなど。

③業務命令違反
会社の業務命令に従わず、会社の業務に支障を及ぼしたとき。

④服務規律違反
ハラスメント禁止や制服着用などの服務規律で定めた行為に違反したとき。

⑤会社施設・物品の私的利用
就業規則で私的な利用が禁止されている会社の施設、物品を無断で私用で使った場合など。

⑥業務外の行動
犯罪行為、会社批判、企業秘密の漏えいなどを行ったとき。会社の業務利益や信用・名誉を毀損したときに懲戒の対象となる。

懲戒事由は大きく分けて6つのタイプがありますが、就業規則に書くときは「業務上の秘密を外部に漏えいして会社に損害を与えたとき」「無断で重ねて欠勤したとき」など、なるべく行為を具体的に書きます。

②懲戒処分の手段(➡ P135)を定める。

どんな懲戒事由にどんな手段(戒告(かいこく)、けん責(せき)、減給、出勤停止、降格・降職、諭旨解雇(ゆしかいこ)、懲戒解雇(ちょうかいかいこ))をあてるかを決める。

●適正な手続き

事実確認を行う、懲戒委員会を開いて複数人で審議するなど公正な視点で処分を決める。

従業員本人の弁明を聞く。

審議・決定内容を記録・保存する。

企業秘密を外部に漏らす行為は懲戒処分の対象になる。しかし、企業不祥事の内部告発(内部通報)は、一定の要件を満たせば公益のために行った正当な行為として懲戒処分を免れる。公益通報者保護法の改正により、公益通報は保護されやすくなっている。

休職制度を上手につくるコツは？

5 休職制度

- 休職規定は、会社の経営体力を考えて、できることを決めていく。他の従業員が疲れないようにすることも必要。
- 休業中の雇用保険、社会保険など給与計算事務も考慮して細かい部分を決めておく。

休職制度は任意の制度

休職とは、従業員が病気やケガなどで働けないときに、**雇用関係を続けたまま一定期間労働の義務を免除する制度**です。労働基準法で決められた制度ではないので、休職制度を設けるかどうかは会社が決めることができます。

近年増加しているメンタルヘルス不調（➡P258）に備えて、休職制度や慣らし出勤制度を整備する会社も多くなっています。

休職期間の決め方

休職制度は、主に私傷病による休職を想定しています。通勤中を含む業務上の災害による休業は労災休業（➡P250）として法的に整備されているので、休職制度からは除外します。

休職規定を定めるとき、会社の体力を考えて休職期間や休職回数などを決めていくのがポイントです。小さな会社では、戦力が1人短期間抜けるだけでも他の従業員に負担がかかります。そう考えると、休職期間は1～6か月程度に設定するのが妥当でしょう。

細かいことも決めておく

休職中、会社は賃金を保証する義務はなく、**賃金支給の有無は会社が自由に決められます**。私傷病では★**傷病手当金**が支給されることもあって、賃金を不支給にしている会社が多いようです。

休職中の保険料や税金の扱いなど細かな点も漏らさないようにします。労働保険料（労災保険料、雇用保険料）は従業員からの労務の提供がなく賃金支払いがなければ支払う必要はありませんが、**社会保険料（健康保険料、厚生年金保険料）の支払いは発生**します。

従業員負担分の社会保険料は、会社が立て替えておくのか、それとも毎月本人に支払ってもらうのかを決めておくとよいでしょう。同様に、住民税の徴収方法も決めておきましょう。

傷病手当金…一時的な治療や出勤に伴い不支給となった期間がある場合、その分の期間を延長して受給できるよう期間の通算が認められるようになった。

休職規定の項目

第○章　休　職

第○条【休　職】

次の各号のいずれかに該当するときは休職を命ずることができるものとする。

（1）私傷病その他の事由による欠勤が、当初の休業日より年次有給休暇取得日を含め引き続き30日を経過したとき。

（2）私傷病その他の事由による欠勤が、年次有給休暇取得日を含め6ヶ月間で通算して30日になったとき。

（3）私傷病その他の事由により完全な労務提供が困難であり、その回復に相当の時間を要すると認められるとき。

休職事由
（どんなときに休職を命じるか）
私傷病による休職が主になる。開始時期も明確にする。

第○条【休職期間】

休職期間は1年を限度として会社が定める。

（1）傷病による休職　前条第1号から第3号の場合
次の各号に定める期間の範囲において、会社が指定する医師が就業不能と認め、会社が承認した期間とする。
①勤続1年未満の者1ヶ月
②勤続3年未満の者3ヶ月
③勤続5年以上の者6ヶ月

休職期間
勤続年数に応じて決めることが多い。

2．前項の休職期間は会社が必要と認めた場合にはこれを延長することがある。

3．休職期間中の賃金は、支給しない。

4．休職期間は、休職事由が会社都合である場合を除き勤続年数に通算しない。

5．休職期間中に復職しても、1ヶ月以内に同じ理由で欠勤した場合は、復職前の休職期間に通算する。

6．休職期間が満了しても休職事由が消滅しないとき、または復職の意思がない場合には、休職期間の満了日をもって自然退職とする。

7．休職期間が満了する以前においても、医師の診断書または医師の意見を聴いて、休職期間の満了日までに復職ができないことが明らかなときは、休職期間の満了日以前の日を指定して退職とすることがある。

8．休職中に定年に達したとき、もしくは雇用契約期間の期限が到来したときは、その日を休職期間の満了日とみなす。

9．休職期間中の社会保険料や住民税など租税公課が給与から控除できない場合には、当月末日までに会社指定の口座に振り込まなければならない。

休職中の賃金の扱い
賃金の支給・不支給を明記する。

勤続年数の扱い
休職期間を勤続年数に通算するかどうかを明記する。

通算期間・回数
同じ疾病やケガによる通算期間・回数の限度を決めるとよい。

休職後の退職について
休職中の退職、休職期間満了時の退職事由を明記する。

休職中の社会保険料・租税公課の扱い
徴収方法を決めておく。

第○条【休職中の義務】

休職中の者は、会社の指示によって休職の状況を定期に所定の方法で報告するものとする。

2．会社は、必要に応じて休職中の者に医師の診断書を提出させ、または会社が指定する医師の診断を受けさせることがある。

3．休職中の者は、会社の許可を受けない限り就業してはならない。

休職中の義務
雇用関係が続いていることをふまえ、休職中の連絡義務などを明記する。

第○条【復　職】

休職期間中に休職事由が消滅したときは、原則として旧職務に復職させる。ただし業務の都合または当該従業員の職務提供状況に応じて異なる職務に配置することがある。

2．休職者が復職するときは、事前に会社に届け出なければならない。

3．傷病による休職者が復職するときは、医師の診断書を提出し、それに基づき会社が決定する。また従業員の休職の理由が傷病によるものである場合は、原則として復職の前に仮出社期間を設ける。会社は傷病の状況によりその期間を決定する。

復職の条件
（➡P141）
復職を判断する条件、提出書類などを明記する。

慣らし出勤
円滑な復職のため、慣らし出勤（仮出社）について定めるとよい。

最近は、隠れメンタルヘルス不調の例も多い。欠勤がなくても、「遅刻・早退が多い」「業務パフォーマンスが悪くなった」などで休職を命じられる条文を盛り込みたい。

休職後に復職させるステップは？

6 休職後の復職制度

●休職規定では、復職に関する規定を盛り込むことが大切。復職の条件、復職できない場合の退職などを記載する。
●病気やケガの程度はそれぞれ。必要に応じて従業員と話し合い、復職を決めていくことも大切になる。

休職前のように働けるかどうか

休職中に病気やケガが治癒して働ける状態になったら、復職することになります。**治癒の判断基準は「休職前の業務を通常通り行うことができるか」**です。つまり、始業時刻から終業時刻まで、休職前と同じように業務をこなせるかどうかということです。休職満了期間前に従業員本人や主治医、産業医★とよく話し合い、慣らし出勤なども取り入れましょう。

メンタルヘルス不調で休職したような場合、復職直後から通常業務で働くのは精神的負担がかかります。そこで、短時間勤務から始めて勤務時間を延ばしていく、負担の軽い職務へ配置転換をするといった配慮も必要になることがあります。

診断書提出の注意点

復職を判断するために、病気やケガが治癒したことを示す医師の診断書を提出してもらいましょう。

ただし医師が従業員の意向に沿って、本当は治癒していないのに「治癒した診断書」を作成することもないとはいえません。これを防ぐには、**産業医や会社の指定する医師の診察を受けさせ、診断書を提出してもらう**とよいでしょう。復職にあたり注意すべきこと、できることやできないことのすり合わせも重要です。こういった規定は就業規則に明記し、会社のルールとしてしたがってもらうようにします。

復職しない場合の「退職」を規定する

休職期間満了後も病気やケガが治癒せず復職できない場合は自然退職とします。**就業規則には「休職期間満了後の退職」があることを必ず明記**しておきます。この規定がないと、会社側から雇用契約を解消する「解雇」扱いとなり、トラブルが発生しやすくなるので注意します。

産業医…労働者の健康管理などについて指導・助言を行う医師。労働安全衛生法により、一定規模の事業場に配置することが義務づけられている。

休職から復職までの流れ

休職事由が消滅（治癒して復帰できる状態）。

復職

就業規則に…

- 「治癒して業務遂行できる状態」を具体的に明示。
  - 例「休職前の業務を始業・終業時刻を守って行うことができること」
  - 例「通勤時間帯に１人で安全に通勤できること」
- 復職を判断する書類を明記。
  - 例「指定の医師の診断書を提出すること」
- 「治癒した状態や提出書類などを元に復職を判断する」と明記。

開始日　満了日

休職

退職

就業規則に…

- 「休業期間満了後の退職」を規定。

休職事由が消滅していない（治癒していない状態）。

休職終了後、スムーズに復職か退職かに進めるような規定づくりがポイントです。ただし、実際の運用では、「完全復帰はできない状態だが、短時間勤務から始める」「休職期間を延長する」という配慮が必要になることがあります。慣らし出勤によるお互いの見極めも有効です。

トラブル対策のコツ

休職制度は柔軟に運用しよう

休職や復職の規定では、会社の一方的な決定や押しつけではなく、診断書や本人の勤務状況、欠勤日数などを基準にしながらも、本人との面談なども取り入れて会社が柔軟に対応できるようにしておきたいものです。

また、メンタルヘルス不調による休職の増加が社会問題にもなっていますが、従業員目線の規則が整い、経営者と従業員が意見を出し合えるような風通しのよい職場では、心の病にかかる従業員も自然と少なくなります。

休職制度を整えるとともに、会社の風紀や規則を見直してみることも大切です。

厚生労働省では、メンタルヘルス不調によって休職した労働者の復帰を支援する手引書を発行している。増えるメンタルヘルス不調への対処の参考にするとよい。

女性従業員の長期雇用やキャリアパスを具体化

7 女性が活躍しやすい環境の整備

●会社内の男女格差の実態を把握し、格差を埋めていく取り組みを行う。
●社内の女性従業員の長期雇用継続やキャリアパスを具体的に考えていく。

女性従業員の働き方の課題を改善する

国内の労働力不足を、女性、高齢者、外国人などの人材の多様性（ダイバーシティ）で補うことが、企業にとって急務になっています。しかし、働きたいのに働けない、出産・育児で退職せざるを得ない、出産・育児後に再就職してもパートタイムなどの非正規社員（ひせいきしゃいん）にしかなれないなど、希望通りに働くことができない女性が数多くいるのも現実です。

このような状況を改善するために、従業員が 101 人以上いる会社では、次のことが義務づけられています。

❶自社の女性従業員の活躍状況を把握して、課題を分析する。

❷その上で、課題を改善して女性従業員が職場で活躍できるようにするための行動計画（一般事業主行動計画（いっぱんじぎょうぬしこうどうけいかく））を策定し、社内での周知と、外部への公表を行う。

❸労働局へ策定届を届け出る。

自社の女性の活躍状況を示す情報を公表することも、義務となっています。

女性活躍推進企業に認められるえるぼしとプラチナえるぼし

女性の活躍推進に関する行動計画の策定・届け出を行った会社のうち、取り組みの実施状況が優良であるなどの一定の要件を満たした会社には、特典が用意されています。

まず、女性が活躍する環境が整っている女性活躍推進企業であることを示す**えるぼし**や**プラチナえるぼし**といった認定マークが付与されます。認定を受けた会社は、商品や広告などで PR できます。企業イメージが向上し、女性の就職先としても注目されるようになります。

また、国が発注する仕事を入札する際に評価が高くなるといったように、公共調達の加点が有利になる場合があります。えるぼし認定よりも女性の活躍度が高いとされるプラチナえるぼし認定企業は、より高い加点評価を得られます。

行動計画の数値目標の例：「男女とも平均勤続年数を◯年以上とする」「営業で働く女性の数を◯人以上とする」「女性管理職の割合を◯%に上げる」など。

一般事業主行動計画の策定・届け出

101人以上の企業 義務

100人以下の企業 努力義務

活躍状況の把握と課題分析

自社の女性社員の活躍状況や社員のニーズを、基礎項目などに基づいて把握し、課題を分析する

基礎項目 必ず把握する項目

- 採用した労働者に占める女性労働者の割合
- 男女の平均継続勤務年数の差異
- 管理職に占める女性労働者の割合
- 労働者の各月ごとの平均残業時間数等の労働時間の状況

＋

選択項目 

- 男女別の配置の状況
- セクシャルハラスメント等に関する各種相談窓口への相談状況
- 男女別の育児休業取得率及び平均取得期間
- 労働者の各月ごとの平均残業時間数等の労働時間（健康管理時間）の状況
- 男女の賃金の差異（301人以上の企業は公表必須）など

たとえば、過去5年をさかのぼって、次のようなことを調べてみましょう。課題やニーズが見えてくるはずです。
・妊娠・出産を機に退職する社員はどれくらいいる？
・子育て中の社員は、仕事と子育ての両立でどんな点に苦労している？
・育児休暇、育児のための柔軟な働き方などの利用者数は？

行動計画の策定、社内周知と外部公表

ステップ1を踏まえて行動計画を策定。策定からおおむね3か月以内に社内に周知し、自社ホームページなどで社外に公表する。

行動計画に盛り込む内容
❶計画期間（2～5年）　❷目標（1つ以上の数値目標を決める）
❸取り組み内容　❹取り組みの実施時期

STEP 3

届け出

策定の日からおおむね3か月以内に、定められた様式に沿って、郵送、持参、電子申請のいずれかで都道府県労働局雇用環境均等部（室）に届け出る。

実施と測定

行動計画に掲げた対策を実施し、定期的に目標の達成状況や実施状況を点検・評価する。

行動計画の内容は、男女雇用機会均等法に違反しないものにする。たとえば、女性管理職の割合を上げるために「女性のみを対象の管理職育成研修を行う」のは、均等法違反となり×。対象となる男女従業員に研修を受けさせるのが正解。

column

適切な対応がカギ！
メンタルヘルス不調の休職と復職支援

専門機関に相談するのがおすすめ

メンタルヘルス不調による休職では、不適切な対応をすると、かえって症状が悪化したり治療が長引く恐れがあります。会社側は、メンタルヘルス不調の対応のポイントをしっかり押さえて行動する必要があります。

各都道府県に設置されている産業保健総合支援センターでは、メンタルヘルス不調で休職する従業員への対応についてアドバイスを行っているほか、復職プログラムを支援しています。このような専門機関の協力を受けながら、休職と復職支援をしていくのもおすすめの方法です。

休職から職場復帰までの流れと対応（例）

休職中

- 休職前半　ゆっくりと休養する期間。家族の理解を得ながら十分な睡眠をとってもらう。
- 休職後半　職場復帰のための準備期間。体力や意欲が回復しているかを判断し、慣らし出勤の可否や時期を医師と相談のうえで決める。

慣らし出勤

- 本人に意欲が戻り、医師のGoサインが出れば慣らし出勤を始める。就業制限などがあれば診断書に書いてもらう。
- 慣らし出勤を始めてから２週間～１か月ほど様子を見て、問題ないと判断したら、医師や受け入れ部署の担当者も交えて本格的な復帰へのプランを立てる。

職場復帰

- 職場復帰の可否や復帰のタイミングは慣らし出勤の様子、医師の診断書をもとに、会社が判断する。

復帰後

- 通院の時間をとるなどの配慮をする。定期的に面談を行うなどフォローアップを行う。

（参考資料：独立行政法人 労働者健康安全機構）

5章

退職・解雇

1 退職の種類
2 退職の手順
3 退職後の競業避止と機密保持
4 普通解雇の手順
5 整理解雇の手順
6 懲戒解雇の手順
7 解雇の手続きと解雇制限
8 解雇のトラブル対策
9 退職証明書と解雇理由証明書
10 雇用保険と社会保険の手続き
11 失業給付と離職理由

退職にはどんな事由があるの？

1 退職の種類

実務はここを確認！

●退職事由と退職日を就業規則に明記しておく。
●とくに定年退職の退職日は自由に設定できる分、自社の基準を明確にしておく。

従業員が意思表明する自己都合退職

どんなときに退職になるかの退職事由は、就業規則で明記しておきましょう。

退職は、従業員の意思表明によって成立する退職（自己都合退職）と、ある事由に該当すれば自動的に退職が成立する自然退職に大別されます。

自己都合退職では、健康上の理由、結婚、転職など、従業員側の事情によって従業員から退職を申し出て、退職します。

自然退職の注意点

自然退職には、定年退職、有期雇用契約期間満了時の退職、休職期間満了後の退職、死亡時の退職などがあります。ただし死亡時の退職を除き、**自動的に退職が成立するように、きちんと制度化しておく**ことが重要です。

定年退職では、定年（➡P230）を決めておきます。休職期間満了後の退職では、休職制度（➡P138）を設けておく必要があります。

有期雇用契約期間満了時の退職を「雇止め（➡P226）」といいますが、**雇止めも就業規則に明記**し、有期雇用契約で採用する前に、あらかじめ従業員に伝えておきます。過去に何度も契約更新するなど従業員が契約更新を期待する理由があるような場合には、いきなり雇止めができないことがあるので注意しましょう。

長期の無断欠勤も退職扱いに

無断欠勤が１か月以上に及ぶなど音信不通の状態の場合、就業規則に規定して周知していれば、自然退職の扱いにすることができます。

ただし、欠勤当初の状況を調べたり、家族や身元保証人などと連絡をとったりして、やむを得ない事情がないかどうかの確認はとるようにしましょう。身寄りのない高齢者なども増えているので、事前の確認も大事です。

取締役就任による退職もある。従業員から取締役になるときは、執行役員や兼務役員の場合を除き、いったん退職して従業員の身分を失ってから、会社と委任契約を結ぶことになる。退職日は取締役就任日の前日となる。

退職の種類

種類		内容	退職日
自己都合退職		従業員からの申し出で退職する。	従業員の退職希望日
自然退職	死亡退職	死亡すると自動的に退職する。	死亡した日
	定年退職	会社が定めた退職年齢に達したときに退職する。	（定年に達した）誕生日や月末など
	休職期間満了後の退職	私傷病による休職制度で、休職期間が満了しても復職できないときに退職する。	休職期間満了日
	雇用契約期間を満了したことによる退職	有期契約社員が雇用契約期間を満了したときに退職する。	（雇用契約）期間満了日
	長期欠勤後の退職	無断欠勤などで、会社が定めた猶予期間を超えて欠勤が続いた場合に退職する。猶予期間は1か月程度が一般的。	定めた猶予期間を経過した日

退職事由ごとの退職日も明確にして就業規則に明記しておくとよいでしょう。退職日は給与計算などで必要になります。

定年退職には退職届が必要になる？

その事由があれば自然に退職となる自然退職は、基本的に退職届の提出は必要ありません。

ただし、定年退職の場合、高年齢者雇用確保措置（➡ P230）が実施されてから以前とは事情が違ってきています。定年後の継続雇用などについて、会社との意思確認が不十分なまま定年になり、もめてしまうケースが出てきています。いったん定年退職するのか、それとも辞めずに会社の継続雇用制度（➡ P230）などを希望するのか、従業員の意思を明らかにするために定年退職時の退職届の提出を促してもよいでしょう。

定年退職の退職日の設定は、「定年に達する誕生日当日」のほか、給与計算を考えた「定年に達した日以後最初の賃金締切日」や「定年に達する誕生日が属する月末」などが多い。

退職届のチェックポイントは？

2 退職の手順

●退職届を受け取ったら、必要事項が書いてあるか、本人の署名が入っているかなどをチェックする。

●退職手続きは、漏れがあると従業員も困ってしまう。リストを作成して滞りなく進める。

退職申し出の期限を決める

自己都合退職（➡P146）では**退職届（➡右ページ）を提出してもらう**ようにします。退職届を受理していれば「自分の意思で退職を申し出た」という証拠が残り、後で「実質は解雇だった」と退職した従業員が言い出すようなトラブルも起こりにくくなります。

自然退職（➡P146）は、その事由に該当すれば自動的に退職となるので、基本的に退職届を提出してもらう必要はありません。

また、**民法上は退職希望日の２週間前までに退職を申し出ればよい**ことになっています（月給制の場合は賃金計算期間の前半に申し入れる必要がある）。しかし、業務の引き継ぎや代替社員の手配、事務手続きなどを考えると、２週間では時間が足りないことがあるため、多くの会社では独自に退職を申し出る期限を決めています。**退職申し出の期限は、退職希望日の30日前にしているところが多い**ようです。

退職手続きに漏れがないかを確認

退職する際には、社員証や貸与していたパソコン、携帯電話などを返却してもらいます。社会保険や雇用保険、税務や給与計算事務などもあり、退職に関する作業は煩雑です。**処理すべき作業や提出物のチェックリストをつくり、漏れがないように進める**ことです。

退職では、業務の引き継ぎがすまないうちに退職日を迎えてしまうトラブルがあります。従業員には業務遂行義務があり、退職までに業務を代替社員に滞りなく引き継がなくてはなりません。退職までの日程を確認し、必要なら延期してもらいましょう。

退職前に★**会社と従業員の間の債権・債務が残っているかどうかを確認する**ことも大切です。互いの債権・債務を清算した後は、「債権・債務がない」という合意書をとっておくとよいでしょう。

会社と従業員の間の債権・債務…会社の債務（従業員の債権）には未払い残業代、積立金、社内預金などがあり、会社の債権（従業員の債務）には従業員への貸付金などがある。

退職届（例）

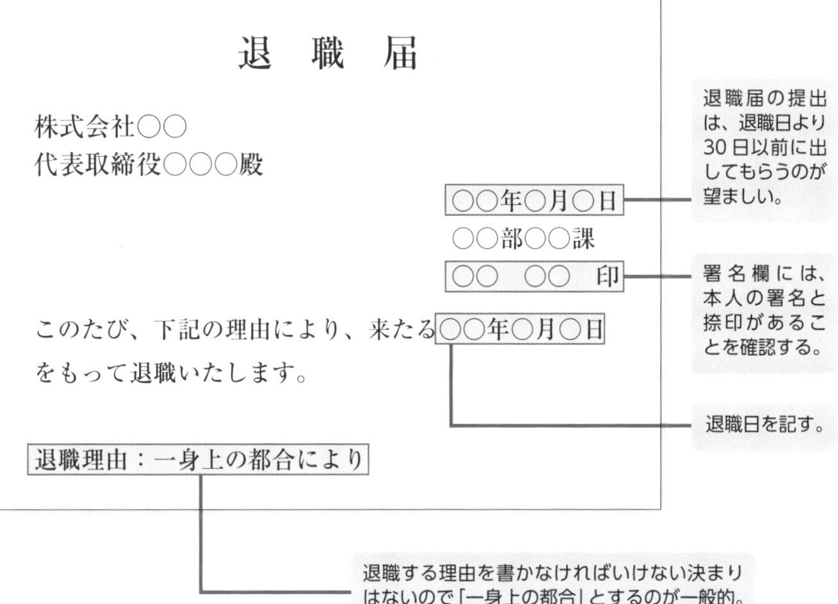

退　職　届

株式会社○○
代表取締役○○○殿

○○年○月○日
○○部○○課
○○　○○　印

このたび、下記の理由により、来たる○○年○月○日
をもって退職いたします。

退職理由：一身上の都合により

後からのトラブルを防ぐために、従業員本人が作成した（書いた）ものであることが大切です。全文自筆にしてもらう、会社が用意した書式に、本人の署名･捺印をもらうといった工夫をしましょう。

専門家に相談！ 退職届の撤回は拒否できる？

従業員が退職届を提出した後に「撤回したい」と申し出た場合、拒否することができるのでしょうか？

退職届は、人事の承諾権限をもつ者が承諾した時点で撤回できないとされます。一般的に社長、人事部長などが人事の承諾権限をもつ者にあたりますが、「各部署の課長とする」など、会社が独自に決めてもかまいません。

確実に承諾権限をもつ者が承諾した（撤回できない）ということを示すために、**退職承諾書を発行するという方法もあります。**

「退職代行」は、給与支払い方法、引き継ぎ、貸付金等でトラブルになることも。労使紛争となった場合、当事者の代理は弁護士である必要がある（運営主体が弁護士でない場合は注意）。本人が出社せずに退職することがほとんどで、業務の引き継ぎがなされないことが多いので注意。

同業他社への転職や情報もち出しを禁止するには？

3 退職後の競業避止と機密保持

実務はここを確認！

- 競業避止を有効にするために、店長や役職クラスには在職中から準備をしておく。
- 機密保持は、制度で禁止するほか、日頃からの従業員への意識づけも大切になる。

競業避止が認められる条件

退職した従業員が、競合する同業他社に転職したり、同種の事業を設立したりすることがあります。このような場合、自社の経営が大きな打撃を受ける可能性があります。そこで、退職する従業員に、このような転職や開業を禁止することを**競業避止**といいます。

憲法では職業選択の自由を定めているので、原則として顧客や社員の引き抜きなど悪質なケースを除き、競業避止の定めは無効となります。しかし、**事前に就業規則に定めていて、合理性のある必要最小限の制限を行い、それなりの代償を本人に支払えば、競業避止が認められる裁判例が出ています**（➡右ページ）。

機密情報の流出は犯罪になる

会社がもつ営業ノウハウなどの企業秘密を外部にもち出す情報漏えいは、不正競争防止法違反などの罪に問われる恐れがあります。顧客などの個人情報の流出では、会社の管理責任を問われることがあります。過去には慰謝料や損害賠償の支払いを命じられた例もあります。

退職する従業員には、情報漏えいは犯罪であることを伝え、機密情報の保持を約束してもらうべきです。

入社時点の誓約も有効

退職後の競業避止や機密情報の保持は、あらかじめ就業規則に定めたうえで誓約書をとっておくことで有効になります。ただし、退職間際の同業他社からの「引き抜き」が決まっているようなタイミングでは、誓約書への署名を拒否されるかもしれません。このようなケースに備えて、**入社時の誓約書に、退職後の競業避止や機密情報の保持を盛り込んでおくのもよい**でしょう。入社時に退職後の事項について誓約してもらうことに、何も問題はありません。

大手の教育情報サービス会社で約３千万件の顧客データがもち出されて名簿業者に転売された事件では、もち出した派遣社員が不正競争防止法違反で実刑判決を受けている。大手通信会社社員も営業機密のもち出しで逮捕された。

競業避止が認められる要件

あらかじめ就業規則に明記している。

誓約書で同意を得ている。

★代償措置（だいしょうそち）をしている。
就業中の特別手当の支給、退職金の上積みなど。

就業規則や個別の誓約書で、以下を限定的に禁止している。

地　　位
役員や店長など、ある程度の権限をもっていて企業秘密にアクセスできる立場にある人。

期　　間
「退職後１年間」など。

就業地域
事業所のある市や都道府県、事業所から○km以内など。

転職や起業する業種・職種
同業他社の同職種、役員など。

一般社員の身分の従業員が別の同業他社に転職するようなケースでは、会社のダメージも少ないと考えられるので、競業避止は難しいですね。また、期間では、「3年間禁止」は長すぎて認められない可能性があります。

＊競業避止義務の契約をしていても、実際に会社が損害を証明できなければ、相手方に損害賠償を請求できないことが多い。

機密保持の３つの方法

1 教育・研修を実施する
- 機密情報漏えいの犯罪性を伝える。
- 機密情報を明確にする。

2 就業規則で明記する
- 服務規律で定める。
- 懲戒事由にする。

3 誓約書にサインしてもらう
- 誓約を破棄した場合の損害賠償請求も記載する。

代償措置…希望の就職先に行けない、希望の地域で開業できないなど、本人に不利益を強いる代わりに、それに見合う賃金などを支払うもの。

解雇するには時間がかかるの？

4 普通解雇の手順

●解雇事由を就業規則に明記しておく。解雇事由にあたる行為があれば、まずは教育・指導を行う。
●手順を踏んだうえで、やむを得なければ解雇に踏み切る。解雇予告の手続きを行うこと。

就業規則に明記する

解雇は、会社から一方的に雇用契約を解消するものです。解雇は労働者にとって生活の糧を失うという大きな不利益をもたらします。このため、労働契約法では簡単に解雇ができないように、解雇は「客観的に合理的な理由があり、社会通念上相当」と認められた場合に限っています。

解雇をするには、まず**就業規則に解雇事由を明記しておく必要があります**。こんな場合は解雇しますよ、と周知しておくわけです。

解雇回避努力と退職勧奨を試みる

解雇事由には、大きく分けて普通解雇、整理解雇、懲戒解雇がありますが、ここでは普通解雇を説明します。

普通解雇は、勤務の怠慢、職務能力の不良など、労務の提供を十分にできない業務不履行を理由として、会社が解雇するものです。

では解雇事由にあてはまるからすぐに解雇できるかというと、そうではありません。同期の従業員や同じ業務に就いている従業員などと比べてどの程度職務能力が劣っているか、遅刻や早退などは何回続けているかなど**客観的なデータを記録しておかなければなりません**。並行して、**教育・指導などを行い、改善の努力をします**。それでも改善が見込まれなければ、配置転換なども検討します。

このような**解雇回避努力を行い、それでも解雇はやむを得ないと判断した場合に解雇することができる**とされます。

ただし、こうした経緯を経てもなお解雇はトラブルが多いので、**自ら退職してもらうように勧める★退職勧奨を試みるのが一般的**です。ここで本人が会社を辞めることに同意して退職届を提出すれば、退職扱いになります。本人が退職勧奨に同意しなければ、解雇に踏み切ることになります。

退職や解雇に至るまでの過程は、本人の成績や始末書を含めて記録し、保存しておく。裁判になったときは、退職や解雇の正当性を示す証拠として提示する。

普通解雇の流れ

就業規則の整備

●解雇事由を明記する。

例精神的・身体的に働ける健康状態ではない。

例職務能力が著しく不足していて向上の見込みがない。

例遅刻・欠勤など勤務態度が著しく不良で改善の見込みがない。　など

解雇事由にあてはまる言動があった。

↓

解雇回避努力

●どういう行為が解雇事由にあてはまったかを本人に伝える。
●改善策を考える。
●教育・指導などを実施する。
●解雇事由にあてはまる行為の記録、教育・指導などの記録を行う。
●本人の能力や適性に応じて、訓練・研修、配置換えなどを行う。

それでも解雇事由が改善されない…。

↓

退職勧奨

●これまでの記録などを見せ、自主的に退職するように促す。

合意

退　職

●退職届（➡ P148）を出してもらう。

合意しない

解　雇

●解雇予告手続き（➡ P158）に沿って解雇を行う。

できるだけ解雇を避け、解雇以外の解決策や退職してもらう道を探りましょう。

退職勧奨…いわゆる「肩たたき」。退職勧奨では、あくまで退職を勧めるにとどめること。本人がノイローゼになるくらい退職を強要するようなパワハラを行ったりしてはいけない。

経営危機に面したときにできるの？

整理解雇の手順

- 整理解雇の事由を就業規則に明記しておく。
- 整理解雇を行う前に、まず経営上の必要性があるかを検討する。
- 希望退職者を募るなど、解雇回避努力をしてから、慎重に人選・手続きをする。解雇予告の手続きは行う。

整理解雇も簡単ではない

経営悪化などで事業の縮小をしなければならないときに、**人員整理を行うのが整理解雇**です。人員整理の人数を決めて、従業員を指名し、解雇したい旨を伝えます。

事業を継続するための最終手段といえるものですが、整理解雇に踏み切るときにも「客観的合理的な理由があり、社会通念上も相当」と認められるような状況や手順が求められます。

条件を踏まえて行う

整理解雇をするには、あらかじめ就業規則に整理解雇事由を示したうえで、次の**4つの条件を満たす必要があるといわれています**。

1 経営上の必要性があるか

人員整理が必要なほどの状況にあるのか、または必要だと予測できる状況にあるのかということです。

2 解雇回避努力をしたか

整理解雇をする前に、雇用を守る、つまり解雇を回避するための努力をしたかが問われます。具体的には、役員給与の引き下げ、経費削減努力などです。**希望退職者を募るのも解雇回避努力措置のひとつ**です。

3 人選に合理性はあるか

解雇回避努力をしても経営危機を脱することができなければ、整理解雇に踏み切ります。その際、**整理解雇の対象となる人員の基準に合理性はあるかを考えます**。貢献度や能力を無視していないか、仕事を失った場合の生活影響度を考慮しているか、などです。

4 手続きは妥当か

整理解雇を行うときは、従業員（労働組合がある場合は労働組合）に理解してもらえるように誠意をもって説明し、協議をしていかなければなりません。整理解雇の対象となった従業員には再就職の支援を申し出るなど、**解雇後も誠意をもって対応していくことがトラブル防止につながります**。

経営上の必要性があるかどうかでは、十分に合理的なことが説明できればよく、事業が継続できない、または事業が継続できない程度まで悪化しなくてもよいとされる。

整理解雇の4条件

❶経営上の必要性があるか

○ 経営危機、倒産などに直面している、あるいは直面すると予測でき、人員削減を行う必要がある。

× 部署で余剰人員が出たので人員削減をしたいというような理由ではできない。

❷解雇回避努力をしたか

○ 解雇を避けるためにできる限りの策を講じたか。

例交際費・広告費の引き下げなどの経費削減努力、役員給与の引き下げ、資産の売却、新規採用の抑制、配置転換、残業の禁止、昇給賞与の停止、希望退職者の募集など。

希望退職者の募集の手順
人員整理が必要な事情を説明し、自ら退職に手を挙げてくれる人を募る。退職金の上乗せや再就職支援など通常の退職よりも有利な条件を示す。

❸人選に合理性はあるか

○ 従業員の貢献度、能力、生活への影響度などを考えて人選しているか。

例人事評価の高い者より低い者（貢献度の低い者）から選ぶ。

例扶養家族がいる者より独身者や共働き家庭から選ぶ。

❹手続きは妥当か

○ なぜ整理解雇が必要なのかの説明に時間をかけ、協議し、従業員に納得してもらえたか。

○ 解雇後も再就職支援を行うなど十分なケアを行ったか。

× 時間がないからと、説明も不十分なまま整理解雇に踏み切ると反発されやすい。

切迫した状況の中で、どれだけ誠意をもって従業員と向き合っていくかが大切です。従業員の理解を得られれば、後からトラブルが起こることは避けられます。

専門家に相談！ 整理解雇の人選は非正規社員から？

以前は、正社員よりも非正規社員を整理解雇の人選対象とするのは合理的と考えられていました。それは、非正規社員の仕事の範囲や責任が限られていたためです。しかし、現在は、非正規社員であっても正社員と変わらない責任や仕事を任せられているケースが多くなっています。このような場合、単に非正規社員だからという理由で整理解雇の対象とするのは難しくなります。限定正社員の雇用も増えています。**整理解雇の人選は、単純に雇用形態だけでは判断できなくなっていることに注意が必要**です。

整理解雇の4条件を厳守していなくても人員減の必要性や解雇回避の努力などを総合的に評価する司法判断が続いており、反対に能力不足による解雇は認められにくくなっている。今後も要注目。

懲戒解雇はすぐに辞めさせることができるの？

懲戒解雇の手順

- 就業規則をしっかり整備しておく。
- 懲戒解雇の事由が起こったときは、事実確認などの手順を踏む。
- 懲戒解雇がやむを得ないときでも、解雇予告手続きは行ったほうがよい。

懲戒解雇を行うポイント

懲戒解雇は、企業秩序違反をした従業員に対して行う**懲戒処分**（➡P134）**の中でもっとも重い制裁**です。すぐに解雇しなければならないほどの重大な企業秩序違反または反社会的行為をした、ということです。

ただし、いくら従業員側に大きな非があっても、他の解雇と同様に、懲戒解雇をする流れが「客観的合理的な理由があり、社会通念上も相当」と認められなければ、解雇権の濫用だとして無効になります。懲戒解雇が有効となるには、いくつかのポイントを踏まえなければなりません。

まず、懲戒処分を行うための**懲戒事由や懲戒の内容を就業規則で明記しておくことが必要**です。どのような場合に懲戒解雇となるかを定めておくのです。

また、懲戒解雇に相当する事由があったときに懲戒解雇を行うことができますが、その前に事実確認を行い、公正に審議することが大切です。本人による弁明の場を設けるようにします。懲戒処分の手続き方法を決めている場合は、必ずその定めの通りの手順を踏みます。

懲戒解雇でも解雇制限を守る

懲戒解雇でも法律上の解雇の手続きや解雇制限を守らなければなりません。通常、解雇をするには解雇予告期間を設けるか解雇予告手当を支払わなければなりません（➡P158）。

懲戒解雇の場合は、**労働基準監督署からの除外認定**（➡P158）**が受けられれば解雇予告の手続きは必要ありません**。ただし除外認定のハードルは高く、よほどの事情がないと除外認定を受けられず、認定されるまでは解雇できません。その場合に解雇するには、解雇予告手当を支払う必要があります。

また、労働基準法に定める「解雇できない期間」は、懲戒解雇ができないことにも注意します（➡P158）。

現実には、懲戒解雇に相当する事由はそう起こるものではない。しかし万が一懲戒解雇に相当する事由が起きても、規定がなければ懲戒解雇ができない。就業規則は整備しておきたい。

懲戒解雇の流れ

就業規則を整備する。

●懲戒事由の中に懲戒解雇事由を定める。

懲戒解雇事由例

- 無断欠勤が 14日以上
- 重大な服務規律違反
- 職場内の暴力、脅迫
- 誹謗中傷など会社の名誉毀損行為
- 採用時の経歴詐称
- 横領、窃盗、金品の着服
- 職場外の★非違行為
- 機密事項の漏えい

●解雇事由の中に懲戒解雇事由を入れておく。

規定文例

就業規則の懲戒事由に定める諭旨解雇、懲戒解雇事由に該当する事実があったと認められるとき。

懲戒解雇事由にあてはまる行為があった。

適正な手続きを踏む。

●事実確認を行う。本人の言い分も聞く。

●定めた懲戒処分の手続きがあれば、それに沿って行う。

●本人の行為の程度や回数、会社に及ぼす損害の程度などから、懲戒解雇が合理的かを審議する。

●懲戒処分のルール(➡ P136)に反しないことを確認する。

解　雇	本人に反省の色が濃く、諭旨解雇に同意すれば
●解雇の手続きを行う。	**諭旨解雇** ●退職届を提出してもらう。

懲戒解雇では、実務上解雇予告の手続きを経ずに即時解雇をするケースも多いのですが、後で解雇予告手当を請求されることがあります。除外認定を受けられる可能性が高い場合を除いて、解雇の手続きを行うのが安全といえます。解雇そのもののトラブルを防ぐには、なるべく退職届を出してもらう諭旨解雇にもち込むのが賢明です。

非違行為…非法・違法な行為。職場外（私生活）の非違行為とは、会社の円滑な運営に支障をきたす、および企業の社会的評価を傷つけるおそれがあるもので、個々に判断される。

解雇を行うときの決まり事は？

7 解雇の手続きと解雇制限

実務はここを確認！

●解雇日の30日前までに解雇予告通知書で解雇を予告する。30日前までに予告できないときは解雇予告手当を支払う。
●解雇制限にも注意する。

解雇予告手続きを適正に行う

裁判などで解雇の有効性が争われるときは、「解雇権の濫用ではないか」とともに、**「解雇予告手続きが適正に行われているか」も判断のポイント**になります。

解雇予告手続きが適正でないと解雇の有効性がくつがえることにもなりかねないので、注意が必要です。

従業員を解雇するときは、解雇を通知（予告）します。**この解雇予告は、遅くとも解雇する日の30日前までに**は行わなければなりません。

30日前までに予告できないとき、または解雇する日を短縮したいときは、**30日に足らない日数分の平均賃金（➡P114）を解雇予告手当として支払います**。

解雇予告は口頭でも文書でもよいのですが、解雇予告通知書として文書で通知するとトラブルが少ないでしょう。解雇予告通知書には、書面の発行日と解雇事由、解雇する日を明記します。

解雇制限の期間に注意

労働基準法により、解雇できない期間が定められています。**業務上の災害（労災）による病気やケガで休業している期間とその後30日間**です。ただし、療養3年を経過して、病気やケガが治らずに傷病補償年金を受けることになったり、会社が平均賃金1200日分の打ち切り補償を支払った場合は解雇することができます。

産前産後休業の期間とその後30日間も解雇はできません。

解雇予告手続きや解雇制限が解除されるケース

地震などの自然災害や火災などのやむを得ない事情で事業を継続することが不可能になった場合や従業員に大きな責任があるやむを得ない事情の場合、**労働基準監督署から除外認定を受けたときは解雇制限はなくなります**。このときは解雇予告や解雇予告手当の支払いの必要もありません。

解雇制限期間中は、解雇はできないが解雇予告はできる。また、諭旨解雇（➡P134、157）は実質は退職勧奨に応じたことによる退職なので、解雇手続きではなく退職手続きをすればよい。

解雇予告の手続き

●解雇予告が解雇日まで 30 日以上前

●解雇予告が解雇日まで 30 日に満たない

解雇予告通知書（例）

解雇予告通知

○○○○殿

○年○月○日
株式会社○○○○
代表取締役　○○○○印

当社就業規則○条○項に違反する行為により、貴殿を○年○月○日をもって解雇いたします。

なお、本通知書は、労働基準法 20 条に定める解雇予告であることを、あわせて申し添えます。

以上

なぜ解雇するのかを明記する。

解雇予告通知は、解雇する日の 30 日前までに行うのが原則。発行日と解雇日に注意する。

解雇予告を行うと、働いてもらうのも難しい場合がある。このようなときは休業手当として 1 日あたりの平均賃金の 60％を支払って休ませることもできる。

解雇が「不当だ」と言われないためには？

8 解雇のトラブル対策

実務はここを確認！

- すぐにでも辞めてもらいたい従業員がいても、時間をかけ、話し合いを行うなどの解雇の手順を踏む。
- 手順を踏まえてやむを得ず解雇しなくてはならない場合でも、退職勧奨を試みて本人の合意を得て退職届を出してもらう。

「納得できない」解雇トラブルがとても多い

解雇をした元従業員から「不当解雇」だと訴えられるトラブルはとても多いです。法的にいえば、解雇をするには「客観的合理的な理由があり、社会通念上も相当」であるべきで、それを満たしていない解雇だから「不当だ」というわけです。

しかし、簡単にいえば、元従業員は「解雇に納得していない」だけ、ということはよくあります。

解雇のトラブルを未然に防ぐには、何よりもまず「納得してもらう」ことだといえます。

「急がば回れ」で手順を踏む

そのためには、回り道のように思えるかもしれませんが、**解雇事由に応じて解雇への理解を得ながらていねいに手順を踏む方法が最善の策**です。こうした手順の記録は、後でトラブルになったときのために必ず記録しておきます。

裁判で争ったら会社が負けるケースが多い

裁判になって解雇の不当性が争われると、労働者保護の観点から会社が敗訴し、解雇が無効になるケースが多いです。解雇は、生活の糧が失われるという労働者に大きな不利益をもたらすものなので、簡単には認められないというわけです。

解雇が無効になると、損害賠償金を請求されます。さらに、解雇日以降の賃金を「勤務していたもの」として支払わなければなりません。会社にも復帰させなければなりませんが、解決金を上乗せして辞めてもらうケースがほとんどです。

このように、解雇がトラブルに発展すると、会社の時間的・金銭的損失は著しいものとなります。解雇は後々のトラブル対策を考えて慎重を期しましょう。

解雇を考えているときは、念のため社会保険労務士や弁護士などの専門家と相談しながら手順を踏んでいくとよい。

解雇トラブルを避けるには

●解雇手順を踏む過程でコミュニケーションを図りながら納得してもらう。

従業員のどのような部分が解雇事由にあたるのか、ていねいに話す。

懲戒処分の対象となることがあれば、初めは軽い処分、徐々に重い処分にして自覚を促す。

いきなり「君、使えない」「君、来なくていいよ」とは言わない。
「どのような部分が適していないのか」「このまま改善されないと解雇せざるを得ない」ことなど、背景や理由をしっかり説明する。

データなどを示して、客観的にも問題があることを伝える。

改善策を考え、教育・指導を試み、その評価や結果なども伝える。

従業員の考えも聞き、話し合いの場をもつことも必要。

●どうしても解雇せざるを得ないときでも退職勧奨をする。

再就職では「解雇」よりも「退職」のほうがイメージがよいことを話して説得する。

退職金を少し上乗せするなど合意しやすい条件をつける。

合意してもらったら、退職届を提出してもらう。従業員の合意のうえ、退職してもらったという証拠になる。

●解雇するときは法定の解雇手続きをする。

解雇予告通知書を渡す。

解雇制限のある期間（➡ P158）は解雇しない。

解雇手続きを踏む。解雇は必ず書面で通知する。

会社として誠意を尽くすとともに、トラブルになったときのために備えて、従業員の記録や改善策、評価などはすべて記録して残しておきます。

解雇トラブルの裁判は1年前後かかるので、敗訴した場合その間の賃金を支払うことになる。損害賠償金（慰謝料）を含めて会社が1000万円単位の支払いを求められるケースもある。主に和解では、200万～800万円くらいのケースが見受けられる。

退職証明書や解雇理由証明書を請求されたら？

9 退職証明書と解雇理由証明書

●従業員から退職証明書や解雇理由証明書を請求されたら、会社はすみやかに交付する義務がある。

●解雇する従業員から、解雇までの間に請求を受けたら解雇理由証明書を交付する。解雇後の請求であれば退職証明書でよい。

退職証明書の記載事項

退職した従業員から**退職証明書**を請求されたら、会社はすみやかに交付することが義務づけられています。**この請求は退職後２年以内であれば、何度でも、一度に何枚でも応じなければなりません**。

退職証明書に記載する事項は、使用期間、業務の種類、その事業における地位（役職）、賃金、退職理由です。このうち従業員が希望した事項を記載します。

退職証明書の請求理由は？

退職証明書を請求する理由には、再就職先で退職理由などを知るために提出を求められたとき、失業給付や国民健康保険の手続きで★離職票や★社会保険資格喪失証明書がすぐに準備できないときなどがあります。また、解雇理由証明書と同じように、退職（解雇）の不当性を訴えることを検討している場合があるかもしれません。

解雇理由証明書の請求はトラブルを想定する

解雇予告を行った従業員から、解雇日までの間に**解雇理由証明書**を請求されることがあります。この請求にも会社は応じなければなりません。

解雇理由証明書には、解雇予告日、解雇日とともに解雇理由を記載します。解雇理由は、「就業規則の第○条第○項の解雇事由にあたる」という説明も含めて具体的に記載します。

従業員が解雇理由証明書を請求するのは、たいていの場合、解雇の不当性を争うためと思ってよいでしょう。きちんとした手順で解雇するのは、このようなトラブルへの備えです。解雇理由は慎重に記載しましょう。

なお、**解雇後に解雇理由証明書を請求された場合は、解雇理由証明書ではなく退職証明書を発行する**ことになるので注意が必要です。

離職票…雇用保険の失業給付をもらうときに必要な書類。
社会保険資格喪失証明書…正式には「健康保険・厚生年金保険被保険者 資格喪失証明書」。国民健康保険への加入時に健康保険の資格を喪失したことを証明する書類。

解雇理由証明書（例）

〇〇〇年〇月

〇〇〇殿

株式会社〇〇〇〇

代表取締役〇〇〇〇　印

解雇理由証明書

当社が〇〇〇年〇月〇日にあなたに予告した解雇については、下記の理由によるものであることを証明いたします。

記

1．解雇予告日　〇〇〇年〇月〇日

2．解　雇　日　〇〇〇年〇月〇日

3．解雇理由　●●●●●●●

就業規則第〇条第〇項に該当するため

以上

請求を受けたらすみやかに交付する。

解雇理由は後から変更できない。

就業規則の中の該当する条項を記載する。

解雇理由証明書の交付時期

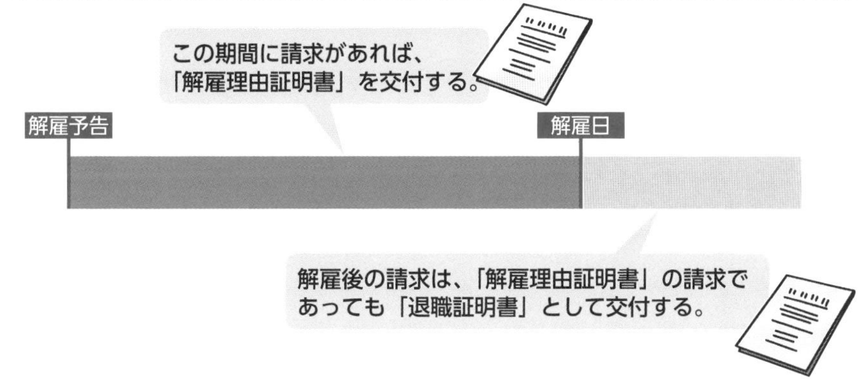

この期間に請求があれば、「解雇理由証明書」を交付する。

解雇予告　解雇日

解雇後の請求は、「解雇理由証明書」の請求であっても「退職証明書」として交付する。

解雇理由証明書の記載事項は上の書式例の通りだが、退職証明書と同じく従業員が希望しない事項は記載しない。

退職時の保険関係の流れは？

10 雇用保険と社会保険の手続き

●再就職先が決まっているか、転職するのかなど、従業員に退職後のことを聞いてから手続きを始める。
●扶養家族(ふようかぞく)の多い従業員には、健康保険の任意継続があることを伝えるとよい。

再就職するかしないかで変わる手続き

退職についての雇用保険や社会保険の手続きは、再就職先が決まっている場合と決まっていない場合で変わってきます。従業員自身が行う手続きもあるので伝えてあげましょう。

雇用保険では、**再就職先が決まっていて離職票(りしょくひょう)を希望しない場合は、会社は被保険者資格喪失(ひほけんしゃしかくそうしつ)の手続きをするだけ**です。**預かっている雇用保険被保険者証(こようほけんひほけんしゃしょう)は退職前に従業員に返却**します。

失業給付受給・健康保険・厚生年金保険の手続き

退職してから職を探す場合は、退職後に失業給付(しつぎょうきゅうふ)（基本手当）を受給するのが一般的です。失業給付の受給に必要な**離職票**を希望するかどうかを従業員に確認して、その発行手続きをします。離職票がハローワークから交付されたら、すみやかに従業員に渡します。マイナンバーカードを持っていれば、マイナンバーカードで失業認定が受けられます。

社会保険では、**健康保険被保険者証(けんこうほけんひほけんしゃしょう)は扶養家族の分も含めて返却してもらい、被保険者資格喪失の届け出とともに年金事務所に提出**します。**年金手帳（基礎年金番号通知書）を預かっている場合は従業員に返却**します。

再就職先が決まっている場合は、再就職先で資格取得手続きをしてもらえます。再就職しない場合や再就職しても社会保険の加入要件を満たさない場合は、本人が在住の市町村で国民健康保険と国民年金の加入手続きをします。手続きで必要となる**社会保険資格喪失証明書(しゃかいほけんしかくそうしつしょうめいしょ)**は会社が作成後、すみやかに従業員に渡します。扶養家族がいる場合は、その情報も忘れずに記載します。

就業中の家族の被扶養者となった場合は、その家族の会社で健康保険の被扶養者の手続きをしてもらいます。家族の配偶者であれば、国民年金の第３号被保険者の手続きも同時に行われます。

離職票の発行手続きでは、雇用保険被保険者離職証明書（３枚綴りの複写式で、３枚目に離職票がある）をハローワークに提出する。資格喪失届と一緒に手続きを行う。雇用保険・社会保険等の一部の手続きにおいて、大企業を中心に電子申請が義務化されている。

雇用保険・社会保険の手続き

●雇用保険

退職日

退職日の翌日から10日以内

3月1日　3月2日　3月12日

ハローワークに提出。
●雇用保険被保険者資格喪失届
●〈従業員が失業給付を希望した場合〉
雇用保険被保険者離職証明書を提出

●社会保険（健康保険者が協会けんぽの場合）

退職日

退職日の翌日から５日以内

3月1日　3月2日　3月7日

退職した従業員が就職しない場合は、すみやかに健康保険・厚生年金保険資格喪失証明書を発行する。

年金事務所に提出。
●健康保険・厚生年金保険被保険者資格喪失届
●〈従業員とその扶養家族から回収した〉
健康保険被保険者証を提出

専門家に相談！　健康保険任意継続の加入要件とお得度は？

任意継続といって、**健康保険の資格喪失の前日までに継続して２か月以上の被保険者期間がある場合、退職後 20 日以内に協会けんぽや健康保険組合で手続きをすれば、会社の健康保険に退職後も引き続き個人で２年間加入することができます。**

任意継続では、一定の場合を除いて出産手当金や傷病手当金を受給できず、保険料も在職時の約２倍になります。しかし、扶養している家族も含めた保険料なので、国民健康保険のように個人単位でそれぞれ支払うよりもお得になることがあります。本人がもらっていた収入や住んでいる地域にもよりますが、任意継続をしたほうが得だと思われる従業員には話してみるとよいでしょう。

＊健康保険組合の規約でそれぞれの実績によって保険料が算定される。

健康保険の任意継続は１日でも保険料を滞納させると脱退となってしまうので注意すること。加入後２年が経過したときや再就職先の社会保険に加入したときも脱退となり、任意脱退も可能。

「離職理由」は会社にどのように影響するの？

11 失業給付と離職理由

●助成金にも影響してくることがあるので、特定受給資格者の要件を覚えておく。
●ハローワークからの問い合わせにも答えられるように、退職（解雇）に至る記録などを残しておく。

個人都合の退職には待期期間がある

退職する理由によって雇用保険の★失業給付の給付内容が違ってきます。また、会社の雇用関係の助成金に影響が出ることがあります（➡右ページ）。離職票の申請手続きで離職理由を書くときは、心がけておきましょう。

失業給付でいう「自己都合退職」は、再就職希望や自身の個人的な都合などで退職することです。**懲戒解雇も自己都合退職**になります。

こうして退職した一般の離職者に対する失業給付については、ハローワークに離職票を提出後、**7日間の待期期間と原則2か月間の給付制限期間を経て、給付が開始されます**。ただし、5年以内に退職が2回を超える場合は給付制限期間が3か月になります。なお、勤続年数が1年未満の場合は給付を受けることができません。雇用流動化のため、給付制限期間の短縮も検討されています。

給付内容が優遇される特定受給資格者

「会社都合退職」は、倒産や事業所の廃止、解雇、退職勧奨、長時間残業、賃金の不払いや遅延、ハラスメントなど、**会社が原因で離職せざるを得ない場合**です。このような理由で退職した人は**特定受給資格者**と呼ばれます。

特定受給資格者には原則2か月の給付制限期間を待たずに給付が行われます。また、勤続年数が6か月以上なら給付を受けられます。受給日数も、一般の離職者は最大150日なのに比べて、特定受給資格者は最大330日と、待遇が手厚くなっています。

ところで、有期雇用契約の満了にともなう離職、結婚や保育などで通勤が困難になったことによる離職など、「辞めざるを得ない正当な理由」で自己都合退職した人を**特定理由離職者**と呼びます。特定理由離職者も特定受給資格者に準じた給付を受けられます。

失業給付…雇用保険の給付のひとつで、基本手当ともいう。失業給付は、基本的に求職者のための給付で、自営や内職などを始めているようなケースでは支給されない。育児や介護、病気等ですぐに就職できない、起業後廃業の特例を利用する場合は、受給資格延長の手続きを行う。

失業給付の流れ

求職の申込み（離職票の提出）

一般の離職者（自己都合退職、懲戒解雇）

待期期間（7日間） → 給付制限（2か月間もしくは3か月間） → 受給（最大150日[*1]）

給付金額＝離職の日以前6か月間の賃金日額の50％～80％×給付日数

待期期間（7日間） → 受給（最大330日[*1]）

＊1：受給期間は離職の翌日から1年間（330日は1年と30日間）。

特定受給資格者
会社の都合で離職を余儀なくされた者

倒産など
- 倒産、事業所の廃止 大量の雇用変動　など

解雇など
- 懲戒解雇以外の解雇
- 労働契約との相違による離職
- 一定要件の賃金の不払い
- 賃金の大幅な低下
- 一定要件の長時間労働
- 妊娠、出産、介護などを理由とした不利益な取り扱い
- 有期雇用契約で当然雇用するとみられていた場合の雇止め
- 職場のハラスメントの放置
- 退職勧奨
- 長引く事務所都合の休業
- 会社の法令違反　など

特定理由離職者[*2]
正当な理由がある自己都合退職者

- 有期雇用契約で期間満了による退職
- 体力の不足、出産、育児、家庭事情の急激な変化などの事情が起きた
- 結婚、育児、異動による家族との別居の回避のため
- 整理解雇　など

＊2：基本的に特定受給資格者に準じた給付を受けられる。

特定受給資格者と特定理由離職者の詳しい要件はハローワークの窓口やホームページで確認するといいでしょう。

「離職理由」に注意！

特定受給資格者が基準期間内に「雇用保険の被保険者である従業員の６％超」になると、雇用に関する助成金を受けられなくなります（助成金による）。

解雇や退職勧奨のほか、長時間残業や賃金の不払い、職場のハラスメントの放置などには十分な注意を払いたいものです。有期雇用契約の場合は、契約期間、更新の定めの有無などにより「会社都合退職」扱いになることもあります。無期雇用転換ルールによるトラブルも増えています。

なお、離職票の申請時に「会社が記載した離職理由」は、必ず認められるとは限りません。ハローワークでは、「離職した従業員が書いた離職理由」と客観的資料とをつきあわせて離職理由を決定します。ときには、「離職理由」について、ハローワークから退職の経緯を聴かれたり、資料の提出を求められることがあります。

失業給付を受けるためには離職した日より前2年間に被保険者期間が12か月以上必要だが、被保険者期間の算定の際に、日数だけでなく、労働時間も算定の基準となり、月80時間以上の月も1か月とカウントできるようになっている。算定基準の短縮も検討されている。

column

いつまで保管する？ 退職した従業員に関する書類

法定の保管期限を守る

退職した社員に関する書類は、法定の保管期限を守ってから処分しましょう。退職後に、何かトラブルが起きないとは限りません。退職者の訴えに応じて、労働基準監督署から調査のために提出を求められることもあるでしょう。たとえば、未払い残業代などの賃金の請求権は３年ですから、退職後、３年間は残業代を請求される可能性があるということです。法定の３年の保管期限（➡下記）を守ってから書類を廃棄した場合、未払い残業代を請求されても３年より前の請求権は時効だとして訴えをしりぞけることができます。

心配なら請求権の時効まで保管する

書類の保管期限を過ぎた後に、トラブルが起きる可能性もゼロとはいえません。たとえば法定では退職に関する書類の保管は３年でよいことになっています（➡下記）が、退職金は５年前までさかのぼって請求できます。

したがって、法定の保管期限は厳守して、心配なケースで請求権の時効が切れる期間まで引き続き保管をしておくようにするのも一案です。民法改正により賃金請求権の時効も当分の間は３年とされていますが、将来的には５年に延長されることが決まっています。そちらの動向も注意が必要です。

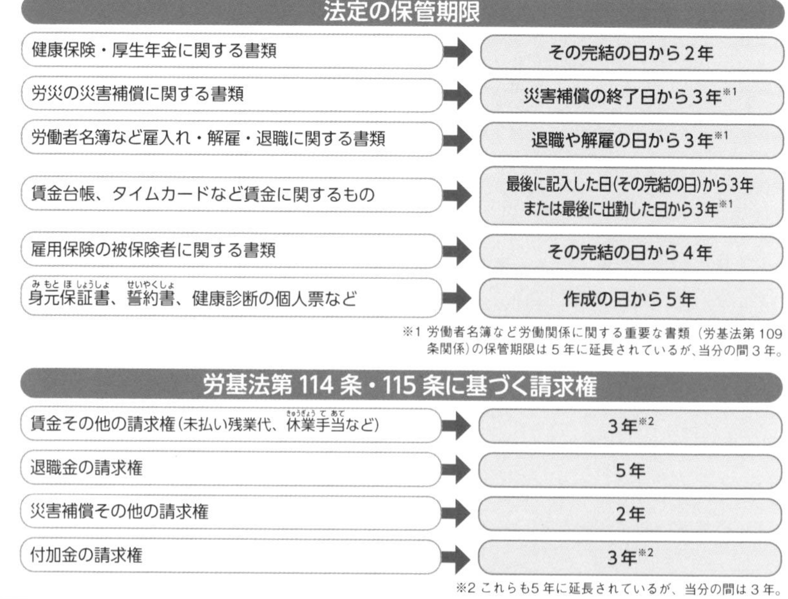

法定の保管期限	
健康保険・厚生年金に関する書類	その完結の日から２年
労災の災害補償に関する書類	災害補償の終了日から３年※1
労働者名簿など雇入れ・解雇・退職に関する書類	退職や解雇の日から３年※1
賃金台帳、タイムカードなど賃金に関するもの	最後に記入した日(その完結の日)から3年または最後に出勤した日から3年※1
雇用保険の被保険者に関する書類	その完結の日から４年
身元保証書、誓約書、健康診断の個人票など	作成の日から５年

※1 労働者名簿など労働関係に関する重要な書類（労基法第 109 条関係）の保管期限は５年に延長されているが、当分の間３年。

労基法第 114 条・115 条に基づく請求権	
賃金その他の請求権（未払い残業代、休業手当など）	3年※2
退職金の請求権	5年
災害補償その他の請求権	2年
付加金の請求権	3年※2

※2 これらも5年に延長されているが、当分の間は３年。

6 章

休暇の種類と年次有給休暇

1　法定休暇と特別休暇

2　年次有給休暇の付与条件

3　年次有給休暇の基本ルール

4　計画的付与と時間単位の取得

5　年次有給休暇の賃金計算

6　退職時の年次有給休暇の買い取り

休暇にはどんな種類があるの？

1 法定休暇と特別休暇

実務はここを確認！
- 法定休暇を請求されたら法定通りに与える。就業規則にも簡潔に明記しておく。
- 特別休暇の設定は自由。あらかじめ就業規則で定めておき、規定に沿って与える。

法定休暇の決まり

年次有給休暇など、**法令によって付与が義務づけられている休暇を法定休暇といいます**。法定休暇には、母性保護、子育て支援、介護支援などを目的とした休暇があり、従業員から請求されたら必ず与えなければなりません。

年次有給休暇を除いて、休暇中有給とするか無給とするかは会社が決めることができます。**育児休業や介護休業などは雇用保険からの給付があるので、無給にしている会社が多い**です。

法定休暇を取得したことを理由にして、昇進を遅らせる、給与を下げるなどの不利益な扱いをすることはできないことに注意しましょう。

会社が任意で決める特別休暇

法定ではなく、**会社が独自に決める休暇を特別休暇といいます**。冠婚葬祭のときに取得する**慶弔休暇**、配偶者が出産したときに休暇をとれる**出産休暇**（一部、法定の産休、育児休業扱いとなる場合もある）、夏期や年末年始の**一斉休暇**などが一般的です。福利厚生制度の一環で、また長時間労働抑制や健康確保のために、特別休暇を設定している会社も増えています。

特別休暇では、どんな休暇か、誰を対象としているか、取得期間、申請期限などを就業規則に定めておきます。賃金は有給か無給かを自由に設定できますが、有給とするのが一般的です。

裁判員休暇を設ける

★**裁判員制度**の裁判員に選ばれた従業員が審理に参加する期間中の休暇を**裁判員休暇**として認めなければなりません。特別休暇の中で設定します。

裁判員休暇中、賃金支給の有無は会社が決めることができます。審理期間中は裁判所から日当が支給されるので、１日分の賃金と日当との差額を支払うという決め方でもよいでしょう。

裁判員制度…国民に開かれた裁判を目指して始まった制度。衆議院議員の選挙権をもつ国民の中から選ばれた者（裁判員）が、重大な刑事裁判の第一審（地方裁判所）での審理に参加する。

法定休暇の種類

年次有給休暇
従業員の心身の休養をとるため。
➡P172

産前産後休業
出産前・出産後の母体の休養のため。
➡P184

育児休業
1歳に達するまでの
子の育児のため。➡P186

子の看護休暇
未就学児の子の病気などの
看護のため。➡P190

介護休業
要介護の家族の介護のための
長期休業。➡P196

介護休暇
要介護の家族の介護のための
短期休暇。➡P198

生理休暇
月経で働くことが著しく困難なとき。請求があったときに、請求通りの日数分の休暇を与える。

★公民権行使のための休暇
選挙の投票など、公民としての権利を行使する活動に対して。

特別休暇で規定すること

●**休暇の種類**　慶弔休暇（本人や家族の結婚・親族の死亡など）、配偶者の出産にともなう休暇、夏期・年末年始の一斉休暇、天災などによるやむを得ない欠勤など。

- ●どんなときに休暇をとれるか
- ●取得できる日数
- ●申請期限と申請方法
- ●賃金支払いの有無

特別休暇の
種類ごとに決める。

公民権…政治に参加する地位や資格をもつ国民の権利。従業員が選挙に立候補したり国会議員として活動する時間も、公民権を行使するための休暇として認めなければならない。

年次有給休暇の付与日数はどのように決まるの？

2 年次有給休暇の付与条件

実務はここを確認！

- 付与する条件、付与日数などは法定通りに与える。パートやアルバイトも条件を満たせば与える。
- 年次有給休暇の付与日や取得状況をチェックし、残日数を管理するしくみをつくる。

出勤率80%以上で付与される

年次有給休暇は、心身の疲労回復を目的として労働基準法で定められている法定休暇です。従業員から年次有給休暇の請求があれば、会社は賃金を保証して休暇を与えなければなりません。

年次有給休暇は、入社後6か月間勤務したときを初回として、その後1年経過するごとに、所定労働日の出勤率が80%以上の従業員に付与されます。付与日数は、勤務年数や労働時間などに応じて決まります（➡右ページ）。

出勤率を計算するときの注意点

出勤率を計算するとき、**会社都合による休業日や休日に労働した日（休日労働）などは所定労働日に含めない**ことに注意します。一方で、**業務上の病気やケガで休業した日（労災休業期間）、年次有給休暇、産前産後休業は、通常通り出勤したものとして出勤日の日数に含めます。**

休職（➡ P138）は、労働義務を免除した期間となるので、出勤日とはみなさないのが一般的です。

契約内容が変わったときの注意点

パートなどの短時間労働者でも、条件を満たせば、年次有給休暇を取得できます。**労働時間や労働日数は、雇用契約書の契約内容で判断**します。

労働時間や労働日数が変わった場合は、年次有給休暇が付与される時点での契約内容で判断します。たとえば前回の付与日は週3日勤務だったが、途中で週2日勤務に変わって今回の付与日を迎えた場合、週2日で付与日数を計算します。

契約内容が変わっても、継続して勤務していれば勤続年数は連続しているものとみなします。しかし、いったん退職して何か月か後に再雇用されるような場合は、勤続年数をリセットして0から始めます。

従業員によって入社日が異なると、年次有給休暇の付与日の管理が煩雑になることがある。そのため、全従業員に一斉に付与する日（基準日）を決めて管理する方法がある。

年次有給休暇を付与する要件

●付与する要件

①入社後６か月経った時点を初回とし、以後、１年経過するごとに付与する。

②初回は６か月間、以後は１年間の期間中、
所定労働日の80%以上出勤した人。

●出勤率の計算方法

出勤したとみなす日。
●年次有給休暇　●産前産後休業　●育児休業
●介護休業　●業務上の病気やケガで休業（労災休業）

$$\frac{出勤日数}{所定労働日数} \times 100$$

所定労働日から除外する日。
●会社の都合による休業
●台風・地震などの天災や交通機関の停止による休業など、やむを得ない場合の休業
●正当な争議行為による休業　●休日

慶弔休暇などの特別休暇を出勤した日とみなすかどうかは会社が自由に決めてかまいません。

年次有給休暇の付与日数

●正社員等・週30時間以上または週５日以上

勤続年数	6か月	1年6か月	2年6か月	3年6か月	4年6か月	5年6か月	6年6か月以上
付与日数	10日	11日	12日	14日	16日	18日	20日

●週30時間未満で、週１～４日

週以外の期間で労働日数が定められている場合は年所定労働日数でみる。

労働日数（年所定労働日数）＼勤続年数	6か月	1年6か月	2年6か月	3年6か月	4年6か月	5年6か月	6年6か月
週4日（年169～216日）	7日	8日	9日	10日	12日	13日	15日
週3日（年121～168日）	5日	6日	6日	8日	9日	10日	11日
週2日（年73～120日）	3日	4日	4日	5日	6日	6日	7日
週1日（年48～72日）	1日	2日	2日	2日	3日	3日	3日

年次有給休暇を一斉に付与する日（基準日）を決める方法は、法定付与日数を守るため付与日数の調整が必要になる可能性がある。従業員が少ない職場では、個別に付与する方がかえって管理しやすい。

請求されたとおりに与えなければいけないの？

3 年次有給休暇の基本ルール

実務はここを確認！

- 計画的付与制度などを利用して、時季指定義務への対策を行う。年次有給休暇取得日数などを記録した管理簿を作成する。
- 会社がコントロールできる部分は、どのようにするか就業規則に明記しておく。

時季指定権と時季変更権 2年間の有効期間

労働者の時季指定権といって、年次有給休暇は従業員が希望した日にとらせなければなりません。しかし、繁忙期などで正常な業務の運営ができず、代替要員の確保もできないようなときは、会社から従業員に対して年次有給休暇の取得時季を変更してもらうように働きかけることができます（**会社の時季変更権**）。

年次有給休暇の有効期間は2年間です。その年に付与された有給休暇は、翌年に新規分が付与されても繰越分として有効です。しかし、翌々年に新規分が付与されると同時に、たとえ残っていたとしても消滅します。

有給休暇は取得する前日までに申請すればよいことになっています。しかし、実際にそんな間際の申請では、代替要員を見つける時間もなく、会社の業務計画が狂ってしまいます。

そこで、「2日前までに申請する」というように**申請期限を会社が決めることができます**。規定を無視した急な申請は拒否することができます。

また、「天災で電車が動かず欠勤となってしまった」「昨日の朝、急に発熱して休んだ」など、**やむを得ない場合に事後申請を認める規定をしてもかまいません**。

最低5日間以上取得させる義務とは？

年次有給休暇の付与日数が年10日以上の労働者には、付与した日から1年以内に5日の年次有給休暇を取得させなければなりません。計画的付与（➡P176）などを利用し、また本人に自主的に取得してもらいましょう。有給休暇を取得させるために元々の休日を減らす、というのは避けなければなりません。

5日に満たない日数分は、本人の希望を聞いたうえで会社が取得時季を指定して与える必要があります（**使用者による時季指定義務**）。

申請期間の設定は、業務上必要だとして、1週間前を申請期限としている会社などさまざま。2日前までを年次有給休暇の申請期限とすることを妥当とした裁判例がある。

時季指定権と時季変更権

労働者の時季指定権

従業員は、年次有給休暇を、本人が希望した日に、理由にかかわらず取得できる。

会社は取得を認めなければならない。

例外 会社の時季変更権

会社は、事業の正常な運営が妨げられ、代替要員も確保できないなどの理由に限って、別の日にとるように求めることができる。

例 ①繁忙期などの忙しい時期に、その従業員がいないことで業務が滞ってしまう。
②申請が急であるため、代替要員が確保できない。

日常的に人手が足りない状況で、「休まれると困る」程度では、時季変更権は行使できないので注意しましょう。

年次有給休暇の有効期間

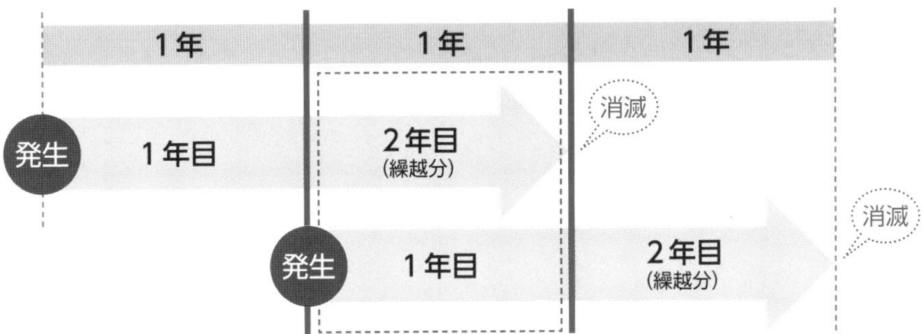

会社の義務

- 付与日数が年 10 日以上の従業員に対して
  - 1 年以内に最低 5 日年次有給休暇を取得させる(計画的付与、本人から時季指定した日を含める)。
  - 5 日に満たない日数分は、本人の希望を聞いたうえで会社が取得時季を指定する(使用者による時季指定義務)。会社が指定する可能性があることを就業規則などに規定し、説明しておく。
- すべての従業員に対して
  - 年次有給休暇を取得した日や日数、基準日を記録した管理簿を作成する(3年間保存)。

有給休暇を消化する順序については法定の決まりがなく、繰越分から使うか、新規分から使うかは会社が決めることができる。とくに規定しない場合は、繰越分から消化するルールになる。

変則的な付与方法を活用するには？

4 計画的付与と時間単位の取得

実務はここを確認!

- 労使協定を結び、夏休みやバースデイ休暇などに計画的付与を利用するとよい。
- 時間単位の取得では、取得のルールを押さえて労使協定を結び、残時間数を管理する。

会社が計画的に年次有給休暇を取らせる

年次有給休暇は従業員が自由に取得できますが、忙しさや周囲への気兼ねからすべて消化する従業員は少ないのが現状です。そこで、**会社が計画的に年次有給休暇を与える制度**が認められています。これが**計画的付与制度**です。

計画的付与制度を導入するには、就業規則に定め、労使協定を結ぶ必要があります。また、**最低５日分は従業員が自由に使えるものとして残しておかなければなりません**。年５日の有給休暇取得が義務化されたため、活用されています。

年次有給休暇の付与方法には、事業場全体で一斉に付与する、部署や班別に交替で付与する、個人ごとに付与するの３つがあります。全体付与やグループ別・班別付与では、労使協定に付与日を具体的に指定します。個人ごとの付与では、バースデイ休暇など付与日を定めた計画表を作成します。

年次有給休暇は半日単位や時間単位の取得もできる

年次有給休暇は１日単位で取得するのが基本ですが、半日単位の取得ができます。また、労使協定を締結すれば、**１年のうち５日分を限度に時間単位で年次有給休暇を与えることもできます**。この５日分には、前年の繰越分も含まれます。前年未消化だった時間単位の年次有給休暇があっても、１年で５日分を超えることはできません。

たとえば所定労働時間が８時間なら、１年のうち８時間×５日で計 40 時間まで、時間単位で年次有給休暇を与えることができます。ただし、**時間単位で年次有給休暇の計画的付与をすることはできません**（５日の時季指定義務も時間単位では指定できない）。

なお、計画的付与も時間単位の取得も、締結した労使協定を労働基準監督署に届け出る必要はありません。時間単位の取得は、管理が煩雑なので運用している会社は少数です。

時間単位の取得に関する労使協定の項目は、「対象者の範囲」「日数（１年５日まで）」「１日の年次有給休暇に相当する時間数」「１時間以外の時間を単位とする場合はその時間数」。半日単位の年次有給休暇は取得の義務化された５日のカウントに含まれるが、時間単位の取得は含まれない。

年次有給休暇の計画的付与　労使協定書（例）

年次有給休暇の計画的付与に関する協定

株式会社＿＿＿＿＿＿と株式会社＿＿＿＿＿＿労働者代表とは、就業規則第　条に定める年次有給休暇の計画的付与に関し、以下のとおり協定する。

第１条（年次有給休暇の計画的付与）
会社は、会社従業員の過半数を超える労働者代表者との協定の定めるところにより、従業員の有する年次有給休暇のうち、各年度に付与する年次有給休暇の５日を超える日数の部分について、従業員に計画的に使用させることができる。
2．年次有給休暇の計画的付与は、全社一斉付与日と個人別付与日を設定する。
3．従業員は、年次有給休暇の計画的付与日に使用する年次有給休暇を、その他の日に振り替え取得することはできない。
4．年次有給休暇の計画的付与日に、年次有給休暇を当該年度に付与されず、年次有給休暇を有しない従業員に対し、会社は特別休暇を与えることがある。

第２条（年次有給休暇の計画的付与日）
本協定に基づき、年次有給休暇の計画的付与を行う時期は以下のとおりとする。
①全社一斉付与日
②個人別付与日　　○月から○月の間で○日間
※部門単位で業務調整をした休暇取得計画表に基づき、取得する。

第３条（本制度対象外の従業員の範囲）
以下の従業員に対しては、この協定の対象としない。
①長期欠勤、休職および休業中の者
②産前産後休暇中の者
③育児休業・介護休業中の者
④パートタイマーおよびアルバイト
⑤その他対象外とすることが適当と認められる者

第４条（協議事項）
本協定に基づく年次有給休暇の計画的付与を実施するにあたり、運用上の疑義が生じた場合には、その都度会社と労働者代表で対応を協議し、決定する。

第５条（協定の有効期間）
本協定の有効期間は、○○○○年　○月　○日より○○○○年　○月　○日までの１年間とし、会社、労働者代表に異議のない場合には、１年間延長するものとする。また、それ以降についても同じ取り扱いとする。

○○○○年　○月　○日

株式会社
代表取締役社長　㊞

株式会社
労働者代表氏名　㊞

新入社員などの年次有給休暇がない者の扱い。「有給の特別休暇を与える」などと規定する。

労使協議のうえ、付与日の変更があり得ることを記載する。

計画的付与の与え方には、「事業所全体・会社全体の一斉付与」「グループ別・班別付与」「個人別付与」があり、いずれにするかは会社が決める。

時間単位の取得で取り決める「１日の年次有給休暇に相当する時間数」は所定労働時間以内で設定する。日によって所定労働時間が異なるときは、１年の平均所定労働時間以内にする。

3つの計算方法から選べばいいの？

5 年次有給休暇の賃金計算

●会社としてどの計算方法にするかを選ぶ。月によって、人によって変えることはできるが管理が大変である。

●時間単位で取得したときの計算方法は、１日単位で取得した場合と同じ計算方法を使う。

一番利用が多い 通常の賃金での計算

年次有給休暇の賃金の計算方法は、以下の３つのいずれかを選びます。

❶通常の賃金

❷平均賃金（➡ P114）

❸標準報酬日額

❶通常の賃金は、所定労働時間働いた場合の通常の賃金です。シフト制などで日によって所定労働時間が異なる場合は、年次有給休暇を取得する日に予定されていた所定労働時間で賃金額を計算します。

通常通り働いたものとみなせば改めて計算する必要がないことが多く、ほとんどの会社がこの計算方法を採用しています。

平均賃金と標準報酬日額ではどうなる？

❷平均賃金は、賃金総額を暦日で割るので、賃金額を低く抑えることができるという利点があります。ただ、**毎月変動するので、発生するごとに計算し直すという手間がかかります**。

❸標準報酬日額とは、★**標準報酬月額**を 30 で割ったものです。標準報酬月額には上限が設定されており、従業員に不利になる場合があるため労使協定を結ぶことが必要です（労働基準監督署への届け出は不要）。また、**健康保険に加入していない従業員に適用することができない**のが難点です。

なお、選んだ計算方法は就業規則に規定しておきます。

時間単位の取得の場合の計算方法

年次有給休暇の時間単位の取得を利用した場合、計算方法は１日単位で取得するときと同じ方法を採用し、就業規則に定めておかなければなりません。

１時間あたりの賃金の出し方は、採用している計算方法で算出した賃金額を、その日の所定労働時間で割った額になります。

標準報酬月額…毎月の健康保険料の計算の基礎となる金額。定時決定で、１年に１回は標準報酬月額の見直しが行われる。

年次有給休暇の賃金計算方法

通常の賃金

所定労働時間働いた場合の通常の賃金を支払う。

特徴 年次有給休暇の取得日は出勤したものとして扱えばよいので、計算が簡単。

平均賃金（➡ P114）

（➡ P114）

年次有給休暇の取得日（２日以上ある場合は最初の日）を算定事由発生日として平均賃金額を出す。

特徴 賃金総額を暦日で割るので、賃金額を低く抑えることができる。毎月計算し直すので、手間がかかる。

●平均賃金の計算例

算定期間中の総賃金額が 60万円、算定期間中の暦日数が 90日、同じ期間の労働日数が 50日だった場合

平均賃金　600,000円÷ 90日＝ 6,666円
最低保障額　600,000円÷ 50日× 60%＝ 7,200円

この場合の平均賃金は最低保障額の 7,200円となる。

標準報酬日額

健康保険料の計算の基礎となる「標準報酬月額÷ 30」で計算する。

特徴 標準報酬月額を 30 日分で割るだけなので計算が簡単。標準報酬月額の改定時（定時決定や随時改定）で見直しを行う必要がある。健康保険に加入していない場合は利用できない。

時間単位で取得する場合の計算方法

上記３つのいずれかの計算方法÷その日の所定労働時間×取得分の時間

もっとも選ばれているのは「通常の賃金」で、利用率が低いのが「標準報酬日額」です。

労使協定がなくても、労使が合意していれば「午後だけ有休をとる」など、半日単位で年次有給休暇を取得することは可能。ただし、半日取得を１日分取得と数えるようなルールは無効。

退職前の年次有給休暇のトラブルを防ぐには？

6 退職時の年次有給休暇の買い取り

●退職時に有給休暇をまとめて取得されるのを防ぐには話し合いが大切。
●退職時の有給休暇の買い取りができる。それを念頭に置いて話し合う。

引き継ぎ業務が済んでいないときは

従業員が退職する際、「残っている年次有給休暇をまとめて取りたい」と言ってくるケースがあります。従業員は時季指定権といって年次有給休暇を取得したいときに取ることができる権利をもっているので、会社はこの申し出を拒否することはできません。

引き継ぎ業務が不完全なまま有給休暇を取得してそのまま退職となった場合は、会社の業務にも影響が出てしまいます。引き継ぎを完了してもらうために、**引き継ぎを終えてから年次有給休暇を取ってもらうよう従業員と話し合いましょう**。従業員には業務を遂行する義務がありますから、それも説得の材料にします。

引き継ぎ未遂禁止のルールをつくる

業務の引き継ぎを終えないまま退職してしまうトラブルの抑止策として、**就業規則に引き継ぎ未遂禁止の規定を設けます**。就業規則を根拠にして説得を行います。また、次に説明するように年次有給休暇の買い取りで折り合いをつける方法もあります。

退職時の買い取りは認められる

年次有給休暇を買い取ることは、原則禁止です。健康増進を目的とした休暇取得の趣旨と外れてしまうためです。

しかし、**退職時などの限られた場合で年次有給休暇の買い取りの同等額を支払うことは認められています**。買い取り額や買い取り方法は労働基準法によらないため、退職金扱いにしたり、金額を従業員と話し合って決めたりすることも自由です。

退職時に年次有給休暇を取得されると、休暇中も社会保険料を支払うなど、経費がかかることがあります。休暇をそのまま取得した場合の会社の負担を考慮しながら、従業員と交渉するとよいでしょう。

退職時以外にも、「２年の時効後に消滅した年次有給休暇」の買い取りは認められている（買い取っても違法とはならない）。ただし、年次有給休暇の取得を抑制するねらいでの買い取りは認められない。

退職時に年次有給休暇をまとめてとると

退職日

年次有給休暇の取得

年次有給休暇の残日数によっては、休日を入れて2か月近く休みになることも…。

トラブル例

業務の引き継ぎが終わらないまま退職する。

休暇中も経費がかかる（健康保険料、厚生年金保険料など）。

対　策

年次有給休暇の買い取り

- 退職時の残った年次有給休暇の買い取りは認められる。
- 買い取りの扱い、金額は自由。
- 買い取った日数分出勤してもらい、引き継ぎ業務にあてることができる。

就業規則に規定する

- 「業務遂行義務をまっとうすること」
- 「まっとうしないことによる懲戒処分」

などを就業規則に規定する。

退職時に年次有給休暇をまとめて取得されることによるトラブルは多いです。法令で認められる範囲でできる対策をしましょう。

二重就業するケースがある！

退職前の年次有給休暇中に、すでにほかの会社に就職してしまうというトラブルが起こることがあります。このようなケースでは、雇用保険や社会保険が重複し、後々の処理が煩雑になります。退職前はまだ自社の従業員であることをしっかりと認識してもらいましょう。

年次有給休暇は理由に関係なく取得できる。したがって「そんなに有給取ってどうするんだ？」などと理由を聞くことは、ハラスメントになることもあるので、原則としてできない。

column

休職期間中に有給休暇を申請されたときはどうする？

休職期間中の年次有給休暇の申請は拒否できる

休職期間中に年次有給休暇を申請された——。このようなトラブルは起こり得るのでしょうか？

年次有給休暇は、有給で労働義務を免除してもらえるように申請できる休暇のこと。一方の休職期間は、労働の義務を一定期間免除する制度です。そもそも労働を免除されている期間中に労働義務の免除を請求するなんてとんちんかんな話です。

ですから、万が一休職させる従業員から「休職期間中に年次有給休暇を入れて、有給休暇分の賃金を受け取りたい」「休職期間中に年次有給休暇をはさんで、その分休職期間を後に延ばしたい。労働者の時季指定権（➡P174）があるから認めなければならない」などの申し入れがあった場合、事前に就業規則に規定がなくても問題なく拒否することができます。

休職期間前の年次有給休暇の取り扱いは規定しておく

しかし、休職期間スタート前の年次有給休暇の扱いについては、会社がきちんと取り決めをしておく必要があります。

休職期間を開始する前には、通常、一定日数の「欠勤」を猶予期間として入れますが、「欠勤」に年次有給休暇の取得日を含めるかどうかで休職期間の開始日が異なってくるからです。

年次有給休暇の取得日を「欠勤日数」に含めても、猶予期間が年次有給休暇の取得日数によって変わることはありません。しかし、含めないと、欠勤日数に年次有給休暇の取得日数が加わって猶予期間が延び、休職期間の開始日が後ろにずれ込みます。

就業規則にとくに規定をしていない場合は、年次有給休暇の取得日を「欠勤日数」に「含めない」と解釈される可能性が高くなります。猶予期間は会社が労働義務を免除した日ではないので、ルールに沿って申請されれば猶予期間中の年次有給休暇の取得を認めなければなりません。

年次有給休暇の取得日を「欠勤日数」に含める場合は、その旨を就業規則に明記しておきましょう。または、「欠勤」以外にも休職を命じることができる要件を追加することも有効です。

7章

妊娠・出産・育児・介護

産前・産後の女性従業員にはどんな配慮をするの？

1 産前産後休業と妊産婦のための制度

- 産前産後休業は、出産予定または出産した女性従業員なら勤務形態、雇用期間を問わず誰でもとれる。取得を認めること。
- 母性保護の措置は請求があったら認める。請求がなくても妊娠・出産・育児に有害な業務には就かせてはならない。

産前産後休業を認める

従業員の妊娠・出産、育児では、母体を気遣い、保護に努める必要があります。**産前産後休業の請求があったら、産前６週間（多胎児は産前 14 週間）の休業を認めなければなりません。産後８週間は、請求がなくても休業させる必要があります**。ただし、産後６週間が経過し、本人が就労を希望し、医師も仕事をして問題ないと認めた場合は復帰させることができます。

妊娠中の配慮

妊娠中の従業員が妊婦健診などを受けるために、**会社は通院検査に必要な時間を確保することが義務づけられています**。

医師などから診断があれば、通勤ラッシュを避けた時差通勤、作業の制限や勤務時間の短縮などの措置を講じなければなりません。また、妊娠中の従業員が請求した場合には、時間外労働や深夜労働などをさせることはできません。母性健康管理指導事項連絡カード（母健連絡カード）も利用しましょう。

出産後の配慮と不利益取り扱いの禁止

出産後１年間は、会社は母体に必要な検査を受けるための時間を確保する義務があります。時間外労働や深夜労働なども本人から請求があった場合は制限します。妊産婦へのこうした措置によって従業員が働かない分は、ノーワーク・ノーペイの原則（➡ P105）にしたがって賃金を控除してもかまいません。**産前産後休業中は、健康保険から出産手当金（➡ P188）が支給されるので、無給とするのが一般的**です。

なお、妊娠・出産を理由とした解雇、降格などの不利益な取り扱いをすることは固く禁止されています。また、★マタハラなどの嫌がらせなどを防止する措置をとらなければなりません。

マタハラ…マタニティーハラスメント。妊娠・出産・育児を理由に、精神的・身体的な嫌がらせを受けたり、退職を強要されたりすること。

産前産後休業

産前産後休業は出産予定・出産後の女性従業員であれば誰でも請求できる。

出産日

産前休業 出産予定日からさかのぼって 6週間（42日）[*1]	産後休業 出産日の翌日から8週間（56日）
請求があれば休業させる。	請求の有無に関係なく休業させる。ただし、産後7週間目（43日目）からは、本人が希望し、医師の許可があれば就労してもよい。

産前産後休業期間中は、実際に休業した日数に応じて出産手当金[*2]が支給される。

＊1：多胎児は14週間（98日）　＊2：健康保険被保険者のみ。

妊娠・出産に関する主な措置

就業制限がある。

妊産婦を妊娠、出産、保育などに有害な業務に就かせることはできない。

保健指導や健康診査を受けるための時間を確保する。

妊娠中

- 23週目までは4週間に1回
- 24～35週目は2週間に1回
- 36週以後は1週間に1回

出産後1年以内

医師の指示にしたがって必要なとき

医師などの診断がある場合に行う。

- 妊娠中の通勤緩和（時差通勤・勤務時間の短縮など）
- 妊娠中の休憩の措置（休憩時間の延長・休憩回数の増加など）
- 妊娠中・出産後の措置（作業の制限・休業など）

母性の健康管理や保護のための制度は、男女雇用機会均等法または労働基準法で定められています。

妊娠中の女性従業員が請求した場合に行う。

軽易な業務への転換

妊娠中・産後の女性従業員が請求した場合に行う。

- 時間外労働の禁止（変形労働時間制でも、法定労働時間を超えてはならない）
- 深夜労働、休日労働の禁止
- 産後1年以内の育児時間★（1日2回それぞれ少なくとも30分以上、生児を育てるための時間にする）

育児時間…労働基準法で定められている。時間をいつ取得するかは従業員の自由。30分＋30分で1時間とし、労働時間の短縮や早めの退出などにあてる運用例が多い。

誰でも利用しやすい制度に変わる

2 新しい育児休業制度

実務はここを確認!

- 育児休業の取得回数や申請時期を把握しておく。
- 実子、養子の区別なく、子どもが一定年齢になるまでは育児休業を利用できることに注意する。

女性も男性もとれる育児休業

子どもが1歳になるまでは、育児休業をとることができます。**女性の場合は産後休業後に、男性の場合は配偶者の出産直後または出産予定日から、それぞれ育児休業を取得できます**。

保育園が定員いっぱいで入所できないなどの理由がある場合は、育児休業を、子どもが1歳半になるまで延長する、または2歳になるまで再延長することができます（➡右ページ）。

育児休業の回数が増えとり方も柔軟に

女性が仕事で活躍する場を設けるために、男性や夫婦単位での育児休業の取り方が大きく変わっています。**従来は、男性も女性も原則1回しかとれませんでしたが、それぞれ2回まで分割してとることができるようになりました**。

これとは別に、男性は、子どもの出生後8週までに、出生時育児休業（産後パパ育休）をとることができます（➡P194）。

育児休業を1歳半または2歳まで延長する場合、従来は、育児休業の再取得日は、それぞれ1歳、1歳6か月になった時点のみと決められていましたが、この再取得日を利用者側が柔軟に決めることができるようになり、パパとママが育児休業を途中で交代しやすくなります。

育児休業を取得できる要件

育児休業を取得できる従業員の範囲も広がっています。有期契約社員でも、申請時点で、子が1歳6か月になるまでの間に雇用契約が更新されないことがはっきりしている場合を除いて、育児休業をとることができるようになっています。週や日の労働時間数の下限はないので、パート、アルバイトなどの短時間勤務でも原則として育児休業の取得が認められます。

上の本文の育児休業は、実子の場合。養子では、子どもの養親となる女性と男性は、出生後8週までの出生時育児休業を取ることができる。出生後8週からも、養親である女性と男性は、通常の育児休業を取得できる。

育児休業制度の概要

対象となる従業員*

1歳未満の子を養育する男女の従業員のうち、以下の要件を満たす者。

- 無期契約社員（正社員のほか、短時間勤務のパートも含む。ただし、日々雇用者は除く）。

または

- 有期契約社員の場合は、申請時点で、子が1歳6か月になるまでの間に雇用契約がなくなることが明らかでない。

育児休業の対象となる「子」とは
実子、養子のほか、特別養子縁組の監護期間中の子、養子縁組里親に委託されている子など。

＊労使協定を結んでいて、雇用契約期間が1年に満たない、1週間の所定労働日数が2日以下などの場合は、従業員からの育児休業の申し出を拒否することができる。

育児休業の申請について

- 対象となる従業員が会社に申請する。会社は年金事務所やハローワークに届け出る。
- 申請の回数は、原則として1人の子につき1回。2回まで分割取得が可能で、生後8週間以内の育休は出生時育休となる。
- 原則として育児休業を開始する日の1か月前までに申請する。

育児休業期間

- 原則として、子が1歳に達する日（誕生日の前日）までの間で従業員が申し出た期間。
- 保育園が定員いっぱいで入所できないなどの理由がある場合は、育児休業を1歳6か月まで延長することができる*。

＊育児休業期間については、1歳6か月以後も、保育園に入れないなどの場合には、会社に申し出ることにより最長2歳まで再延長できる。
＊復職する目的で入所する意思があることが必要。

7 妊娠・出産・育児・介護 新しい育児休業制度

選択肢が広がる育児休業のとり方

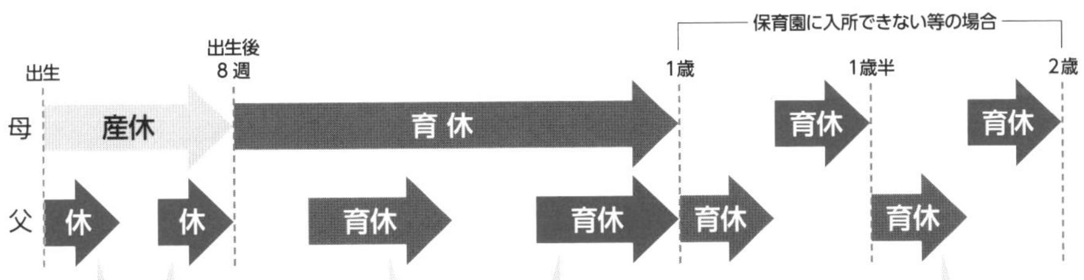

産後パパ育休は分割して2回取得ができる。出生時・退院等で1回、さらにもう1回といったように。

育児休業は夫婦ともに分割して2回取得ができることに。妻の職場復帰等のタイミングで夫が育休をとるなど、育休を交代できる回数が増える。

1歳以降の育児休業は、開始時点を柔軟化することで、途中で交代ができる。

子の両親がともに育児休業を取得する場合は、「パパ・ママ育休プラス」という特例がある。子が1歳2か月までの間に、それぞれ最長1年間育児休業を取得できるというもの。

出産前から育児中はどんな給付を受けられるの？

3 出産と育児の給付金

●会社は従業員の手続きを代行する役目がある。事前に申請書類、申請先を確認しておく。
●期限までに提出先に申請する。給付申請は複数回に及ぶので、その都度漏れがないように注意する。

健康保険や雇用保険から出る出産・育児関連の給付

出産・育児では、健康保険や雇用保険からさまざまな給付金制度が用意されています。**従業員が出産や育児をすることになったら、給付金制度を確認**しましょう。**給付金の支給資格要件も必ずチェック**しておきます。

産前産後休業中（さんぜんさんごきゅうぎょうちゅう）は、健康保険から**出産手当金**（しゅっさんてあてきん）の給付を受けられます。給付の対象者は健康保険の被保険者です。

同じ健康保険では、被保険者自身または被保険者の被扶養者で妊娠４か月（85 日）以上の者が出産したときに、**出産育児一時金**（しゅっさんいくじいちじきん）が支給されます（国民健康保険被保険者も対象）。

雇用保険の被保険者が育児休業を取得した場合、育児休業中は**育児休業給付金**（いくじきゅうぎょうきゅうふきん）が支給されます。原則は１歳までですが、やむを得ない理由で育児休業期間を２歳まで延長した場合（➡ P186）は、給付も最長２歳まで延長が可能です。

産後パパ育休（➡ P194）の取得者には、出生時育児休業給付金が支給されます。

社会保険料の免除制度がある

出産・育児では、社会保険料が免除されます。産前産後休業中や育児休業中、会社から賃金が支払われない場合は雇用保険料が発生しません。この場合、会社からの手続きは必要ありません。

健康保険料、厚生年金保険料の場合は、本来は休業期間中でも保険料が発生します。しかし、出産・育児支援の一環として、**産前産後休業期間中と産後パパ育休期間中、育児休業期間中は、社会保険料が従業員負担分・会社負担分ともに免除される制度があります**。

国民年金でも、産前産後休業中は保険料免除となる制度が始まっています。2024 年１月からは国民健康保険でも免除制度が始まりました。被保険者が出産した場合、忘れずに年金事務所などで手続きを行いましょう。

月内に２週間以上育休を取得した場合は取得月の社会保険料が免除となり、短期の育休がとりやすくなっている。賞与は１月を超える育休を取得する場合のみ、免除となる。

産前産後休業期間・出産・育児休業期間の給付制度

	健康保険（協会けんぽ）		年金事務所	雇用保険（ハローワーク）	
産前休業	出産手当金	一児につき 50 万円（産科医療補償制度に未加入の医療施設での出産は、一児につき 48.8 万円）＊ 2023 年4月〜	社会保険料免除 ※それぞれの休業期間中に手続きをした場合		雇用保険料ゼロ ※会社からの賃金がゼロの場合
出産		出産育児一時金（本人が手続きする場合あり）			
産後休業		支給開始日の以前12か月間の各標準報酬月額を平均した額 ÷ 30 日 × $\frac{2}{3}$ × 休業日数		出生時育児休業給付金 ＊1賃金日額 × ＊2 67% × 休業日数	
育児休業				育児休業給付金＊3	

＊ 1：休業開始前6か月の賃金を 180 で割った額。

＊ 2：休業開始から6か月経過後は 50%。父母両方が育休を取得する場合、休業開始から最大 28 日間は 80%に引き上げを検討中。

＊ 3：支給額には上限がある（上限額は毎年8月に見直し）。

●主な支給要件

●出産手当金
健康保険の被保険者。

●出産育児一時金
健康保険の被保険者またはその被扶養者。

●育児休業給付金
雇用保険の被保険者で休業開始前の２年間（基本給付などを受給した場合は受給後の期間に限る）に賃金支払基礎日数が 11 日以上ある月が 12 か月以上ある。

出産・育児制度はたびたび変更されています。従業員が制度を利用するたびに内容を確認しましょう。

退職後の出産でも、被保険者本人で、退職日までに継続して１年以上社会保険の被保険者期間があり、退職後６か月以内の出産であれば、出産育児一時金の給付が受けられる。

小学校の入学前まで利用できる育児の制度は？

4 就学前までの育児支援制度

実務はここを確認！

- 育児支援制度は請求されたら応じる。対象外にできる従業員については日々雇用する者を除いて事前に労使協定を結ぶ。
- 標準報酬月額の改定手続きは、特例措置の年金手続きもセットで行うとよい。

育児に関する制度の種類

育児休業以外にも、**育児に関する制度は子どもが小学校に上がる前まで設定されています**。母性保護を目的としたいろいろな制度（➡ P184）を除いて、女性も男性も制度を利用することができます。

社会的に育児の父親参加が増える中、男性従業員であっても制度の利用を請求してきた場合には、会社は取得させなければなりません。制度周知の義務もあります。制度を利用することで労働しない分を無給とするか有給とするかは、会社が自由に決めることができます。

３歳未満の子どもがいる従業員が利用できる制度に、**原則として１日の所定労働時間を６時間とする短時間勤務制度**があります。また、**労働時間を所定労働時間内に制限する措置も利用できます**。

子どもが就学前までの育児制度のひとつに、**子の看護休暇**があります。子の看護のために休暇を取得できるもので、病気になったときのほか、予防接種や健康診断などでも利用できます。時間単位取得が可能となり、所定労働時間が短い社員も取得できます。

標準報酬月額を下げる

産前産後休業や育児休業からの復帰後に、短時間勤務制度を利用するなどで賃金が下がった場合は、「子どもが３歳未満」などの一定の要件を満たせば、★**定時決定**や★**随時改定**にあてはまらなくても標準報酬月額を下げることができます（**産前産後休業終了時改定**または**育児休業等終了時改定**）。

このとき、将来受給する年金額が下がらないように、**子どもが３歳未満までに限り、将来の年金額の計算には、下がる前の標準報酬月額（➡右ページ）を使える特例措置**があります。従業員が申し出た場合の措置なので、教えてあげるとよいでしょう。

定時決定…年１回、社会保険料のベースとなる標準報酬月額を見直すこと。定時決定の手続きは毎年７月に行う。

育児に関する主な制度

原則として1歳まで

●**育児休業**：育児のための休業制度（➡ P187）。

3歳未満

●**短時間勤務**：原則として所定労働時間を６時間にする*。

＊１日の所定労働時間が６時間以下の従業員は対象外。

●**所定外労働の免除**：所定労働時間を超えた労働を免除する。

未就学児

●**子の看護休暇**：１人５日まで、２人以上10日まで、子の看護（ケガや病気の看護、予防接種、健康診断など）のための休暇を取得できる。半日（１日の所定労働時間の２分の１）単位の取得もできる。時間単位取得も可能になっている。

＊対象を小学３年修了時へ引き上げ、入園式等の行事や感染症に伴う学級閉鎖等にも利用できるよう検討中。

●**時間外労働の制限**：原則として時間外労働を１か月 24 時間、１年 150 時間まで制限する。

●**深夜労働の制限**：原則として深夜（午後 10 時〜午前５時）の労働を免除する。

これらの制度の利用は、従業員が申請した場合でよいことになっています。雇用契約期間が1年に満たない（子の看護休暇については6か月に満たない）、1週間の所定労働日数が2日以下などの従業員については、労使協定を結べば対象外にできます。日々雇用される従業員も対象から除外できます。

産前産後休業終了時改定または育児休業等終了時改定

産前産後休業または育児休業からの **復帰後** に、短時間勤務制度を利用するなどして

賃金が下がった場合

●復帰後、３か月間の標準報酬月額の平均額が、現在の額と比べて１等級以上低い。

●子どもが３歳未満　などの要件を満たせば、休業終了日の翌日が属する月以降３か月間に受けた報酬の平均額に基づいて、４か月目の標準報酬月額から改定できる。

この手続きと一緒に、厚生年金保険の特例措置「養育期間標準報酬月額特例の申出」の手続きをすれば、子どもが3歳未満のうちは、以前の標準報酬月額で将来の年金額を計算してくれます。

標準報酬月額は、毎月の給料などの報酬の月額を区切りのよい幅で区分したもので、これをもとに保険料や保険給付の額を計算する。

随時改定…定時決定以外の時期でも、昇給・降給などで固定賃金が２等級以上大きく変動したときは、随時、標準報酬月額を改定する。この手続きを随時改定という。

仕事と子育てを両立する

5 育児休業をしやすい環境の整備

実務はここを確認！

- 育児休業等によるハラスメントが起きないよう、就業規則のハラスメント規程を整備する。
- 子育てサポート企業に与えられる認定制度を利用すれば、助成金など優遇措置が受けられる。

育児をしやすい環境をつくる

次世代をになう子どもたちが健やかに育つために、従業員の子育てを支援することも会社の役割となっています。女性従業員、男性従業員ともに育児をしやすい環境を作るために、次の２点を行うことがすべての会社に義務づけられています。

❶育児休業を取得しやすい雇用環境の整備

❷本人または配偶者の妊娠・出産の申し出をした従業員に対する個別の周知・意向確認の措置

給付金制度も含めて、育児休業に関連する制度の内容を個別に周知し、育児休業を取得するかどうかを確認する必要があります。

育児休業を請求・取得した従業員が、上司や同僚から迷惑がられたり、責められたりすることがないように、会社はハラスメント防止措置を講じなければなりません。

子育てサポート企業に優遇措置

従業員が 101 人以上の会社では、仕事と子育てを両立できるようにするための行動計画を策定し、届け出る義務があります（100 人以下の会社では努力義務）。

国では、仕事と子育てを両立できる職場づくりに取り組む会社を支援する認定制度を設けています。一定の基準を満たした会社は、子育てサポート会社と認定されます。認定には、**トライくるみん**、**くるみん**、より高い基準を満たしたとみなされる**プラチナくるみん**の３段階があります。

認定会社には、特定の助成金制度のほか、基準よりも低い利率で貸付を受けられる、子育てサポート認定会社であることを広告などでアピールできるといった優遇措置があります。

不妊治療と仕事との両立についてのくるみんプラスという認定制度も創設されています。

2023 年４月より、常時雇用する労働者が 1,000 人を超える会社では、育児休業等の取得状況を年１回公表することが義務づけられた。育児休業等の取得状況とは、年度ごとの男性従業員の育児休業等の取得割合などである。今後 300 人を超える会社にも公表義務を拡充する予定。

育児休業などへの雇用環境整備、周知・意向確認などの措置

●育児休業を取得しやすい雇用環境の整備

会社は、育児休業と産後パパ育休（以下、育児休業等制度）の申し出が円滑に行われるようにするためにいずれかの措置を講じる。

- **❶育児休業等制度に関する研修を実施する**
- **❷育児休業等制度に関する相談窓口を設置する**
- **❸自社の育児休業等制度の取得事例を収集し、従業員に提供する**
- **❹自社の育児休業等制度と育児休業促進に関する方針を周知する**

●個別の周知・意向確認の措置

誰に	本人または配偶者の妊娠・出産の申し出をした従業員に
いつ	申し出をしたときに
何をどうする	次の事項を個別に周知し、育児休業を取得する意向があるかどうかを確認する

周知事項

育児休業・産後パパ育休の制度があること・その内容／申し出る場合の申し出先／育児休業給付のこと／育児休業・産後パパ育休期間に負担すべき社会保険料の取り扱い（➡ P180）

個別周知・意向確認の方法

●面談　●書面交付
●FAX　●電子メールなど
のいずれか

くるみん認定制度の主な認定基準

	トライくるみん	くるみん	プラチナくるみん
共通	女性の育児休業取得率 75%以上 労働時間数が ●フルタイム労働者の月平均時間外・休日労働 45時間未満 ●全労働者の月平均時間外労働 60時間未満		
	男性の育児休業等取得率 育児休業７%以上 または 育児休業および育児目的休暇15%以上 ＋ 育児休業等取得1人以上	**❶男性の育児休業等取得率** 育児休業 10%以上 または 育児休業および育児目的休暇20%以上 ＋ 育児休業等取得1人以上 **❷男女の育児休業等取得率を厚生労働省のウエブサイト「両立支援のひろば」で公表する**	**❶男性の育児休業等取得率** 育児休業 30%以上 または 育児休業および育児目的休暇 50%以上 ＋ 育児休業等取得１人以上 ＊300人以下の事業主の特例あり **❷女性の継続就業率** 出産した女性従業員のうち、子の１歳時点の在職割合 90%以上 出産した従業員と出産予定で退職した女性従業員の合計のうち、子の１歳時点在職者割合 70%以上 **❸認定後に、男女の育児休業等取得率など「次世代育成支援対策の実施状況」を毎年公表する。ただし、計画策定・届け出は、免除となる**

「両立支援のひろば」（https://ryouritsu.mhlw.go.jp/）は厚生労働省が運営するサイト。両立支援に取り組む会社の事例検索や自社の両立支援の取り組み状況の診断もできる。

ママの産休中に取得可能

6 産後パパ育休制度

実務はここを確認!
- **産後パパ育休中の就業体制などを整備しておく。**
- **育児休業等をとった従業員への対応で、どのような助成金が利用できるかを検討する。**

育児のスタート期を乗り切る男性の育児休業

男性が取得する育児休業が大きく変わっています。配偶者の産後休業後にとる育児休業とは別に、配偶者の産後休業中（子の出生後8週間以内）に取得する育児休業として、**産後パパ育休**（**出生時育児休業**）が設けられます。

子の出生後8週間以内といえば、女性は産後うつになりやすい時期。産後パパ育休を利用して出産退院に付き添ったり、心身に疲れの出てきた配偶者に寄り添うことは、とても大切です。

通常の育児休業と同様に、男性従業員から産後パパ育休の請求があったときは、会社はこれを拒否することはできません。

休業中に就業できる

育児休業中は原則として就業することができません。しかし**産後パパ育休では、①労使協定（ろうしきょうてい）を結んでいる、②労働者が合意した範囲、という条件の下に、休業中に仕事をしてもらうことができます。**

産後パパ育休も育児休業給付の対象となります。ただし休業中に就業した日がある場合は、就業日数や就業時間数によっては育児休業給付が受けられなくなります。注意して就業させるようにしましょう。

雇用保険からの助成金がある

国では、育児休業の取得を促進するために、雇用保険から各種助成金を用意しています。従業員が産後パパ育休を取得したとき、育休中に代替要員を確保して育休者を職場に復帰させたときなど「両立支援等助成金（りょうりつしえんとうじょせいきん）」が支給されます。たとえば、男性従業員が産後パパ育休を連続5日以上（中小企業の場合）とる場合、要件を満たせば、会社に助成金（20万円〜）が支給されます。さらに要件を満たせば、3人目まで助成金が拡充される見込みです。

たとえば、4週間（28日間）の産後パパ育休を取得すると、就業日数10日または就業時間数80時間を超えた場合、育児休業給付が支給されなくなる。休業日数が28日間より短い場合は、その日数に比例して上限日数や時間は短くなる。ハローワークに確認してから就業日を決めるとよい。

産後パパ育休制度

対象期間・取得可能日数・分割取得	●子の出生後８週間以内に４週間まで ●分割して２回取得できる。取得の前にそれぞれ申し出る 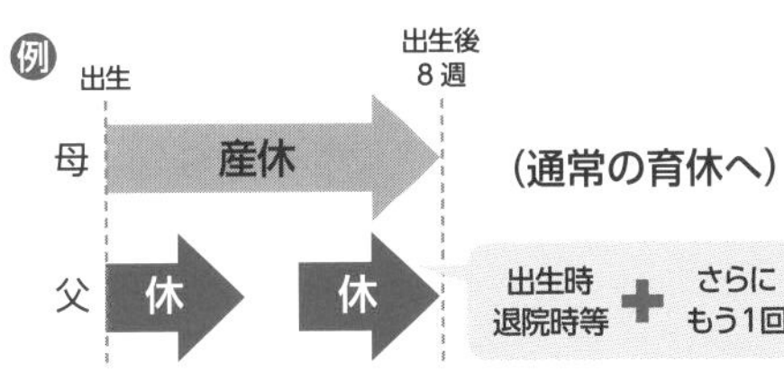
申し出期限	原則として休業の２週間前まで ※労使協定を締結した場合、１か月前まで 子どもが1歳になるまでに取得できる育児休業制度とは、申し出期限や予定就業の可否が異なります。 
休業中の就業	●労使協定を締結、かつ労働者が合意した範囲で、休業中に就業できる ●上限あり＊ 例 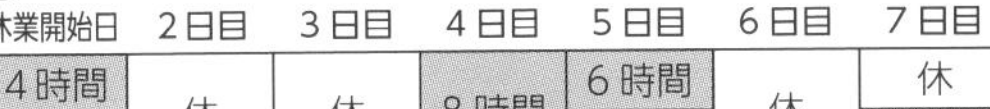

休業開始日	2日目	3日目	4日目	5日目	6日目	7日目		13日目	休業終了日
4時間 休	休	休	8時間	6時間 休	休	休 4時間	……	休	6時間 休

＊就業可能日の上限
・休業期間中の所定労働日・所定労働時間の半分まで
・休業開始・終了予定日を就業日とする場合は、当該日の所定労働時間数未満

育児休業に関する主な助成金制度

種　類	内　容
両立支援等助成金 〈出生時両立支援コース〉 **子育てパパ支援助成金**	男性従業員が子の出生後８週間以内に連続５日以上の育児休業を取得させた中小事業主に支給される。
両立支援等助成金 （育休中等業務代替支援コース）	育児休業を７日以上取得した従業員の育休時や１か月以上の短時間勤務時に代替要員の新規雇用や手当支給等を行い、元の職場に復帰させた中小事業主に支給される。
両立支援等助成金 〈育児休業等支援コース〉 ～育休取得時・職場復帰時～	育児休業を取得した従業員の育休復帰プランを作成した中小事業主に、育休取得時と復帰時に支給される。

どの助成金も、ハローワークで手続きをします。育児休業制度を就業規則に規定していることが受給要件のひとつになります。

中小企業にとって、育児休業のために代替要員を確保したり、業務体制を整備するのは大きな負担。国では、助成金の他にも、育児と仕事の両立に向けた取り組みを支援するための情報やプラン策定サポートを提供している。

7 妊娠・出産・育児・介護　産後パパ育休制度

介護休業は分けてとることができるの？

7 介護休業制度と介護休業給付金

- 介護休業の要件を満たす従業員が申請したら、会社は手続きを代行して給付手続きを行う。
- 申請先はハローワーク。申請書類を確認し、期限に遅れないように手続きをすませる。

介護休業の申し出は断れない

高齢化が進み、家族の介護をしながら働くことを余儀なくされるケースが増えています。従業員が介護と仕事を両立させるために、さまざまな支援を行う必要があります。

介護休業は、要介護状態にある家族を介護するために休業できる制度です。介護を必要とする家族（対象家族）1人につき、通算93日間を最大3回に分けて取得することができます。

会社は、介護休業の要件を満たす従業員から介護休業取得の申し出があれば認めなければなりません。介護休業などの介護制度を利用したことを理由に、解雇を迫る、賞与などの査定を低くする、降格させるといったような不利益な取り扱いをすることは許されません。

また会社には、職場で介護休業を理由とした嫌がらせが起きないように防止策をとる義務もあります。

介護休業給付金が支給される

介護休業中は、雇用保険から**介護休業給付金**が支給されます。介護休業中の賃金の有無は会社が自由に決められますが、会社から賃金が支払われる場合は、賃金額に応じて介護休業給付金が減額・不支給となります。

なお、**介護休業給付金支給の申請は、休業終了日の翌々月の月末までに会社が行わなければなりません**。

助成金制度も利用

介護休業を支援する制度を積極的に活用しましょう。介護休業中、無給の場合は、雇用保険料の支払いは発生しません。また、介護支援プラン（介護に直面した従業員の仕事と介護の両立支援のためのプラン）に基づいて介護休業を取得させる、休業終了後に元の職場に復帰させるなどの要件を満たした会社には、**助成金制度**もあります。

介護休業期間中、賃金支払いの有無に関係なく健康保険料と厚生年金保険料の支払いは免除されない。支払いが免除される産前産後休業、育児休業とは異なることに注意。

介護休業制度の概要

対象となる従業員

❶要介護状態にある❷家族を介護する男女の従業員のうち、以下の要件を満たす者。

- 無期契約社員（正社員のほか、短時間勤務のパートも含む。ただし、日々雇用者は除く）。

または

- 有期契約社員の場合は、申請時点で、取得予定日から起算して 93 日～6 か月の間に雇用契約がなくなることが明らかでない。

労使協定により対象外にできる労働者

- 入社 1 年未満の労働者
- 申し出の日から 93 日以内に雇用期間が終了する労働者
- 1 週間の所定労働日数が 2 日以下の労働者

❶要介護状態とは

ケガや病気、心身の障害により、2 週間以上常時介護を必要とする状態*。

＊「常時介護を必要とする状態」とは、たとえば介護保険制度の「要介護 2」以上など。

❷対象となる家族の範囲は

配偶者（事実婚を含む）、父母、子、祖父母、兄弟姉妹、孫、配偶者の父母。

介護休業の申請について

- 従業員が会社に申請する。
- 原則として介護休業を開始する日の 2 週間前までに申請する。

介護休業期間と回数

- 対象家族 1 人につき、最大 3 回まで、通算 93 日を限度として従業員が申し出た期間。

介護休業給付金の計算

介護休業給付金の支給額には上限があり、毎年 8 月に見直される。

休業開始時の賃金日額*×休業日数×67％

*休業開始時の賃金日額＝介護休業開始前 6 か月間の賃金総額÷ 180

介護休業給付金は非課税なので、ここから所得税は差し引かれない。出産手当金や出産育児一時金、育児休業給付金も同様。

介護のための支援制度はいくつもあるの？

8 その他の介護支援制度

実務はここを確認！

- どんな介護支援制度があるかを確認して、申請されれば応じる体制を整えておく。
- 所定労働時間の短縮等の措置は、どの制度を採用するかを決め、就業規則に明記しておく。

介護に関する制度はいろいろ

介護休業のほかにも、**介護休暇**、**所定労働時間の短縮等の措置**などの介護をする労働者を支援する制度が設けられています。会社は、**これらの制度を利用したいという申し出があれば、認める義務があり、断ることはできません**。また、介護制度を取得したことを理由とした不利益な取り扱いも禁じられています。

介護休暇、所定労働時間の短縮措置

介護休暇は、**要介護状態にある家族の介護のために、１年に５日（対象家族が２人以上の場合は 10 日）まで、休暇をとれる制度**です。介護休業をとった後などに利用するケースが多いです。介護休暇は時間単位で原則すべての労働者が取得できます。

所定労働時間の短縮等の措置は、**要介護状態の家族の介護をする従業員のために、会社が用意する措置**です。①所定労働時間の短縮、②フレックスタイム制度、③始業・終業時刻の繰上げ・繰下げ、④介護サービス費用の助成などの４つのうちいずれかひとつの制度をつくり、利用開始から３年間の間で少なくとも２回以上利用できるようにしておきます。

所定外労働、深夜労働や人事異動でも配慮する

そのほかにも、会社は従業員が申請すれば、**所定外労働の免除**や、**時間外労働の制限**、**深夜労働の制限**を認める義務があります。どの制度もノーワーク・ノーペイの原則（➡ P105）にしたがって労働しない分の賃金は支払わなくてかまいませんが、**就業規則に支払いの有無を明記**しておきましょう。

人事異動でも、転勤などの辞令を出すときは、従業員の家族の状態も考慮するようにしましょう。従業員が介護と仕事を両立できない状態にならないように行うことが肝心です。

育児支援制度、介護支援制度は育児・介護休業法に基づいて行われる。育児支援も介護支援も、土台は同じと考えてよい。

さまざまな介護支援制度

家族が要介護状態になった → 介護の必要がなくなった

介護休業

対象家族1人につき93日までを、3回を上限として介護休業を分割して取得できる。

※介護休業の概要、対象となる家族の範囲、要介護状態についてはP197を参照。

所定労働時間の短縮等の措置

いずれかの措置を会社が選択する。

①週または月の所定労働時間の短縮措置（短時間労働）
②フレックスタイム制度
③始業・終業時刻の繰上げ・繰下げ（時差出勤）
④介護サービス利用時にかかる費用の助成など

3年間の間で少なくとも2回以上利用可能にする。

介護休暇

- 対象家族1人につき、1年に5日（対象家族が2人以上の場合は10日）まで、介護や世話を行うための休暇を取得できる。
- 時間単位取得も可能。

所定外労働の免除

対象家族1人につき、介護の必要がなくなるまで所定外労働の免除が受けられる。

時間外労働の制限

介護の必要がなくなるまで、原則として時間外労働が1か月24時間、1年150時間まで制限される。

深夜労働の制限

介護の必要がなくなるまで、原則として深夜（午後10時～午前5時）の労働が免除される。

日々雇用される従業員は制度を受けられる対象からは除外されます。また、入社から1年未満（介護休暇は6か月未満）、週の所定労働日数が2日以下の従業員は、労使協定を結べば除外できます。

会社が用意する支援制度が終了しても、引き続き介護が必要で離職につながるケースも多い。介護離職防止のため、社員研修や相談窓口、個別意向確認の義務づけや企業向けガイドライン策定を進める方針がある。

column

育児・介護制度の利用を拒否できるケースは？

制度の適用を除外できる従業員がいる

育児と介護に関する休業などは、基本的に従業員からの申し出があれば認めなければなりません。ただし、制度と就労形態などによっては、除外できる従業員や労使協定を結べば除外できる従業員がいます。本文でそのつど書いていますが、ここでまとめてみましょう。

●除外できる従業員

労使協定がなくても除外できるのは「日々雇用される従業員」です。一般に、1か月以内の期間を定めて雇用される人をいいます。ただし産前産後休業に限っては、日々雇用される従業員も取得できます。

●労使協定を結べば対象外にできる従業員

労使協定をあらかじめ結べば、休業などの申し出があっても拒否することができる従業員は下表の通りです。制度によって少しずつ条件が異なることに注意します。なお、対象外にできる従業員の労使協定は制度ごとに作成する必要はなく、「育児と介護休業等に関する協定書」にまとめてかまいません。

労使協定を結べば除外できる条件と制度

除外できる従業員の条件	制度
1週間の所定労働日数が2日以下	すべての制度
入社6か月未満	子の看護休暇、介護休暇
入社1年未満	育児休業、介護休業 所定外労働の制限 時間外労働の制限、深夜労働の制限 所定労働時間短縮等の措置（短時間勤務）
申し出の日から1年以内に雇用期間が終了する	育児休業
申し出の日から93日以内に雇用期間が終了する	介護休業
所定労働時間の全部が深夜にある 深夜などに保育・介護ができる16歳以上の同居の家族がいる（妊婦などを除く）	深夜労働の制限
業務の性質や実施体制上短時間勤務制度を講ずることが困難と認められる業務に就いている	所定労働時間短縮等の措置（短時間勤務）（育児のみ）

8章

業務委託・非正規雇用・派遣労働・高年齢者雇用

1 業務委託と雇用との違い
2 適正な業務委託契約
3 派遣労働のしくみ
4 派遣労働の業務と期間
5 派遣先会社の責任範囲
6 非正規社員
7 非正規社員の雇入れ・待遇のルール
8 同一労働・同一賃金とは
9 派遣社員の同一労働・同一賃金
10 労使協定方式が主流
11 同一労働・同一賃金の整備は万全に
12 有期契約社員雇入れの注意点
13 有期契約社員の更新と雇止め
14 有期から無期への転換ルール
15 定年と高年齢者雇用確保措置の種類
16 再雇用制度
17 高年齢雇用継続給付制度
18 在職老齢年金のしくみ

外注業者をどう活用すればいい？

1 業務委託と雇用との違い

●専門的な仕事を行うとき、外注業者と従業員どちらにするかはコストなどを比べて決める。
●コスト以外では、ノウハウの蓄積、会社の指示度の高さなどを考慮して決める。

外注業者は「労働者」ではない

会社の業務を、外部の個人事業主や会社（以下、外注業者）に委託する、いわゆる**アウトソーシング**では、**外注業者と業務委託契約を結んで会社の業務を委託**します。従業員として雇用しているわけではないので「労働者」ではありません。したがって、外注業者とのつきあいでは、法定労働時間、年次有給休暇などの労働基準法の規制は受けません。報酬も、労働時間ではなく、出来高や成果に応じて支払います。

アウトソーシングには、専門的な知識や技術をもった人材を利用できるという利点があります。社会保険料などの支払いも必要なく、**活用次第ではコスト削減を図れる**点も魅力です。

また、業務ごとに委託契約を交わすことができ、もし仕事内容に不満があれば、次回からは契約をしないという柔軟な対応ができます。副業での利用や、従業員のキャリア選択肢として業務委託の利用も進んでいます。

業務委託の注意点

条件によっては、外注業者に支払う報酬から**★源泉徴収**をして税金を支払う必要があります（➡右ページ）。

また、もめごとの元になるので報酬金額は消費税込みなのか税抜きにするかは、契約を結ぶ際に明らかにしておきましょう。取り決めをしていなければ、通常は税抜きになります。

外注業者には就業規則が適用されず、服務規律などにしたがわせることはできません。業務上生じた機密情報は外部に漏らさないといった事項を必ず契約書に盛り込むようにしましょう。フリーランス保護の法律が成立し、書面により明示しなければならない取引条件も定められました。

外注業者の技術や知識は外注業者自身のものです。外注業者に任せた業務のノウハウは、社内には蓄積されないということにも留意しておきます。

報酬の支払いにおいて、消費税の値上げ分や原材料価格高騰分を据え置いたり、消費税分の上乗せや税抜価格での交渉に応じない行為は禁止されている。これらを行った場合は、公正取引委員会等による調査・指導が入ることがある。

従業員と外注業者との違い

	従業員	外注業者
会社とは	労働契約を結ぶ。 事業主と労働者という雇用関係。	業務委託契約（請負、委任など*）を結ぶ。 独立した事業者間で契約。
労働保険料・社会保険料の負担	条件次第であり。	なし。
税金の手続き	あり。	条件によっては所得税を源泉徴収する（➡下記参照）。
報酬の支払い方	原則として労働時間に応じて支払う。	出来高や成果に応じて支払う。
労働基準法、労働契約法などが	適用される。	適用されない ➡休日、年次有給休暇、時間外労働への割増賃金、解雇の規制などにしばられない。
就業規則に	したがう。	したがわない ➡業務上生じる機密の保持などは契約書で定めることができる。
業務の内容および遂行方法についての指揮命令を	拒否できない。	拒否できる。

＊請負は、決められた成果物（結果）を出すまでの義務を負う（建築物の完成など）。委任は、望み通りの結果を出すかどうかを問わず事務手続きなどを行う（弁護士業など）。

外注業者は成果物を納品すれば、さらに仕事を受注してもOKです。

源泉徴収を行う条件

次の３つをすべて満たせば、外注業者への報酬から源泉徴収を行う。

❶一定の専門職に対する報酬である。
デザイン料、原稿料、講演料、技芸の指導料、弁護士・税理士など士業への報酬など。

❷外注業者が個人である。
個人事業主などであり、会社などの法人ではないこと。

❸自社が源泉徴収義務者である。
源泉徴収義務者とは、「所得税及び復興特別所得税を差し引いて、国に納める義務のある会社や個人」のこと。

源泉徴収…報酬などの支払いにかかわる所得税を支払者が差し引いて国に納付する制度。源泉徴収税額は100万円までは10%＋復興特別所得税0.21%、100万円を超えた分には20%＋復興特別所得税0.42%。復興特別所得税は令和19年12月31日までの間に生ずる所得について適用される。

外注業者が従業員とされることがあるの？

2 適正な業務委託契約

●外注業者の実態が従業員であれば、働き方を見直すか、従業員として雇用し、賃金を支払う。
●外注業者と発注業者との間の取引の適正化、外注業者の就業環境の整備にも気をつける。

「実態は従業員」の業務委託契約はNG！

コストを削減したいばかりに、実質は雇用関係にある従業員と業務委託契約を結んでいるケースがありますが、これは認められません。

雇用契約になるか、業務委託契約になるかは、業務委託契約を交わしたかどうかではなく、実態で判断されます。働き方の選択肢として業務委託も注目されていますが、注意は必要です。どのような働き方が業務委託契約になるのか、チェックしておきましょう。

外注業者自身の裁量が広い

業務委託契約では、仕事で成果が出たことで報酬を支払います。成果を出すまでの**経過について会社が指示を出すことはできません。**

会社は仕事の進行方法や時間配分、仕事場、始業時刻・終業時刻、労働時間などを管理できません。

逆に見れば、会社が仕事の進行や時間配分を具体的に指示し、仕事場を指定し、始業時刻・終業時刻、労働時間などについて管理を行っているような場合は、実質的に従業員といえます。

業務について、代わりの人や補助要員を調達することが許されずにその人自身が必ず行わなければならない場合や、そもそも依頼された業務を拒否するような決定権をもたない場合も、実質的に従業員です。

定期的に職場に来て作業をしてもらっているような外注業者がいれば、実態を確認することが必要です。**実質は従業員となる場合は、雇用契約書締結、労働・社会保険加入などの手続きを行わなければなりません。**外注業者として働いてもらう場合も、取引適正化のため、納品拒否や不当な値引き、急な仕様変更も許されません。また、ハラスメントや育児介護との両立、契約解除の予告など、就業環境にも配慮が必要です（右ページ参照）。

業務委託契約をしている相手が、実態は「労働者性が強く従業員だ」と認められると、労働基準法などに基づいて、過去の残業代などを請求される可能性が高くなる。下請法や労働法などの適用関係をまとめたガイドラインがあるので参考にする。

従業員か外注業者か　判断方法

下記は総合して判断されます。前項（➡ P203）も参考にしてください。

	 従業員	 外注業者
遂行方法（仕事場所、労働時間、人員体制）	会社の指揮命令下にある。	自分の裁量で決めることができる。
依頼された仕事を…	拒否できない。	拒否できる。
他社からの仕事の依頼を…	制限されている。	受けることができる。
パソコンや工具など、業務で使う用具は…	会社から支給される。	自前で調達する。
もし業務をまっとうできず成果物が失われた場合は…	それまでに要した労働時間で賃金が支払われる。	報酬が支払われないことがある。

発注業者のフリーランスに対する義務項目（2024年秋頃施行予定）

＊この法律でいう「フリーランス」とは、業務委託の相手方である事業者で、従業員を使用しないもののことをいう。

義務項目は全部で7つあり、発注業者が従業員を使用しているか否か、継続的な業務委託をするか否かによって、適用される義務項目が決まります。

義務項目	具体的な内容
❶書面等による取引条件の明示	業務委託をした場合の、書面等による「委託する業務の内容」「報酬の額」「支払期日」等の取引条件を明示すること。
❷報酬支払期日の設定・期日内の支払い	発注した物品等を受け取った日から数えて60日以内の報酬支払期日を設定し、期日内に報酬を支払うこと。
❸禁止事項	フリーランスに対し、継続的業務委託をした場合に法律に定める行為をしてはならないこと。
❹募集情報の的確表示	広告などにフリーランスの募集に関する情報を掲載する際に、 ●虚偽の表示や誤解を与える表示をしてはならないこと。 ●内容を正確かつ最新のものに保たなければならないこと。
❺育児介護等と業務の両立に対する配慮	継続的業務委託について、フリーランスが育児や介護などと業務を両立できるよう、フリーランスの申出に応じて必要な配慮をしなければならないこと。
❻ハラスメント対策に係る体制整備	フリーランスに対するハラスメント行為に関する相談対応のための体制整備などの措置を講じること。
❼中途解除等の事前予告	継続的業務委託を中途解除したり、更新しないこととしたりする場合は、原則として30日前までに予告しなければならないこと。

従業員の業務委託化、副業、高齢者就業機会確保での業務委託については、それぞれの状況に応じて検討しよう。

偽装派遣ってどんなもの？

3 派遣労働のしくみ

- **派遣社員を利用するときは、厚生労働省の許可をとっている業者と契約する。**
- **業務委託契約を結んだ請負会社の労働者を利用するときは、指揮命令をしていないかの注意が必要。**

外部スタッフに直接指揮命令できる

派遣労働とは、派遣会社と**労働者派遣契約**を結んで、自社の職場に労働者（派遣社員）を派遣してもらう雇用形態です。派遣社員と派遣先の間には労働契約はありませんが、**派遣先は派遣社員に直接指揮命令ができるのが特徴**です。

期間限定で多くの労働力が必要になる場合、即戦力がほしいが採用の手間やリスクをかけたくない場合などに活用されます。同じような活用法には業務委託契約もありますが、業務委託契約では指揮命令に何かと制約があるのに比べて、**派遣労働は現場で細かな指示ができる**点もメリットです。

派遣先の指揮命令権には限界がある

ただし、派遣先会社が指揮命令できるのは、あらかじめ**派遣元との間で明示された就業条件の範囲に限られます**。たとえば、就業条件が「ソフトウエア開発」と限られていれば、派遣先には「ソフトウエア開発」以外の業務をさせる権利はありません。

また、**派遣社員を派遣先の就業規則にしたがわせることはできません**。派遣社員が会社の秩序を乱すような行為をしたときは、まず派遣元に報告し、派遣元会社の就業規則にしたがって処分を任せることになります。

偽装請負に加担すると直接雇用になる

偽装請負には気をつけましょう。**偽装請負とは、形式的には業務委託（請負）契約なのに、受け入れ会社が請負元から来た労働者の指揮命令をして、実態は派遣労働にあたるもの**です。

このように実質は派遣労働なのに派遣契約を結んでいないと、受け入れ会社は違法に労働者を受け入れていたとみなされ、その労働者を直接雇用しなければなりません（労働契約申込みみなし制度➡ P210）。

適正な雇用管理のため、日々または30日以内の派遣労働は原則として禁止されている。ただし、例外や例外と認められる業務も多く、実質は骨抜きとなっている状態。

派遣労働と業務委託（請負）、偽装請負の違い

●派遣労働

派遣元と派遣契約を結ぶことで、派遣されてきた労働者に指揮命令をすることができる。

●業務委託（請負）

業務委託（請負）契約では、受け入れ会社（注文会社）は請負会社から来た労働者に指揮命令をすることができない。

●偽装請負

業務委託(請負)契約なのに、受け入れ会社(注文会社)は請負会社から来た労働者に指揮命令をしている。

実質は派遣労働で違法派遣！
労働契約申込みみなし制度で労働者を直接雇用へ！

労働者派遣法は、拡大する労働者の需要と多様な働き方のニーズに応えるために昭和60年（1985年）に制定された。それまで労働者供給事業は禁止されていた。

派遣社員の受け入れ期間を延ばす手続きは?

4 派遣労働の業務と期間

●派遣社員の利用を続けるには、3年ごとに部署単位での派遣社員の入れ替えが必要になる。
●事業所自体が派遣社員を利用し続けるには、3年ごとに従業員の代表者の意見を聞き、書面に残しておく必要がある。

派遣できない業務

派遣労働を利用するには、**派遣対象業務や派遣期間などを守らなければなりません**。派遣労働ができるのは、法令などにより禁止されている業務(➡右ページ)以外のすべての業種です。ただし、医師・看護師などは★**紹介予定**派遣など一定の場合であれば認められています。

派遣期間には 2つの制限がある

派遣期間には、業務内容は問わず2つの制限が設けられています。

まず、**個人単位(同一の派遣社員)は、同じ組織単位(課など)で3年を超えて働くことはできません**。ただし、別の組織に移れば、そこで3年まで派遣として働くことができます。

同じ組織でも、別の派遣社員を受け入れれば、引き続き3年間働いてもらうことができます。

次に、その課が含まれる**事業所単位(工場、事務所など)では、派遣社員を3年を超えて受け入れることができません**。ただし、派遣可能期間が終了する1か月前までに、労働組合などの意見を書面にて聞けば、さらに3年間の受け入れができます。事業所単位で派遣社員を継続して受け入れるには、3年ごとに労使が確認し合う手続きが必要だということです。

過半数労働組合などがなければ、労働者の過半数を代表する者の意見を書面にて聞けばよいことになっています。

受け入れ期間では、以上の2つの制限をクリアするほか、**原則として日雇いや30日以内の派遣が認められていません**。

こういった決まりを無視して受け入れれば、指導、助言、勧告、企業名公表など処罰の対象になります。また、違法派遣をしていたとして、労働契約申込みみなし制度(➡P210)が適用されます。

紹介予定派遣…最長6か月間の派遣期間終了後、派遣社員と派遣先が合意すれば正社員や契約社員として直接労働契約を結ぶもの。あらかじめ社員紹介を想定して派遣労働を行う。

派遣労働が禁止されている業務

①港湾運送業務　②建設業務　③警備業務
④病院等での医療関連業務（医師、看護師など）＊　＊紹介予定派遣特例措置などの場合は可能。
⑤弁護士、司法書士、公認会計士、税理士、社会保険労務士、管理建築士などの士業
⑥使用者側で団体交渉や労使協議を担当する業務

派遣期間の注意点

●個人単位の期間制限

3年

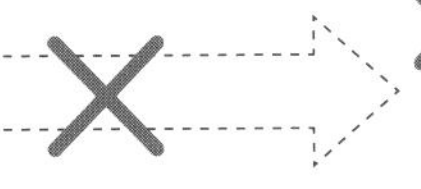

✕ 同一組織で同一個人を3年を超えて受け入れることはできない。

過半数労働組合等から意見聴取

3年

1か月前までに

○ 同一組織で派遣社員が代われば OK。

3年

○ 他の組織に移れば OK。

●事業所単位の期間制限

受け入れ開始　手続きなし

3年

✕ 手続きがなければ、同じ事務所で派遣社員を受け入れられるのは3年まで。

受け入れ開始　過半数労働組合等から意見聴取

3年

1か月前までに

○ 過半数労働組合等から意見聴取の手続きをすれば3年延長 OK。

例外：期間制限を受けない人・業務

- ●派遣元に無期雇用される人
- ●産前産後休業、育児休業、介護休業の代替要員
- ● 60歳以上
- ●有期プロジェクト業務
- ●派遣先の通常の労働者の月の所定労働日数の半数以下かつ10日以下の業務

個人単位、事業所単位の期間制限ともに、3か月を超える空白期間（クーリング期間）を設ければ通算期間がリセットされる。ただし手続き回避目的のみの空白期間設定は避けたいもの。

派遣先がしなくてはいけないことがある?

5 派遣先会社の責任範囲

●派遣先会社は派遣社員に対して通常の従業員と同じような便宜を図っているかチェックする。
●産前産後の母体の健康を守るための労働時間の配慮、育児時間の配慮は派遣先が行うこと。

派遣先にも労働基準法が適用される

派遣社員と労働契約を結んでいるのは派遣元なので、労働基準法などは派遣元に適用されます。しかし、実際に働くのは派遣先になることから、**派遣先にも労働基準法などが一部適用されます**。派遣先は、派遣社員を受け入れる前には、自社の責任の範囲を把握しておかなければなりません。

派遣社員が働きやすい環境にするために、セクシャルハラスメントやパワーハラスメントなどの防止に関する配慮を行う義務があります。苦情処理体制も整えます。

定期健康診断(ていきけんこうしんだん)の実施義務は派遣元にありますが、派遣先の業務で特殊健診を実施する場合は、派遣先が実施の義務を負います。

社会保険に加入させる義務はありませんが、**契約時に派遣元に適切に労働保険と社会保険に加入させているかどうかを確認することは必要**です。

また、労災保険(ろうさいほけん)に加入するのは派遣元ですが、実際に労災事故などが起きたときは、派遣先がすみやかに労働者死傷病(ししょうびょう)報告などの届け出を行い、並行して派遣元に連絡します。

同一労働・同一賃金の対応のため(➡P216)、雇用する労働者の待遇情報の提供、派遣料金についての配慮なども必要になっています。テレワークの実施や環境整備にも配慮しましょう。

違法派遣は直接雇用しなければならない

偽装請負(ぎそううけおい)や期間制限を超えた受け入れなど、派遣先が違法派遣と知りながら派遣社員を受け入れている場合、派遣先はその派遣社員に直接雇用の申込みをしたとみなされます(**労働契約申込みみなし制度**)。

派遣先は、その派遣社員を違反状態になった時点から直接雇用したものとして、社会保険などの手続きや賃金の支払い手続きを行わなければなりません。

派遣社員に対して情報漏えいに対する研修などを行うことは認められている。この場合、派遣元の会社とは、機密情報保持契約を結んでおくことも重要になる。

派遣社員について派遣先が主に行うこと

●就業前の注意

- 事前面接の禁止。履歴書の送付も原則として禁止。
- 離職後１年以内の元従業員は派遣社員として受け入れ禁止。

●就業開始

労働環境などに関すること

- 受け入れ事業所ごとに派遣先責任者★の選任、派遣先管理台帳の作成・保存。
- 派遣社員からの苦情窓口をつくるなど、苦情処理体制を整備。
- 福利厚生施設、給食施設等の利用の便宜。とくに休憩室の使用等は差別をしない。
- 特殊健康診断の実施（定期健康診断の実施は派遣元の義務）。
- 労働時間の管理。
- 労災事故の報告・届け出（派遣元も義務を負う）。
- 妊娠、出産の健康管理に関する措置。
- 産前産後の時間外労働・休日労働・深夜業の制限、育児時間、有給休暇取得への配慮。

その他

- その事業所で継続して１年以上受け入れている派遣社員に、正社員の募集情報の周知。
- ３年受け入れが見込まれ、派遣元から直接雇用してもらうよう依頼があった派遣社員に、正社員の募集情報の周知。
- 均等均衡方式の場合、比較対象労働者の待遇に変更があれば、速やかに派遣元に通知。

●就業終了

- 派遣先の都合で派遣契約を中途解除するときは、新たな就業機会の確保、休業手当などの支払いにかかる費用の負担。

均等均衡待遇に配慮し、派遣元に対して情報を提供する責任があります。

違法派遣をしたときは…　〈労働契約申込みみなし制度〉

違法派遣をした時点から労働契約が発生したとみなして、労働者を直接雇用する。

対象となる違法派遣

- 派遣労働の禁止業務に従事させた場合（➡ P209）
- 労働者派遣事業の許可をとっていない会社から派遣社員を受け入れた場合
- 個人単位や事業単位の期間制限に違反した場合（➡ P208）
- 偽装請負の場合（➡ P206）

派遣先責任者…事業所ごとに派遣先の従業員から選任する。とくに資格の規定はないが、人事・労務に詳しく、派遣社員の就業に関する権限をもつなどが望ましい。

非正規社員も社会保険に加入するの？

6 非正規社員

●雇用契約内容をチェックして、雇用保険や社会保険に加入する要件を満たしているかを確認する。
●「加入逃れ」をしていることがわかったら、わかった時点からでもよいので加入の手続きをするとよい。

多様な働き方がある非正規社員

非正規社員とは、一般的に「フルタイム勤務で期間の定めのない雇用契約をしている正社員」以外の従業員を指します。

具体的にどんな就労形態かというと、週に2～4日程度働いて正社員よりも所定労働時間が短い短時間勤務や、期間に定めのある（契約期間がある）有期雇用契約などです。

一般的に、パート、アルバイトは「短時間勤務労働者」で、契約社員は「フルタイム勤務で期間の定めがある労働者」と区別されますが、法律で定められているわけではありません。どんな働き方をどんな名前で呼ぶかは会社ごとに異なるといっていいでしょう。

短時間勤務で期間の定めのない雇用契約をしている人もいれば、フルタイム勤務で期間の定めがある人もいます。非正規雇用の働き方は、実にさまざまです。

要件がそろえば行うこと

非正規社員でも、要件を満たせば雇用保険や社会保険に加入します。社会保険に加入する要件を満たすのに未加入でいると、加入逃れと判断され、2年までさかのぼって保険料を徴収されます（➡ P58）。

雇用保険や社会保険の加入判断となる労働日数と労働時間は、原則として雇用契約書や労働者名簿に記載された契約内容ベースで行います。出勤簿や賃金台帳でも判断します。

労災保険は、すべての従業員が加入します。また、定期健康診断も要件を満たせば1年に1度受診させなければなりません。

要件を満たせば、育児休業、介護休業なども取得を認めなければなりません（産前産後休業は要件なし）。取得したことを理由に賃金の減額、解雇などの不利益な取り扱いをすることは、もちろん認められません。

就業形態における非正規社員の割合は、1984年（昭和59年）は15.3%だったが、2022年（令和4年）には36.9%となっている。また、非正規社員は女性の比率がとても高い。

非正規社員の労働保険・社会保険の加入要件

●労災保険

すべての従業員が加入する。

●雇用保険

次の２つを同時に満たすとき。

① 31日以上雇用期間があること。

② 1週間の所定労働時間が 20時間以上あること。

＊ 65歳以上の労働者は複数の勤務状況で判断できる。

●社会保険（健康保険・厚生年金保険）の加入要件

社会保険に加入中の従業員が 100人以下

1日または1週間の所定労働時間が、その会社の正社員の4分の3以上＊。

例 正社員の所定労働時間が1日 8時間・1週間 40時間なら、

$8時間 \times \frac{3}{4} = 6時間$　　$40時間 \times \frac{3}{4} = 30時間$

所定労働時間1日 6時間以上または週 30時間以上が加入の対象となる。

＊そのほか、雇用形態や就労内容などを総合的に判断して決定する。

社会保険に加入中の従業員が 101人以上（2024年 10月から 51人以上に）

（将来は人数要件は撤廃される見込み）

次の4つを同時に満たすとき。

①所定労働時間が週 20時間以上。

②年収が 106万円以上（月 8.8万円以上）。

③勤務期間が1年以上見込まれる。

④学生でないこと。

労使の合意があれば 100人以下の会社でも 101人以上の会社の要件で社会保険に加入できます。

＊社会保険加入による手取り収入減少を防ぐための「年収の壁・支援強化パッケージ」（➡ P59）が実施されている。

非正規社員の定期健康診断の受診要件

●次の２つを同時に満たすとき、１年に１回の健康診断を受診させる。

① 1年以上雇用している、または雇用が予定されている。

② 1週間の所定労働時間が同じような業務に就く正社員の4分の3以上ある。

育児休業、介護休業などを取得できる要件は、7章で確認してください。産前産後休業は誰でも取ることができます。

非正規社員の就業規則は、正社員とは別に作成することが多い。非正規社員の中でも就労形態が異なるものがあれば、それぞれについて作成するとよい。

非正規社員の待遇を正社員と同じにしなくてはならないの？

7 非正規社員の雇入れ・待遇のルール

実務はここを確認！

●非正規社員の雇入れや待遇のルールは、パートタイム・有期雇用労働法に規定されている。2024年4月からの制度改正にも注意する。

●非正規社員の業務内容や責任範囲に注意する。正社員と同じであれば、待遇も同じにしなければいけないことに気をつける。

現状に満足しない非正規社員も多い

パートタイム・有期雇用労働法の適用対象となる**短時間労働者（パートタイム社員）**は、「契約の有期・無期にかかわらず、1週間の所定労働時間が同じ事業所の正社員の所定労働時間に比べて短い労働者」です。「パート」と呼ばれていても、期間の定めがなくフルタイムの雇用となっている場合はパートタイム・有期雇用労働法の適用から除外されます。**呼称ではなく、就労実態で判断することに注意しましょう。**

近年、契約社員も含めた非正規社員の割合が増加していますが、チャンスがあれば正社員になりたいと考えている非正規社員も多いとみられています。一方、現状の待遇に満足していないという非正規社員も多いです。**会社は、非正規社員のニーズを聞き、待遇などについて説明できるようにするほか、希望の働き方ができるように配慮することが求められています。**

非正規社員等への義務

非正規社員を1人でも雇う会社は、**雇入れ時は労働契約について正社員の採用と同じように文書で明示する事項がある**ほか、**「更新の上限の有無と内容※」、「昇給・退職金・賞与の有無、相談窓口」についても必ず文書で明示**しなければなりません。※有期雇用契約の場合

同時に、非正規社員からの相談に対応する体制を整えておきます。非正規社員から正社員へ転換する機会を整えることも必要です。

短時間勤務や有期雇用であることだけを理由にして、正社員との待遇に差をつけることは認められません。職務や人事異動の有無・範囲などが正社員と同じ非正規社員は、賃金・教育訓練・福利厚生面で正社員と同等の扱いをしなければなりません（**均等・均衡待遇**）。

なお、年次有給休暇（➡ P172）は週1日の短時間労働者から取得可能です。請求されたら認める必要があります。

正社員と同じ待遇とは、たとえば賃金では賃金の支給対象有無が同じ（均等待遇）、時給換算、出来高の割合が同じ（均衡待遇）などでよい。教育訓練では、正社員が受講するものを同じように受講できるようにする。

非正規社員などの雇入れ時に文書で明示する事項

正社員などに文書で明示する事項(➡ P53)

- 更新の上限の有無と内容※　※有期雇用契約の場合
- 昇給の有無
- 退職金の有無
- 賞与の有無

➡ 「昇給があるかないか」などをはっきりと明示する。

- 相談窓口について ➡ 雇用状況や待遇などについての相談にのる旨や相談担当者の役職、部署、氏名、連絡先などを伝える。

有期雇用契約の場合は、ひとつの契約期間の中での条件を伝えます。雇入れ時だけでなく、更新時にも改めて伝えなくてはなりません。

非正規社員の待遇に関する規定の整備

正社員と非正規社員の不合理な待遇差を解消する同一労働・同一賃金の義務化制度にともない、下の表のように規定が改められている。

➡の左側は制度前、右側は制度後。

	短時間労働者	有期契約社員	派遣社員
均衡待遇※1の規定	○ ➡ ◎	○ ➡ ◎	△ ➡ ○＋労使協定
均等待遇※2の規定	○ ➡ ○	× ➡ ○	× ➡ ○＋労使協定
ガイドラインでの明示	× ➡ ○	× ➡ ○	× ➡ ○
雇入れ時の待遇の説明義務	○ ➡ ○	× ➡ ○	○ ➡ ○
待遇の内容・理由の説明義務	× ➡ ○	× ➡ ○	× ➡ ○
行政による助言・指導など	○ ➡ ○	× ➡ ○	○ ➡ ○
裁判外紛争解決手続※3(行政ADR)	△ ➡ ○	× ➡ ○	× ➡ ○

※1　非正規社員が正社員と同一の労働ではないために待遇に差があっても、不合理な差は禁止。
※2　非正規社員が正社員と同一の労働をする場合、同一の待遇をする。差別的な待遇は禁止。
※3　事業主と労働者との間の紛争を裁判をせずに解決する手続きのこと。

◎…規定の解釈の明確化
○…規定あり
△…部分的に規定あり、または配慮のみ
×…規定なし

職務内容も人事異動のしくみや範囲なども正社員と同じ非正規社員は、正社員と同じ待遇にしなければなりません。

非正規社員の待遇については、ガイドライン策定や法整備が行われている。また、同時に、派遣社員も同様に適用されることになっている。待遇格差を争った重要判例が出てきているので、確認しておく。

正社員と非正規社員間の不合理な待遇差が解消？

8 同一労働・同一賃金とは

- 正社員・非正規社員間で働き方などが同じであれば賃金や待遇を同一に。賃金や待遇の差には根拠を明確に。これが、同一労働・同一賃金の考え方。
- 個別の賃金や待遇について、判断基準に基づき、均等・均衡待遇が守られているかどうかをチェックし、説明できるようにしておく。

同一労働・同一賃金の基本的な考え方（均等・均衡待遇）

正社員と非正規社員の間で、働き方等が同じであれば賃金や待遇を同じにしなければならない（**均等待遇**）。賃金や待遇は働き方等を考慮して、その差は合理的でバランスのとれたものとしなければならない（**均衡待遇**）。というのが、パートタイム・有期雇用労働法に定められている、同一労働・同一賃金の基本的な考え方です。

「同じ仕事をしていれば、同じ部署に所属していれば」対応が必要になる、という単純なものではありません。均等・均衡待遇が必要であるかどうか、適正であるかどうかの判断基準は、法律で決められている次の３つです。

①職務の内容

職業分類を目安とした実質的な業務内容と、トラブルやクレーム対応や残業に応じる義務があるかといった責任の程度も含まれます。

②配置の変更の範囲

終身雇用前提の、長期的な人材活用のしくみに基づく待遇差の設定は許されるため、転勤の有無や人事異動による配置転換の範囲でも判断されます。

③その他の事情

合理的な労使慣行がある、特別な労使交渉があった、定年後の継続雇用によるもの、正社員登用制度があるといった、待遇が設けられた際の事情や目的も要素となります。

待遇差についての明確な説明義務がある

待遇の差について非正規社員から説明を求められた場合、「待遇の決定基準に違いがあるか」「待遇の具体的な内容と決定基準」についての客観的な説明が必要です。「今までそうだから」「能力や経験を考慮して」ということだけでなく、判断基準に沿った具体的説明ができるようにしなければなりません。

正社員と非正規社員が同じ業務をしていたとしても、トラブルやクレームの対応が求められること、部下に指揮命令を行う権限など、責任の程度に違いが見られる場合には、「職務の内容」は異なるとみなされ、原則として合理的な範囲の待遇差については許容される。

同一労働・同一賃金の対応手順

STEP 1 雇用形態区分の整理
正社員、パート社員、契約社員、嘱託社員など

STEP 2 同一労働・同一賃金の対象となる待遇の洗い出し
基本給、手当、賞与、退職金、休暇、福利厚生、教育訓練など

トータルの賃金や待遇の比較ではなく、各待遇ごとに比較する必要がある点に注意しましょう。

STEP 3 雇用形態による待遇差の確認
支給の有無、金額、支給要件、決定基準、計算方法など

STEP 4 待遇差の根拠を確認したうえで、待遇差の妥当性について検討
人事関係資料、関係者へのヒアリング、職務評価など

独自の考えではなく、法律で定められた判断基準に沿って検討することが肝心です。
①職務の内容
②配置変更の範囲
③その他の事情

STEP 5 待遇差が妥当ではない場合の対応策の検討、待遇差の是正
就業規則等の改定、説明文書の作成など

●待遇差の説明様式例

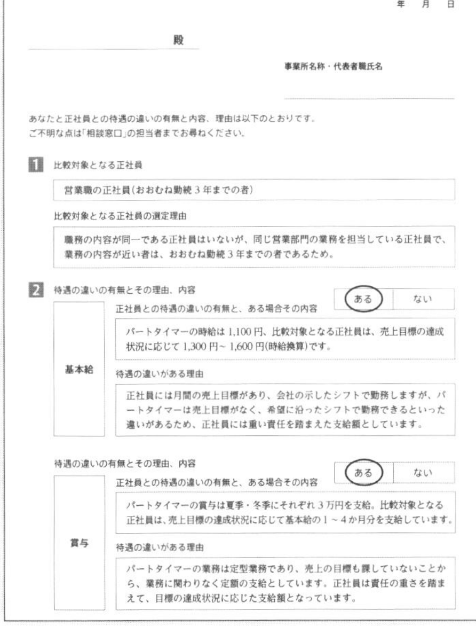

年　月　日

殿

事業所名称・代表者職氏名

あなたと正社員との待遇の違いの有無と内容、理由は以下のとおりです。
ご不明な点は「相談窓口」の担当者までお尋ねください。

1 比較対象となる正社員

営業職の正社員(おおむね勤続 3 年までの者)

比較対象となる正社員の選定理由

職務の内容が同一である正社員はいないが、同じ営業部門の業務を担当している正社員で、業務の内容が近い者は、おおむね勤続 3 年までの者であるため。

2 待遇の違いの有無とその理由、内容

基本給　（ある）／ない

正社員との待遇の違いの有無と、ある場合その内容

パートタイマーの時給は 1,100 円、比較対象となる正社員は、売上目標の達成状況に応じて 1,300 円~ 1,600 円(時給換算)です。

待遇の違いがある理由

正社員には月間の売上目標があり、会社の示したシフトで勤務しますが、パートタイマーは売上目標がなく、希望に沿ったシフトで勤務できるといった違いがあるため、正社員には重い責任を踏まえた支給額としています。

待遇の違いの有無とその理由、内容

賞与　（ある）／ない

正社員との待遇の違いの有無と、ある場合その内容

パートタイマーの賞与は夏季・冬季にそれぞれ 3 万円を支給。比較対象となる正社員は、売上目標の達成状況に応じて基本給の 1 ~ 4 か月分を支給しています。

待遇の違いがある理由

パートタイマーの業務は定型業務であり、売上の目標も課していないことから、業務に関わりなく定額の支給としています。正社員は責任の重さを踏まえて、目標の達成状況に応じた支給額となっています。

売上目標やノルマ、シフト対応の有無（責任の程度や配置変更の範囲）によって、客観的に理由が説明できていることが必要です。

＊東京商工会議所『同一労働同一賃金まるわかり BOOK』より転載。
http://www.tokyo-cci.or.jp/page.jsp?id=1023431

待遇差は、手当や制度の目的・導入された背景も判断要素として重要になってきている。

同一労働・同一賃金は派遣社員も対象になる？

9 派遣社員の同一労働・同一賃金

●正社員と非正規社員間の同一労働・同一賃金は、派遣先の会社で働く派遣社員も対象になる。
●派遣社員の均等・均衡待遇については、派遣先の会社で確保するか、派遣元との労使協定で確保するかを選ぶ。

同一労働・同一賃金は派遣社員にも適用

均等・均衡待遇の考え方において、派遣社員は非正規社員と同等とみなします。したがって、正社員と非正社員間の同一労働・同一賃金は、派遣先の会社で働く派遣社員も対象になります。

派遣先均等・均衡方式と労使協定方式から選ぶ

ただ、派遣社員の中には長期で同じ企業で働くケースもあれば、短期間で派遣先を替えるケースもあります。後者の場合は、派遣先を替えるごとに賃金などの待遇が派遣先に合わせて変動し、生活やキャリア形成が不安定になることも考えられます。

そこで設定されたのが、均等・均衡を派遣社員の働く会社で確保する「**派遣先均等・均衡方式**」と、派遣元との労使協定で確保する「**労使協定方式**」の２つの方式です。この２方式から、派遣元が選ぶしくみになっています。

働く会社の正社員を基準にする派遣先均等・均衡方式

派遣先均等・均衡方式は派遣先正社員の待遇情報を入手し、派遣社員の待遇を彼らと同等にする方式です。待遇の不合理さと差別的取り扱いを排除することは、派遣先のパートや契約社員などの非正規社員と同じです。

また、教育訓練、福利厚生施設の利用、就業環境の整備なども正社員と比較して同等の待遇を獲得できます。

派遣先地域の同業正社員が基準になる、労使協定方式

労使協定方式での待遇決定に際して比較するのは、派遣先の会社ではなく、会社がある地域の同業正社員の平均賃金などになります。

派遣社員の待遇を地域の比較対象正社員の賃金以上にするといった、一定の要件を満たすことを、派遣元と派遣社員が合意することで労使協定方式は成立します。

賞与には、後払いされる労務の対価、長年の勤務に対する功労的な報償、職務に対する意欲向上のための報償などの性格がある、と一般的には考えられる。そのため正社員と非正規社員とで異なる支給基準がある場合でも不合理とはされにくい傾向がある。

均等・均衡待遇が義務になる新制度

●従来の制度

待遇差

●派遣社員と派遣先の従業員の待遇差は配慮義務にとどまる。

●新制度

均等・均衡

●派遣社員と派遣先の従業員との待遇について、均等・均衡であることを規定する。

派遣社員の均等・均衡待遇

●派遣先均等・均衡方式

●国のガイドラインにある均等・均衡待遇規定に沿って、派遣元は派遣先の正社員の待遇情報を入手して、派遣社員の待遇を同等にする。

●福利厚生施設の利用、教育訓練、就業環境の整備などについて、正社員と同等の待遇を保障する。

●労使協定方式

●派遣元は、派遣先の会社がある地域の同業正社員の平均的賃金などを考慮して、賃金や待遇を決める。

●派遣元と派遣社員は労使協定を結ぶ。

●福利厚生施設の利用、教育訓練、就業環境の整備などについて、派遣先正社員と同等の待遇を保障する。

非正規社員を課長や店長などの管理職（役職）に就かせている場合、その管理職の職務内容・責任の範囲が正社員のものと同じ内容なら、原則として正社員につけている役職手当を非正規社員にも支給することが求められる。

派遣先均等・均衡方式は採用のハードルが高い？

10 労使協定方式が主流

- 選択した待遇決定方式に基づき、正しく均等・均衡待遇が達成されているかどうかを確認する。
- 労使協定方式の場合、一般賃金水準は毎年見直しが行われるので、忘れずにチェックを。

多くの企業が採用している労使協定方式

派遣社員の同一労働・同一賃金について、派遣先の社員と待遇を比較する「派遣先均等・均衡方式」と、同じ地域の同種の業務に従事する従業員と待遇を比較する「労使協定方式」の、2つの待遇決定方式があります。派遣先均等・均衡方式が原則ですが、**多くの会社は派遣先から入手する情報が少ないため、待遇決定もしやすい労使協定方式を採用しています**。

一般賃金水準と比較して均等・均衡待遇かどうか

労使協定方式では、派遣社員の賃金や待遇について、一般賃金水準すなわち、同じ地域の同種の業務に従事する正社員の平均賃金と、均等・均衡待遇かどうかを確認します。一般賃金は❶基本給・賞与・各手当、❷通勤手当、❸退職金の3つで、それぞれ一般水準以上の待遇が確保できていれば、制度がなくても基本給に通勤手当や退職金を含めて考えることも可能です。一般賃金水準は、賃金構造基本統計調査や職業安定業務統計等の公的な統計をベースとして決められ、毎年見直しが行われますのでチェックしましょう。

労使協定の内容をチェックリストで確認

一般賃金だけではなく、教育訓練内容や福利厚生施設も同一労働・同一賃金の義務対象となります。ガイドラインではどのような待遇について、同一労働・同一賃金の検討をすべきかの範囲も示されています。対応が必要な範囲についてよく確認しておきましょう。

労使協定方式では、労使協定を締結する労働者過半数代表は派遣社員でなくてもかまわないことになっていますが、派遣社員の意向に沿った待遇決定が行われているか注意しましょう。労使協定の内容が適切であるかどうかを確認するためのチェックリストなども公表されていますので、活用しましょう。

派遣先が小規模、派遣先の給与体系がシンプルな場合等、「派遣先均等・均衡方式」を適用した方がよい場合がある。

労使協定方式で定めるべき内容（例）

❶対象となる派遣社員の範囲
❷賃金の決定方法
- 基本給・賞与・手当（選択した職種、地域指数）
- 通勤手当（定額支給か実費支給か）
- 退職手当（退職金制度を用意するか前払いにするか）

❸賃金決定に当たっての評価
❹賃金以外の待遇（福利厚生、その他の賃金）
❺教育訓練
❻有効期間（2 年以内が望ましい）

派遣事業報告に労使協定を添付しなかった

30 万円以下の罰金

時給換算した額が一般賃金水準より高くなるように待遇を決定します。派遣社員の能力や職務内容で待遇が決定されるべきなので、派遣先変更等で待遇を引き下げるのは、基本的に許されません。

●賃金の決定方法の記載例

同種の業務に従事する一般の労働者の平均的な賃金の額

			基準値及び基準値に能力・経験調整指数を乗じた値						
			0 年	1 年	2 年	3 年	5 年	10 年	20 年
1	ソフトウェア作成者	通達に定める賃金構造基本統計調査	1,377	1,585	1,738	1,764	1,858	2,024	2,521
2	地域調査	北海道 94.0	1,295	1,490	1,634	1,659	1,747	1,903	2,370

手続き面でのチェックポイント（労使協定方式）

Check1 過半数代表者の選定手続きは適切でしたか？
Check2 派遣社員の意思は反映されていますか？
Check3 協定の対象となる派遣社員の範囲は適切ですか？
Check4 職種の選択は適切ですか？
Check5 通勤手当の支払い方法について確認しましたか？
Check6 昇給規定などが定められていますか？
Check7 退職金の支払い方法について確認しましたか？
Check8 賃金の評価方法は公正ですか？

待遇を引き下げる目的で、実際とは異なる職種選択をすることも許されません。

労使協定の内容や代表者選出について不備がある場合、労使協定方式が無効とされ均等・均衡方式が適用される。派遣許可取り消しや業務停止命令を受ける可能性もある。

制度が未整備だと、どんな問題があるの？

11 同一労働・同一賃金の整備は万全に

●差別的な取り扱いや待遇の差に不合理があった場合には、業務内容や責任範囲に差をつける。または、賃金などの労働条件を上げて処理する。
●制度に詳しい社会保険労務士や地域の働き方改革推進支援センターなど、専門家や行政の力を借りる。

正社員・非正規社員間の待遇差に不合理があれば、速やかに解消

同一労働・同一賃金の整備の進め方は、正社員と非正規社員間に待遇差がある場合、職務や責任の違いなどを明確にし、基本給、手当、福利厚生制度、教育訓練などそれぞれを精査していきます。

待遇の差に不合理がある場合は、業務内容などに差をつける、賃金を上げるといった方法で、解消します。

正社員の賃金を下げる場合は事前に当該社員の同意を

非正規社員の賃上げは、人件費上昇などの難点もあり、慎重な判断が必要です。また、正社員の労働条件を下げざるを得ないケースも。これは労働条件の**不利益変更**にあたり、事前に該当する正社員の同意が必要です。この場合、就業規則や賃金規程の変更結果を明記した労働契約書を改めて取り交わします。加えて同意書も作成しておくと、労使間のトラブル防止になります。

説明責任を果たさないと、行政処分の対象にも

同一労働・同一賃金が未整備の場合、いろいろな問題が生じてきます。まず、非正規社員を採用する際に、「正社員との待遇差と内容、その理由」の明確な説明義務が果たせません。また、非正規社員から説明を求められた場合も、同様にできないでしょう。

こうした不備は、行政から指導や是正勧告などの行政処分を受ける可能性があり、労使間で均等・均衡待遇をめぐる裁判になった場合、制度の不備を指摘されて不利な立場に立たされます。

この制度は中小企業も対象です。社会保険労務士や地域の働き方改革推進支援センターなど、専門家や行政の力を借りるなどして、スピーディに進めましょう。

同一労働・同一賃金を達成する目的とはいえ、正社員に対して一方的に労働条件を下げることは法の趣旨に反するので、慎重に進めなければならない。

同一労働・同一賃金 整備のポイント

POINT1 政府発表のガイドラインを調査する。

POINT2 社会保険労務士や行政を活用する。

POINT3 中小企業は、大企業の取り組みも参考にする。

同一労働・同一賃金の整備は社会保険労務士や地域の働き方改革推進支援センターなどの力を借りてスピーディに進めましょう。

助成金制度

同一労働・同一賃金の整備を行うにはコストアップが伴うことも。キャリアアップ助成金を活用して企業の負担を軽減しましょう。この助成金は次の7つのコースに分けられます。

●キャリアアップ助成金　７つのコース

❶	正社員化コース	有期雇用社員等の正規社員・多様な正社員等への転換等を行った場合に助成。
❷	障害者正社員化コース	障害のある有期雇用社員等を正社員等への転換を行った場合に助成。
❸	賃金規定等改定コース	有期雇用社員等の賃金規定等を増額改定し、昇給した場合に助成。
❹	賃金規定等共通化コース	有期雇用社員等に関して、正規社員と共通の職務等に応じた賃金規定等を新たに設け、適用した場合に助成。
❺	賞与・退職金制度導入コース	有期雇用社員等に関して、賞与または退職金制度を新たに設けた場合に助成。
❻	短時間労働者労働時間延長コース	雇用する有期雇用社員等について、週所定労働時間を３時間以上延長または週所定労働時間を１時間以上３時間未満延長するとともに基本給の増額を図り、新たに有期雇用社員等を社会保険の被保険者とした事業主に対して助成。
❼	社会保険適用時処遇改善コース	有期雇用社員等も新たに社会保険に加入させるとともに、収入を増加させる取り組みを行った場合に助成。

均等・均衡待遇をめぐる裁判で敗訴すると、労働条件の格差があった部分について、労働者への支払い命令が出されることがある。

有期契約社員を雇うときのルールは？

12 有期契約社員雇入れの注意点

●法令にそって従業員管理をするには自社の名称ではなく法令の分類で管理することが必要になる。
●雇用契約を結ぶときは、正社員との責任範囲や業務内容などを意識しておく。

契約期間があれば 有期雇用契約

有期契約社員は、期間の定めのある労働者の総称です。所定労働時間の長さは問いません。したがって、「短時間労働者で有期契約社員のパートさん」もいます。このようなケースでは、「非正規労働者」としてはもちろん、「有期契約社員」としての雇用ルールも常に意識しておく必要があります。

雇入れ時の明示事項 解雇に制約がある

有期契約社員を雇うメリットは、業務が忙しいときに期間限定で働いてもらえる、契約期間が満了して更新をする場合に労働条件の見直しができるなどです。正社員では、業務が暇になったからといって解雇はできませんし、労働条件を下げることも容易ではありません。しかし、**有期契約社員を正社員よりも期間や賃金の面で調整しやすいという理由だけで雇い入れるのには注意が必要**です。まず、有期契約社員を雇い入れるときは、契約期間、更新の有無、更新の判断基準などの明示が必要です。また**有期契約社員の契約期間は上限が３年（専門的な知識をもつ場合などは５年）ですが、よほどの理由がない限り契約期間満了までは解雇することができません**。契約期間が設定されている以上、その期間をまっとうすることが優先されるのです。2024年４月からは通常契約期間または更新回数の上限により、更新上限の有無と内容を明示しなければなりません。更新上限を新設、短縮する場合はその理由も明示します。

また、短時間労働者と同様に、**契約期間があるという理由だけで正社員と異なる待遇をすることは認められません**。職務内容、人事異動の内容などが正社員と同じであれば、正社員と同じ待遇をしなければなりません。

正社員と待遇が異なるときは、正社員との職務の違いなどを明確にし、就業規則でも明らかにしておきます。

有期雇用契約では、試用期間を設定しないのが原則。有期雇用契約で採用するが職務能力などがわからない場合は、様子見を兼ねて６か月程度の契約期間からスタートしてもよい。

有期契約社員雇入れのルール 〈雇入れ時・雇用中〉

○ 募集時は、有期契約社員を募集することを明示する。
✕ 募集者増を見込んで「正社員募集」とだけ明示することはできない。

○ 雇入れ時には、労働条件の明示（➡ P53）のほか、雇用契約期間、更新の有無、更新の判断基準を明示する。とくに雇用契約期間は書面またはメールなどで明示する。＊通算契約期間や更新回数上限の明示も必要（2024年４月〜）

○ 雇用契約期間は、原則として最長３年＊1。専門的な知識、技術、経験をもつ人＊2、60歳以上の人は上限が５年。

＊１ 建設工事など、一定の事業の完了に必要な期間を定める労働契約はその期間まで。
＊２ 専門的な知識等とは、厚労省が定める基準に該当する者で、博士の学位取得者、医師・公認会計士などの士業、システムエンジニアで一定の経験年数と年収のある人など。

○ 原則として、契約期間途中の解雇（契約解除）はできない。

○ 職務内容、人事異動の内容、その他の事情を考慮して、正社員と同じ待遇にする。
短時間労働者と同様、ガイドライン策定や法整備が行われている。

有期契約社員の解雇（契約解除）のハードルは正社員より高いといってもいいでしょう。

専門家に相談！ 雇用契約書で注意する点は？

有期雇用契約の雇用契約書では、更新の文言に注意したいものです。原則として更新はなく、「契約期間がくれば当然に終了する」場合には以下のような点に注意します。

よく、「自動更新にする」という文言を記載している例がありますが、「自動的に更新＝期間の定めがない」とみなされる危険があります。無期雇用になると契約期間の設定は無効になります。同様に、「定年」を表記している場合も無期雇用とみなされます。定年制は無期雇用の場合に設定されることを前提としているからです。会社としては「○歳（定年）より先は契約を更新しない」という念押しを込めてつけ加えたつもりでしょうが、過ぎたるは及ばざるがごとしです。

無期転換ルール（➡ P228）を意識して、契約の限度回数や契約期間の上限（「更新しても１年契約を５回更新、通算５年まで」など）を記載してもよいでしょう。

ただし、今まで何回も契約更新をしているのに、急に更新回数や雇用期間に上限を決める場合は認められない可能性もあります。理由の説明も必要です。

有期契約社員は雇用期間が限られているので、一般的に人事異動はないとされる。しかし、多様な雇用形態がある昨今、会社独自に人事異動の有無を決めてもよい。

雇止めが無効になるときがあるの？

13 有期契約社員の更新と雇止め

- 有期契約社員への言動は、あまり過敏になる必要はないが、日頃から気をつけたいもの。
- 雇止め無効を指摘されないためにも、３か月程度の短期契約を何回も繰り返すようなことは避けたい。

雇止めができないケースがある

有期雇用契約では、期間満了となれば雇用契約が終了して退職となります。このとき、**更新して再度契約をする方法か、更新しないで退職してもらう方法かのどちらかを選ぶ**ことになります。

後者の、**期間満了で更新しないことを雇止め**といいます。

雇止めは正当な方法ですが、次のような場合は雇止めが認められないことがあります。

- 有期雇用契約が何回か更新されており、事実上無期雇用契約とみなされているとき。
- 契約が更新されると期待されるような合理的な理由があったとき。

何回か更新されると無期雇用契約とみなされる

有期雇用契約が何回か更新されると、従業員は「次回も更新される」と、無期雇用契約と同じように雇われ続けるだろうと考えるようになります。こうなると、雇止めではなく、正社員を解雇する場合と同じように「客観的合理的な理由があり、社会通念上も相当」と認められるような状況や手順が必要になってくるのです。

更新を期待されると雇止めができない

たとえば「○○君にはまだまだ働いてほしいなあ」など、会社側が更新を連想させるような言動をした場合、従業員は会社に対して「次回も更新される」と期待するようになります。このような背景があれば、会社は従業員の期待に応えなければなりません。つまり、雇止めはできなくなります。

期間ごとに雇用調整ができる有期雇用契約のメリットを活用するには、会社の裁量で雇止めができるようにしておくのが得策です。会社は、右ページ下のような点に気をつけて、就業規則や制度を整備していきましょう。

「期間の定めのない契約」とみなされるには、契約更新回数の頻度と、契約期間の長さ（雇用契約の上限とされる３～５年程度）が考慮される。

更新と雇止めのルール

●更新

期間満了時に再度契約する。

契約期間 → 契約期間

●雇止め

期間満了時に更新せず終了する。

契約期間

雇止めが無効とされる可能性がある場合

- 有期雇用契約が何回か更新されており、事実上無期雇用契約とみなされているとき。
  回数だけでなく、長期間（労働契約の上限とされる3年〜5年くらい）在籍している場合など。
- 契約が更新されると期待されるような合理的な理由があったとき。
  同じような状況にある有期契約社員が更新されている、更新を匂わせるような言動が会社側からあった、など。

雇止めを有効にするには

●就業規則の整備

- 雇止めが前提であることを明記する。
- 更新をする場合はその判断基準を記載する。
- 更新の限度回数や契約期間の通算の上限を規定してもよい。

＊規定する場合は雇用契約書でも明示する。

●雇入れ時の説明

- 雇用契約書で雇止めを前提とした契約内容を記載する。
- 雇入れ時に雇止めを前提とすることを口頭でも説明するとよい。

●契約期間中の留意点

- 更新を匂わせるような言動をしない。
- ３回以上更新または１年以上働いている場合、雇止めの予告は30日前までに行う。予告が必要ない場合もリスク回避のために行う。
- 更新するときは、就業規則に定めた判断基準に基づいて行う。

ただし、無期雇用転換ルールだけを意識して、雇用契約が通算５年になる前に、理由なくいきなり契約の上限や回数を制限しても、認められない可能性もあります。雇止めの注意点については、前項のコラム（P225）も参考にしてください。

同じ部署の有期契約社員同士で、片方は更新し、片方は雇止めをするような場合はトラブルになりやすい。成績や勤務態度などを記録する、正社員転換制度を導入するなどの対策をとっておく。

有期雇用契約を1回更新すると注意することは？

14 有期から無期への転換ルール

●有期契約社員を雇用するときは、能力、適性などを見極めておく。無期雇用契約への転換制度なども整備しておく。
●無期転換ルールで新しい雇用形態が出てくるときは、就業規則を整備し、他の雇用形態との違いを明確にしておく。

転換の申込みがあれば承諾する

労働契約法の改正により、有期雇用契約が1回以上更新され、かつ契約期間が通算5年を超えた場合、従業員から申込みがあれば、会社は無期雇用契約への転換を承諾したとみなされるという制度が導入されています（**無期転換ルール**）。転換日は、申込みをした契約期間の満了日の翌日以降です。

期間の定めがなくなるだけで、正社員にしなければならないわけではありません。契約期間以外の労働条件はそのままでもかまいません。ただし、転換後の労働条件は明示が必要になります。

クーリング期間で通算期間をリセットできる

クーリング期間として**契約期間と契約期間との間に一定の無契約期間を置けば、通算期間がリセットされます**。無契約期間は、それまでの通算期間が10か月超では「6か月以上」、10か月以下では通算期間の「半分以上の期間」です。ただし、無契約期間は最低1か月以上にする必要があり、育児休業中はクーリング期間には含まれません。

会社は率先してこの制度の舵取りをしたいものです。反復更新しても通算5年までに雇止めをするか、将来無期雇用契約をするかなどの道筋を早期に選択していきましょう。5年になる直前の雇止めは労働トラブルの元です。

「無期雇用契約で短時間勤務」などの**新しい雇用形態が出てくる場合は、その雇用形態に合わせた就業規則を忘れずに作成**しましょう。正社員の就業規則も同時に見直し、職務内容や処遇などについて新しい雇用形態との違いを明確にしましょう。とくに各規程の適用範囲や定義は明確に区分します。

給与、昇給、転勤などの労働条件がどう変わるか、無期雇用への転換時に説明できるようにするのが重要です。同一労働・同一賃金による均等・均衡待遇の検討が必要かどうかも注意しなければなりません。

2024年4月から無期転換申込みの権利が発生するごとに申込み機会があること、また、転換後の労働条件を明示しなければならない。

無期雇用契約への転換ルール

●契約期間が１年の場合

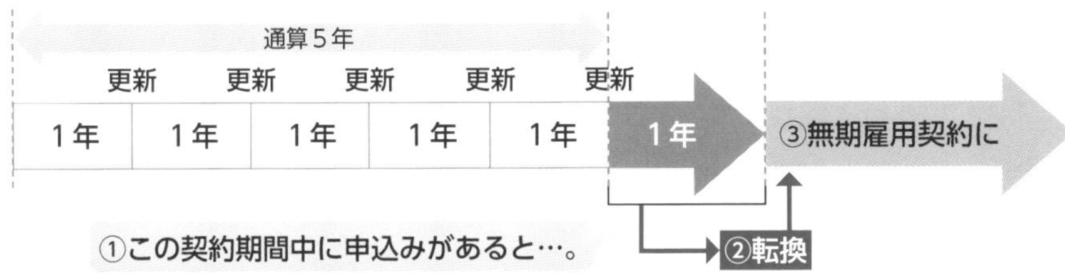

●契約期間が３年の場合

通算５年

更新

３年　３年　③無期雇用契約に

①この契約期間中[*1]に申込みがあると…。

②転換

＊1：５年以上在籍していなくても、その契約期間が通算５年を超える場合は申込みの権利が発生する。

●無契約期間を設けると…

①６か月以上[*2]の無契約期間。

更新　更新　更新

１年　１年　１年　１年　１年

②無契約期間の前の通算期間がリセットされる。

③新たに通算期間スタート

＊2：６か月未満では、それまでの契約期間が通算されたままになる（それまでの通算期間が1年以上の場合）。

専門家に相談！

無期転換の申込みは従業員の権利

無期転換のルールは、従業員が無期雇用契約の申込みをすれば、会社はこれを承諾したものとみなすという制度ですから、従業員が申込みをしなければ無期転換をすることはありません。無期転換の申込みは従業員の権利であり、申込みをするかどうかは従業員の自由です。

●クーリングが可能になる無契約期間前の通算契約期間と無契約期間

無契約期間の前の通算契約期間	契約がない期間（無契約期間）
２か月以下	１か月以上
２か月超　４か月以下	２か月以上
４か月超　６か月以下	３か月以上
６か月超　８か月以下	４か月以上
８か月超 10か月以下	５か月以上
10か月超	６か月以上

労働者を長期に雇用することを前提にしているにもかかわらず、無期転換ルールの適用を避ける目的でクーリング期間を設けるなどは法の趣旨に反するので注意しよう。

高齢者の雇用機会をつくる方法は？

15 定年と高年齢者雇用確保措置の種類

実務はここを確認！

- それぞれの高年齢者雇用確保措置のメリット・デメリットを検討し、採用した措置を就業規則に明記する。
- 従業員が 60 代を迎える前から、話し合いの場を設けるなどして今後の働き方をイメージしてもらうようにする。

65 歳まで雇用機会を与える義務（70 歳まで努力義務）

法令では、定年は 60 歳以上と定められています。ただし、公的年金の受給年齢が段階的に 65 歳まで引き上げられるのにともない、従業員に 65 歳まで雇用機会を与えることが会社に義務づけられています。この制度を**高年齢者雇用確保措置**といいます。

そのため、65 歳未満の定年を定めている会社は、①定年の引き上げ、②定年の廃止、③定年後の継続雇用制度の導入のうち、いずれかを選んで行わなければなりません。また、公的年金の受給開始年齢の繰り下げ上限年齢が 75 歳まで引き上げられるため、70 歳まで就業機会を確保することが努力義務となっています。

定年引き上げと定年廃止継続雇用制度

①**定年の引き上げ**は、定年を 65 歳以上まで引き上げることです。65 歳以上まで手続きを必要とせず雇用を継続できる半面、賃金などの労働条件は原則として変更されません。また退職金の額に勤続年数を加味しているような場合、退職金などが高額になります。

②**定年の廃止**は、文字通り定年をなくし、働ける年齢まで働けるようにするものです。高年齢者の経験や技能を生かせる理想的な雇用といえますが、いつまで賃金を払い続けるのか予定が立てられない面があります。

③**継続雇用制度**は、定年はそのままで本人の希望があれば雇用を継続するものです。**勤務延長制度**と**再雇用制度**（➡ P232）の 2 つがあります。勤務延長制度は、定年後も退職させずに、同じ労働条件で雇用を続けることです。再雇用制度は、定年でいったん退職した後、新たな労働条件で労働契約を結び、雇い入れるものです。

合わせて 4 つの措置を選べるわけですが、労働条件を変更できることから、再雇用制度を採用する会社が圧倒的に多くなっています。

現状で採用している会社がもっとも少ないのは「定年の廃止」。しかし、成果主義の会社がこの制度を導入したり、労働力の確保のためなど、メリットを見出して採用している会社があるのも事実。

高年齢者雇用確保措置の種類（65 歳まで）

❶定年の引き上げ

●定年を 65 歳以上まで引き上げる。

❷定年の廃止

●定年を廃止し、働ける年齢まで働けるようにする。

従業員の合意がなければ、労働条件を引き下げることはできない。

継続雇用制度

❸勤務延長制度

定年がきても退職をせず、そのまま雇用を続ける。

❹再雇用制度

定年でいったん退職し、その後再雇用する。

退職時にそれまでの労働条件をリセットし、再雇用時に新たな労働条件で労働契約を結べる。

＊賃金など労働条件が不合理にならないように注意。

大半の会社が、定年を区切りに人件コストの調整ができる再雇用制度を採用しています（詳しくは P232）。

トラブル対策のコツ

50代から定年後をイメージしてもらおう

従業員層の新陳代謝を図るために若年層の採用などを行うと、定年間近の高齢者に賃金コストをかけられない事情も生じます。そこで役職定年制を導入するなどして、50 代から段階的に賃金コストを減らしていく方法があります。

60 歳以降の賃金制度や雇用形態については、従業員が 50 代のときから話し合っておきたいものです。どのような働き方になるのか、心づもりをしてもらうのです。これにより、「こんな働き方とは思っていなかった」というような従業員の不満をやわらげることにもなります。

70 歳までの就業機会確保措置の努力義務は、フリーランス契約や起業支援、業務委託、社会貢献活動への参加なども新たに選択肢となっている。その点を意識して従業員研修などを行う必要がある。実際に 70 歳以上で働ける制度がある会社は、39.1%（2022 年）と増加している。

再雇用制度の制度設計のコツは？

16 再雇用制度

実務はここを確認！

- 再雇用制度では、高年齢雇用継続給付制や在職老齢年金なども意識して新しい労働条件を設定する。
- 無期転換ルールの適用除外を受けるには、「第二種計画認定・変更申請書」を労働局に申請し、認定を得る。

労働条件を変更できる再雇用制度

高年齢者雇用確保措置の再雇用制度のメリットは、定年時に退職して労働契約を終了し、再雇用時に新しい労働条件で労働契約を結び直せることです。「同一労働・同一賃金」（➡P216）を意識して賃金や待遇を決める必要があります。判例により、年金受給額などについては考慮してよいことになっています。賃金は、高年齢雇用継続給付制度（➡P234）や在職老齢年金制度（➡P236）を念頭に置いて設定しましょう。賃金が減額された分を一定の割合で給付金や年金で補うことができます。

高年齢者雇用確保措置の意図は「全員に雇用機会を設ける」ことで、「必ず全員を雇用する」ものではありません。ある程度の歩み寄りは必要ですが、労働条件が折り合わなければ、無理に再雇用しなくてもよいのです。

なお、就業規則に定めた解雇事由や退職事由に該当し、対象から外すような客観的合理的な理由があれば、その従業員を再雇用制度の対象者から外してもよい場合があります。

契約期間では特例を利用する

再雇用制度では、契約期間を設定して65歳もしくは70歳まで更新していくのが一般的です。元気な高齢者も増えていますが、体力や労働意欲も低下しやすくなります。そのため、**契約期間を1年にして、毎年健康状態などを見ながら契約を更新することをおすすめします**。健康に配慮して労働時間を見直してもいいでしょう。

有期雇用契約を繰り返すと無期雇用契約に転換されるルール（➡P228）がありますが、特例として定年になって引き続き同じ会社に雇用される有期契約社員には適用されません。ただし、この特例を使うには「第二種計画認定・変更申請書」（➡右ページ）に雇用管理措置計画を示し、各都道府県労働局の認定を得る必要があります。

再雇用後の労働条件が不合理かどうかについては、長年事務職で勤務していた元従業員が、会社から定年後の清掃職員への転換を提示されたことを、「不合理」とした裁判例がある。

第二種計画認定・変更申請書（例）

様式第７号

第二種計画認定・変更申請書

申請先の労働局名。

年　　月　　日

申請の日付。

労働局長殿

1　申請事業主

名称・氏名		代表者氏名 (法人の場合)	
住所・所在地	〒(　-　)	電話番号　(　) ＦＡＸ番号　(　)	

2　第二種特定有期雇用労働者の特性に応じた雇用管理に関する措置の内容

□高年齢者雇用等推進者の選任
□職業訓練の実施
□作業施設・方法の改善
□健康管理、安全衛生の配慮
□職域の拡大
□職業能力を評価する仕組み、資格制度、専門職制度等の整備
□職務等の要素を重視する賃金制度の整備
□勤務時間制度の弾力化

実施する雇用管理措置にレ点をする（１か所以上）。

3　その他

□高年齢者雇用安定法第９条の高年齢者雇用確保措置を講じている。
　□65 歳以上への定年の引き上げ
　□継続雇用制度の導入
　　□希望者全員を対象
　　□経過措置に基づく労使協定により継続雇用の対象者を限定する基準を利用
　　(注) 高年齢者等の雇用の安定等に関する法律の一部を改正する法律（平成 24 年法律第 78 号）附則第３項に規定する経過措置に基づく継続雇用の対象者を限定する基準がある場合

(記入上の注意)

1.「2　第二種特定有期雇用労働者の特性に応じた雇用管理に関する措置の内容」は該当する措置の内容の□にチェックして下さい。
2.「3　その他」は、該当する□はすべてチェックしてください。

(添付書類)

1.「2　第二種特定有期雇用労働者の特性に応じた雇用管理に関する措置」を実施することが分かる資料（例：契約書の雛形、就業規則等）
2. 高年齢者雇用確保措置を講じていることが分かる資料（就業規則等（経過措置に基づく継続雇用の対象者を限定する基準を設けている場合は、当該基準を定めた労使協定書（複数事業所を有する場合は本社分のみで可。）を含む。））
3. 変更申請の場合は、認定されている計画の写し。

実施している高年齢者雇用確保措置にレ点をする。継続雇用制度を採用している場合は、希望者全員を対象にしているか、労使協定による経過措置を利用しているかのいずれかにレ点をする。

上の「第二種計画認定・変更申請書」のほか、記載した措置を行っていることが確認できる就業規則などを添付して労働局に申請します。詳しくは最寄りの労働局に問い合わせましょう。

高齢従業員のために、作業施設その他の諸条件を整備・改善するための業務担当者を置くのも上記に定められた雇用管理措置のひとつ。業務担当者は高年齢者雇用等推進者と呼ばれる。

賃金ダウンが大きいほど多く受け取れるの？

17 高年齢雇用継続給付制度

実務はここを確認！

●60 歳を超えた高齢者を雇用するときは、高年齢雇用継続給付の受給資格があるかどうかをチェックする。
●初回の手続きは受給対象月の初日から４か月以内に行い、以後２か月に１回受給手続きをする。

高齢従業員の賃金ダウンを補う制度

高年齢雇用継続給付制度は、賃金が低下し、**一定の要件にあてはまる 60 〜 65 歳の労働者に毎月給付金が支給される雇用保険の制度**です。

60 歳を過ぎて大幅に賃金がダウンしたほうが、この給付額は高くなります。高年齢者雇用確保措置の再雇用制度では、この給付金を計算に入れて賃金を設定するとよいでしょう。

雇用の継続にあたり、労働条件を下げざるを得ないときにこの給付金を利用して従業員と合意を図るのも一案です。ただし、2025 年４月以降、段階的に縮小されることが決定し、会社が自力で賃金水準や退職金設計を検討することも視野に入れなければなりません。

基本給付金と再就職給付金がある

高年齢雇用継続給付には、**基本給付金**と**再就職給付金**の２つのタイプがあります。基本給付金は、引き続き雇用または退職後間もなく再雇用されるなどで★**失業給付**を受けない場合に給付されます。再就職給付金は、退職後、失業給付を一部受給してすぐに再雇用された場合に給付されます。失業給付の受給の有無で、どちらのタイプの給付を受けるかが決まります。

高年齢の労働者を新しく採用するときには、基本給付金または再就職給付金を受給できる場合があります。**失業給付の受給状況、雇用保険被保険者の期間などを確認しておきましょう。**

再就職給付金は、失業給付金の残日数によっては受給できないことがあります。また、低下後の賃金が一定額以上のときは制度の対象外となり、基本給付金も再就職給付金も利用できません。

給付金の支給手続きは、基本的に会社が行います。給付を受ける間は、２か月に１度ハローワークに支給申請を提出しなければなりません。申請忘れにはくれぐれも注意しましょう。

失業給付…基本手当ともいう。働く意欲はあるが失業中の人の生活支援のために設けられた雇用保険の給付。

高年齢雇用継続給付の受給要件

基本給付金	再就職給付金
対象年齢 60歳以上65歳未満の雇用保険加入者	
低下後の賃金 376,750円＊1未満 ＊1：2024年8月1日現在。改定されることがあるので毎年確認を。 かつ 「低下の基準とする賃金」の75%未満	
低下の基準とする賃金 60歳到達時等賃金 ＝ 60歳になる直前6か月の賃金	**低下の基準とする賃金** 退職直前6か月の平均賃金
主な要件 ●引き続き雇用または退職後1年以内に再雇用された。 ●失業給付をもらっていない。 ●雇用保険の被保険者期間が通算5年以上。	**主な要件** ●退職して失業給付を一部受給後、60歳以降で再雇用された。 ●失業給付の支給残日数が100日以上。 ●退職前の雇用保険の被保険者期間が通算5年以上。 ●1年を超えて雇用されることが決まっている。 ●再就職手当★をもらっていない。
支給期間 60歳になった月から 65歳になる月まで	**支給期間** 再雇用から65歳になるまでの 1～2年間＊2 ＊2：期間は失業給付の支給日数によって決まる。
支給額 低下率が61%以下…その月の賃金×15%＊3 低下率が61%～75%未満…その月の賃金×支給率＊4	

＊3：2025年4月から最大給付率は10%に引き下げ。＊4：低下率に応じて0%超～15%＊3未満の間

再就職手当…雇用保険の就職促進給付のひとつで、失業給付の受給資格がある人が再就職した場合に給付される。

働いていると年金額が減らされるってどういうこと?

18 在職老齢年金のしくみ

●厚生年金保険に加入していて、年金を受給している60歳以上の従業員が対象となる。該当する者がいないかチェックする。
●60～65歳未満では、高年齢雇用継続給付による年金の減額について、対象となる従業員に説明しておく。

老齢厚生年金が減らされる

60歳以上で厚生年金保険に加入しながら老齢厚生年金を受け取っている場合、毎月の年金額と総報酬月額相当額に応じて、年金額が一部または全部支給停止されることがあります。この制度を**在職老齢年金**といいます。

在職老齢年金の対象

在職老齢年金は、支給停止の対象となるのが、年金額と総報酬月額相当額合わせて50万円を超える場合で、対象者は比較的絞られます(50万円以下の場合は年金は全額支給される)。

以前は60～65歳未満と、65歳以上の場合とで対象額が異なっていたのですが、就労促進のために統一されました。現在、**段階的な年金の受給年齢の引き上げ**が行われており、いずれ基本的に65歳未満の年金受給者はいなくなりますが、それまでの間、年金の支給停止を避ける工夫が必要になることがあります。対象となる従業員と話し合ってみるとよいでしょう。

総報酬月額相当額には、その月の賃金(標準報酬月額)と直近1年分の1か月あたりの賞与額が含まれているので、賞与額を減額するのも対策のひとつです。会社としても、従業員に支給する総額は変わらないまま、賃金や賞与を減らすことができるというメリットがあります。

高年齢雇用継続給付による減額にも注意

60～65歳未満で厚生年金保険に加入しながら老齢厚生年金を受け取り、加えて高年齢雇用継続給付(➡P234)を受け取っている場合は、年金額の一部が支給停止となります。

在職老齢年金は適用されない場合があっても、この制度は多かれ少なかれ適用されるので、注意が必要です。対象となる従業員に前もって説明しておきましょう。

段階的な年金の受給年齢の引き上げ…年金の支給が65歳からになるのは、男性が昭和36年4月2日以降の生まれ、女性が昭和41年4月2日以降生まれから。

在職老齢年金のしくみ

在職老齢年金とは…

60歳以上の労働者が厚生年金保険に
加入しながら（働きながら）
老齢厚生年金（報酬比例部分）を受けるとき。

↓

年金額と賃金額（総報酬月額相当額[*1]）に応じて
年金額の一部または全部が支給停止となる制度。

＊1：総報酬月額相当額は、毎月の賃金（標準報酬月額）と1年間の賞与（標準賞与額）を足して12で割った額です。

●支給停止基準額

老齢厚生年金月額＋総報酬月額相当額の
合計額が **50万円[*]超**から対象に（50万円[*]以下は支給停止額0円）

＊ 2024年4月より改定。

注意！

厚生年金保険に加入しながら老齢厚生年金を受け取っている
60～65歳未満の人が、さらに高年齢雇用継続給付を受ける場合
年金の一部（0.18～6%[*]）が支給停止される。

＊ 2025年4月より最大4％に変更見込み。

増加する高齢者層に対して、少しでも年金の給付額を抑えるのがねらいのようです。ただし、労働人口確保のため、高齢者就労支援も考慮されています。対策として、老齢厚生年金の繰下げ制度（自ら受給年齢を引き上げるよう申し出る）をとる方法もあります。この制度は、繰下げ年齢に応じて受給後の年金額が増額される利点があります。75歳まで繰下げが可能になり、選択肢が広がりました。

年金支給停止の対象となるのは、老齢厚生年金の部分。65歳から合わせて老齢基礎年金（定額部分）が支給されるが、それは在職老齢年金の計算対象にも支給停止対象にもならない。

column

労務管理の整備には「働き方改革推進支援センター」を、ぜひ活用したい

●同一労働・同一賃金の制度対応など、働き方改革での強い味方

「非正規社員の待遇をよくしたい」「36 協定について詳しく知りたい」「法改正にどう対応したらいいのかわからない」「人手不足を解消したい」といった、中小企業・小規模事業者の労務管理に関するさまざまな課題に対応してくれるのが、働き方改革推進支援センターです。

●労務管理の専門家が無料でアドバイス

働き方改革推進支援センターは、課題に直面した企業に向けてワンストップ相談窓口として各都道府県に設置されています。各センターには社会保険労務士や中小企業診断士などの専門家が常駐し、企業からの労務管理上の問題に対して、就業規則の作成方法、賃金規程の見直し、労働関係助成金の活用といったアドバイスを無料で行っています。

●無料で専門家の企業訪問やセミナーも実施

電話やオンライン、来所による相談以外にも、企業の要望によっては社会保険労務士などの専門家が個別に訪問しコンサルティングを行ったり、商工会・中小企業団体中央会・市区町村等の相談窓口へ専門家を派遣し、セミナーを実施したりしています。いずれも企業に寄り添った親身なサービスをモットーにしていますので、36 協定、長時間労働、年次有給休暇、就業規則、人手不足、法改正の対応、助成金の活用、非正規社員の待遇改善など、少しでも困ったことがあれば、ぜひ活用してください。

働き方改革推進支援センターのサービス

相談
電話、オンライン、来所による相談

セミナー
商工会議所などで開催

訪問
希望により企業を直接訪問

●働き方改革推進支援センター「都道府県別連絡先」
https://www.mhlw.go.jp/content/11909000/000631448.pdf

9章

労災保険と従業員の健康・安全

1 労災保険のしくみ
2 特別加入制度と要件
3 労災の補償内容と業務災害
4 通勤災害の判断基準
5 労災補償～療養（補償）給付
6 休業（補償）給付と死傷病報告
7 車両事故のリスク管理
8 会社の安全配慮義務
9 脳・心臓疾患の労災認定
10 メンタルヘルス不調の労災認定
11 定期健康診断と面接指導
12 ストレスチェック制度
13 衛生推進者、衛生管理者など
14 ハラスメントの防止体制

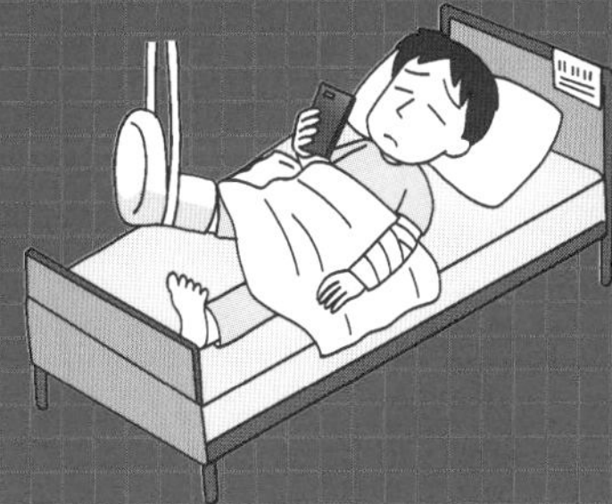

労災保険は労働者全員が加入するの？

1 労災保険のしくみ

- 労災保険は強制加入なので、従業員を雇用すれば労災保険に加入させることになる。入社・退職したときの手続きは必要ない。
- 1年に1度の年度更新で、従業員の人数分の労災保険料を、雇用保険とまとめて労働保険料として支払う。

会社が保険料を出し国が補償金を給付

労災保険（労働者災害補償保険）は、労働者が「**労働災害（労災）**」によるケガや病気が原因で休んだり、障害を負ったり、死亡したりした場合に、被災労働者や遺族に必要な給付を行う制度です。

会社は事業所単位で労災保険に加入し、保険料を国に支払います。そして労災事故などの支給事由が発生したときに、国から従業員に対して労災保険が支払われます。

すべての労働者が対象になる

働いて賃金の支払いを受ける労働者は、原則としてすべての人が労災保険の対象になります。たとえば1日限りのアルバイトでも、勤務中の災害でケガをした場合は、労災保険から給付金が支給されることになります。

会社の社長や役員、家族従業者には労災保険は適用されませんが、一定の要件を満たした事業主などは**特別加入制度**に加入することができます（➡P242）。

加入手続きと保険料

労災保険は強制加入なので、会社は従業員を1人でも雇っていると労災保険に加入しなければなりません。ただし、従業員が入退社するごとに手続きをする必要はありません。

加入手続きは会社単位ではなく事業所や工場、支社ごとに行います。保険料の申告、納付も事業所単位ですが、労働保険上の業種が同じなら本社で一括して手続きすることもできます。

保険料は、従業員の賃金総額に労災保険料率を掛けて算出した額です。全額会社が負担し、従業員の負担はありません。

労災保険料の申告と納付は、雇用保険とまとめて労働保険料として年に一度の★**年度更新**で行います。

国の直轄事業や官公署は労災保険と同等の制度で保護されているので適用除外となる。個人事業の農業、水産業、林業で一定規模以下の場合も労災保険の適用除外になる。

労災保険のしくみ

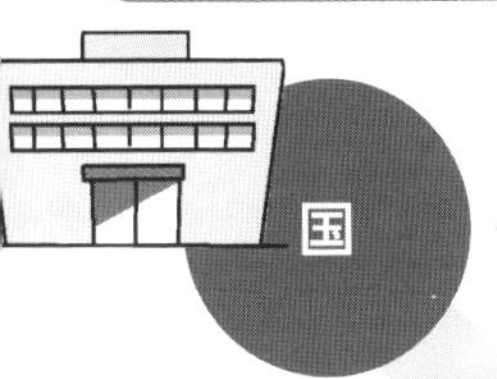

労災保険料の納付

支給事由が
起きたときに給付

雇用関係

労働者
（従業員）

労災保険は強制加入

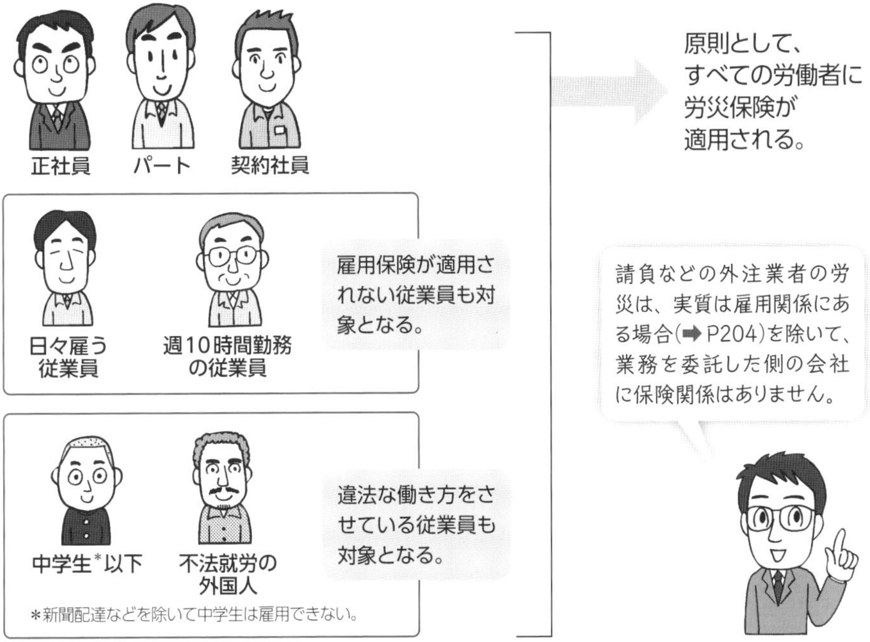

正社員

パート

契約社員

日々雇う
従業員

週10時間勤務
の従業員

雇用保険が適用されない従業員も対象となる。

中学生*以下

不法就労の
外国人

違法な働き方をさせている従業員も対象となる。

＊新聞配達などを除いて中学生は雇用できない。

原則として、
すべての労働者に
労災保険が
適用される。

請負などの外注業者の労災は、実質は雇用関係にある場合（➡ P204）を除いて、業務を委託した側の会社に保険関係はありません。

年度更新…毎年6月1日～7月10日の間に、前年度分の労働保険料の確定分を申告し、今年度分の概算分を申告・納付する。実際に納付するのは、前年度分の概算分と確定分を精算した額と、前年度の一般拠出分と今年度分の概算分の合計額になる。

事業主でも労災保険に加入できるの？

2 特別加入制度と要件

- 特別加入制度を利用しなくても、一般労働者と同じように労災保険に加入できる役員や家族従業員がいないかチェックする。
- 特別加入制度を利用すれば労働保険事務を労働保険事務組合に委託でき、業務を軽減できるというメリットがある。

事業主などが労災保険に加入できる要件

労災保険は労働者の保護を目的とした保険です。このため、労働者とはいえない**会社の事業主や役員、家族従業者は、原則として労災保険の適用対象外**です。

ただし、業務執行権がなく会社から指揮命令を受けて労働しているような**名前だけの役員、事業主と別居している家族従業者などは、労働者とみなされ、労災保険に加入できます**。

また、次のような要件を満たす中小事業者の事業主や役員、家族従業者も、任意で労災保険に加入することができます。これを**特別加入制度**といいます。

❶業種別に、一定人数以下の一般従業員を常時雇用している(➡右ページ)。

❷雇用している一般従業員と保険関係が成立している。

❸労働保険の事務を労働保険事務組合に委託している。

適正な労働保険の手続きも要件に

特別加入制度の要件のひとつである「保険関係が成立している」とは、**保険関係成立届を出している、労働保険料の申告・納付をしているなどの適正な手続きをしている**ことです。また、一般従業員を常時雇用している実態がある必要があります。

労働保険事務組合に委託するメリット

労働保険事務組合は、事業主から委託されて労働保険（労災保険・雇用保険）事務を行う団体です。事業協同組合や地域の商工会議所、商工会などが労働保険事務組合として国の認可を受けています。

労働保険事務組合に事務を委託すると、特別加入制度で労災保険に加入できるほか、労働保険料の納付を保険料金額にかかわらず３回にできる（通常は年１回）などのメリットがあります。

特別加入制度について、2022年には歯科技工士、あん摩マッサージ指圧師、はり師、きゅう師も対象になった。フリーランスでも労災認定を受けた事例も発生し、フリーランスへの対象拡大が議論されている。

労災保険加入の原則と特別加入制度

加入できる

原則：すべての「労働者」

加入の対象外

「労働者」ではない、事業主、役員、家族従業員（事業主の家族）

特別加入が認められるかどうかは、一度最寄りの労働保険事務組合で相談してみるとよいでしょう。

「労働者」でなくても、次のすべてを満たす会社の事業主などが任意で労災保険に加入できる。

上記の場合でも、「労働者」と認められることがあるのは…

- 名前だけの役員（業務執行権がなく、会社から指揮命令を受けて労働している）
- 事業主と別居している家族従業員
- 同居していても、ほかに一般従業員がいて、一般従業員と同様の就労・賃金条件・事業主の指揮命令下で働いている家族従業員

特別加入制度

業種	従業員数
金融・保険・不動産・小売	50人以下
卸売・サービス	100人以下
上記以外	300人以下

- 業種別に、左表の人数の一般従業員を常時雇用している*
- 雇用している一般従業員と保険関係が成立している。
- 労働保険の事務を労働保険事務組合に委託している。

＊通年または1年間に100日以上雇用している場合に「常時雇用している」とみなす。

2つ以上の事業（会社）の事業主の場合、事業ごとに特別加入の承認を受ける。労災保険の補償を受けられるのは承認を受けた事業のみだが、実態は境界線が明確ではないことが多い。

業務上の災害はどんな基準で労災と判断するの？

3 労災の補償内容と業務災害

実務はここを確認！
- 業務災害と疑われるケガがあれば、業務遂行性、業務起因性を見る。病気は職業病リストを見る。
- 最終的に判断するのは労働基準監督署。判断に迷う場合も労災の手続きを行い、決定を待つ。

労災には業務災害と通勤災害がある

労働災害（労災）には、**業務災害**と**通勤災害**（➡P246）があります。労災で治療を受けた、障害を負った、また死亡した場合、労働者はそれぞれのケースに該当する補償を受けることができます（➡右ページ）。

業務災害とは、仕事が原因でケガや病気をすることです。たとえ労働者に過失があったとしても労災になります。反対に、**たとえ事業所内でも、私的な行為が原因で起こったケガや病気は業務災害とはなりません**。

たとえば休憩時間中に私的な用事で外出し、交通事故にあってケガをしても、業務災害にはあたりません。しかし、上司の指示で外出して交通事故にあった場合は業務災害となります。

さまざまなケースがあるので、業務災害は個々の事例について慎重に判断する必要があります。

仕事が原因で腰痛やじん肺症などの症状が現れることがあります。病気の発症と仕事との関連も判断が難しいため、法令で★職業病が定められています。

労災かどうかは最終的に労基署が決める

会社には、業務災害かどうかを決める権限はありません。**最終的な判断は労働基準監督署が行います**。会社は業務災害が疑われるケガや病気について保険給付の手続きを行う必要がありますが、それらが実際に、労災にあたるかあたらないか（保険給付の支給か不支給か）については労働基準監督署の決定を待つことになります。複数の会社で働いている場合、複数の会社の状況を考慮して、給付額や対象範囲が決定できるようになりました。

病院で治療を受けるときも、労災かどうかで迷うときは、ひとまず健康保険ではなく労災保険を利用します。後に労災ではないと判断されたら、健康保険に切り替えることになります。

職業病…特定の業種や作業と強い関連がある症状や病気。業務災害にあたる病気として、労基法施行規則別表第１の２に定められている。厚労省からも「職業病リスト」が配付されている。

労災保険　主な給付

ケース	給付内容	
医療機関で治療を受けた	療養（補償）給付（➡ P248）	治療費が給付される。
療養のため休業した	休業（補償）給付（➡ P250）	休業１日につき平均賃金に相当する額の 60％が支給される。
	休業特別支給金（➡ P250）	休業１日につき平均賃金に相当する額の 20％が支給される。
療養開始後、１年６か月経っても治癒しない	傷病（補償）年金 傷病特別支給金	傷病の等級に応じて年金または一時金が支給される。
傷病治癒後、障害が残った	障害（補償）給付	障害の等級に応じて年金または一時金が支給される。
傷病（補償）年金または障害（補償）年金の受給者が介護が必要になった	介護（補償）給付	介護費用として支出した額が支給される（上限あり）。
死亡した	遺族（補償）給付	遺族に年金または一時金が支給される。
	葬祭給付（葬祭料）	葬祭費用が遺族に一定額支給される。

※（　）は業務災害のときに加える名称。
※それぞれに複数業務要因災害も追加されている。

業務災害の判断基準

ケガ、病気が起きた状況と原因

業務遂行性
業務中か（会社の支配・管理下にあるか）どうか。

業務起因性
業務に関連しているかどうか。

この２つが認められた場合に労災となる。

同僚と口論になって殴られたなど、業務中であっても、私的な怨恨などにより生じた災害は労災とはならない。テレワーク中は、決められた場所や勤務時間内で仕事をしていることがポイントとなる。

通勤中の災害が労災と認められるには？

4 通勤災害の判断基準

●従業員が通勤災害と疑われるケガや病気をしたときは、基本の3点をチェックする。
●最終的に判断するのは労働基準監督署なので、判断に迷う場合も労災の手続きを行い、決定を待つ。

通勤災害と認められるポイント

労災保険は、業務災害のほか、**通勤中の事故などでケガや病気、障害、死亡に至った場合（通勤災害）にも補償**があります。通勤災害と認められるには、「就業に関し」「住居と就業場所との間を」「合理的な経路と方法で往復している」かどうかがポイントになります。

認められる場所と経路、手段

「就業に関する」のであれば、**早出や遅刻、早退など決められた出勤時刻・終業時刻を前後しても認められます**。

「住居と就業場所との間」の住居とは、**親元から離れて自活しているなら、親の家、自宅のどちらも認められます**。また、「就業場所」については、事業所のほかに**決められた就業先**（担当する営業区域、サテライトオフィスなど）も就業場所とみなされます。

「合理的な経路と方法」とは、通勤代として会社に届けているような経路以外でもそれが合理的なら認められます。たとえば朝、保育所に子どもを預けてから仕事場に向かう途中は合理的な経路といえます。

「中断」と「逸脱」は通勤ではなくなる

通勤経路を「逸脱」または「中断」した場合は、それ以降の経路は「通勤」とは認められません。逸脱とは、仕事とは関係ない目的で通勤経路からそれること、中断とは、仕事とは関係のない行為をすることです。

たとえば、通勤途中にある居酒屋に立ち寄ったら、「中断」としてそれ以降は通勤とはなりません。

ただし、帰り道に夕ご飯の支度をするためにスーパーに立ち寄るなど、日常生活上必要な行為を最小限度の範囲で行う場合は、その行為を終えて通勤経路に戻った後は「通勤」と認められます。

業務命令で出張する場合、出張先へ向かう途中と出張先から帰る途中は、基本的には会社の支配下にあると考えられ、「業務災害」となる。

通勤災害の主な判断基準

病気、ケガをしたときの状況が、

❶就業に関しているのか？

業務に就くため、または業務を終えたことによる行為であること。

○ **決められた通勤時刻でなくてもよい。**

例 早出・遅刻・早退時の通勤、休憩後自宅で昼食をとり就業のために事業所へ戻る途中。

❷住居と就業場所との間で起きたのか？

● **住居「自宅」。**

単身赴任の場合は、「赴任先の住居」と「帰省先住居」
親元から離れて暮らしている場合は、「親の家」と「自宅」

● **就業場所。**

「勤務している事業所」「サテライトオフィス」
「事業所以外の特定の担当区域」

❸合理的な経路と方法で往復しているか？

○ **会社に申告していない手段でもよい。**

会社に内緒でバイク通勤をしていた途中など。

× **逸脱・中断があれば認められない。**

逸脱…就業や通勤とは関係ない目的で経路をそれること。
中断…通勤経路上で通勤とは関係のない行為をすること。
例 会社からの帰路に居酒屋で飲食する。

○ **日常生活上必要な行為であればよい。**

例 日用品の購入、不在者投票、病院での治療、家族の介護、保育など。

条件がそろえば、通勤災害と認定される

複数の異なる事業場で働く労働者については、事業場間の移動も「通勤」となる。たとえば午前中コンビニでアルバイトした後、午後からの別のアルバイト先に向かうという場合。

労災で治療を受ける場合の流れは？

5 労災補償〜療養(補償)給付

●従業員が労災で治療を受ける場合、できるだけ労災指定病院を選ぶ。記入済みの請求用紙をもっていくと治療費はかからない。
●申請が間に合わず治療費を払っても、労災指定病院であれば、すみやかに請求用紙を病院の窓口に出せば治療費を返金してくれる。

労災指定病院で治療を受けるとき

労災保険による補償はいくつもありますが、よく使われるものに病院の治療時に給付される**療養（補償）給付**があります。労災にあって被保険者が治療のために病院を受診するときは、健康保険ではなく労災保険を利用します。このとき病院が労災指定かそうでないかで手続きが異なります。

労災指定病院を受診すると、現物給付といって、治療費を支払うことなく治療を受けることができます。病院の窓口で「労災による治療を受ける」ことを告げて、「療養(補償)給付たる療養の給付請求書」に必要事項を記入して提出します。事業主の証明する欄があるので、会社は忘れずに記入します。

労災指定病院以外で治療を受けるとき

労災指定病院以外の病院を受診した場合は、治療時に一度全額払います。その後、**「療養（補償）給付たる療養の費用請求書」を労働基準監督署に提出します。請求書が受理されると、後日治療費が全額返金**されます。請求には、事業主の証明のほか、医師の証明、医療機関で受け取った領収書も必要です。

労災の治療に健康保険は使わない

労災では、一部治療費が免除されるからといって健康保険で治療を始めるケースがありますが、避けましょう。**後で健康保険から労災保険に切り替えることはできますが、その際の手続きが煩雑**です。まず協会けんぽに取り消しを申請し、いったん全額治療費を支払ってから、改めて労働基準監督署に申請をしなければなりません。

健康保険から労災保険への切り替えが治療後すぐであれば、病院で健康保険から労災保険に切り替えてもらえることもあります。間違って健康保険を使った場合はすぐに病院に伝えるようにしましょう。

労災の治療のために調剤薬局等を利用した場合も、「療養（補償）給付」を使う。薬局にも労災指定薬局と指定外薬局がある。薬局分の「療養（補償）給付」も忘れずに申請しよう。

療養（補償）給付の流れ

労災によるケガ、病気で病院で治療を受ける。

労災指定病院

受診時に労災であることを告げる。

- 「療養（補償）給付たる療養の給付請求書」を**用意している。**
  - 窓口に提出する。
  - 療養（補償）の給付を受ける。**（自己負担０円）**
- 「療養（補償）給付たる療養の給付請求書」を**用意していない。**
  - 治療費を全額立て替える。
  - 後日、「療養（補償）給付たる療養の費用請求書」を**病院**に提出する。
  - 療養（補償）の給付を受ける。**（治療費全額返金）**

労災指定外病院

受診時に労災であることを告げる。

- 治療費を全額立て替える。
- 後日、「療養（補償）給付たる療養の費用請求書」を**労働基準監督署**に提出する。
- 療養（補償）の給付を受ける。**（治療費全額返金）**

後日、請求用紙を提出する場合、労災指定病院とそうでない病院とでは提出先が異なることに注意します。

請求用紙は厚生労働省のホームページからダウンロードできる。業務災害（療養補償給付）と通勤災害（療養給付）では、用紙が異なることに注意。病院に提出するのは被保険者本人で、会社の記入欄がある。また、派遣労働者の場合は、派遣先の証明も必要になることに注意。

労災で休業したら報告義務があるの?

6 休業(補償)給付と死傷病報告

実務はここを確認!

- 労災による休業が4日以上に及ぶときは休業(補償)給付の申請手続きをする。
- 同時に、業務災害では休業初日～3日目までの休業補償をする。また、死傷病報告を作成する。

休業(補償)給付を受ける条件

従業員が労災にあって働けなくなり休業を余儀なくされた場合、**労災保険から休業補償金として、休業(補償)給付と休業特別支給金が支給されます**。給付を受けるには、次の3つがそろっていることが必要です。

❶業務上または通勤中のケガや病気により働けないこと。

❷労働できず休業が4日以上に及ぶこと。

❸賃金の支払いがないこと。

休業期間中は、**休業(補償)給付で平均賃金に相当する額の60%、休業特別支給金で20%、合わせて80%が支給されます**。

給付が受けられるのは休業4日目からの休業補償です。業務災害では、**休業1日目～3日目の休業補償は会社が支払わなければなりません**。一方、**通勤災害では会社に休業補償を支払う義務はありません**。

業務上の労災による休業期間中と休業明け30日間は、会社から従業員を解雇することができません。ただし、療養3年を経過して、病気やケガが治らずに労災の傷病(補償)年金を受けることになった場合や、会社が平均賃金1200日分の打ち切り補償を支払った場合と通勤災害での休業中は解雇することができます。

なお、**業務災害で休業者や死亡者を出した場合には、「労働者死傷病報告」を労働基準監督署に提出して報告しなければなりません。通勤災害の場合は提出の必要はありません**。

業務災害による休業が「4日未満」と「4日以上および死亡」とでは提出時期、提出する書類の様式が異なってくるので気をつけましょう。

休業者を出す業務災害を起こしても「労働者死傷病報告」を提出しない場合、提出しても虚偽の記載をした場合に「労災隠し」を疑われることがあります。罰則を科せられることもあるので注意しましょう。

会社の責任を問われたり、労基署の目が厳しくなることを恐れ、労災と疑われるときも労災を申請せず健康保険で治療をしたりすることを「労災隠し」という。

休業（補償）給付のしくみ

1日目	2日目	3日目	4日目	5日目	

休業（補償）給付
休業特別支給金
支給

通勤災害で事故に遭い、相手方の自賠責保険で対応する際も、休業特別支給金は請求できるので覚えておきましょう。

業務災害では会社が賃金の60％以上を補償する。
通勤災害では、会社が賃金を補償する義務はない。

●支給される額

休業（補償）給付＝給付基礎日額＊1 × 60％×休業日数＊2

休業特別支給金＝給付基礎日額＊1 × 20％×休業日数＊2

＊1：給付基礎日額とは、平均賃金に相当する額。
＊2：休業開始から3日間は除く。

労働者死傷病報告の提出

業務災害によるケガや病気で

休業が4日未満

4半期（1～3月、4～6月、7～9月、10～12月）ごとにまとめて「労働者死傷病報告」を提出する。提出期限は、それぞれの期間の翌月末。

休業が4日以上または死亡

発生後遅滞なく「労働者死傷病報告」を提出する。

労働者死傷病報告は2026年1月より原則電子申請が義務化される見通しです。

複数の会社に就業している人が労災事故にあった場合はすべての就業先の賃金をもとに給付額を算定できるようになった。とくに副業を容認している会社は、休業補償などの申請様式が改定されているのでチェックしておこう。

車の事故は会社も補償をすることがあるの？

7 車両事故のリスク管理

●仕事中、通勤中の車の災害も労災保険が使えるが、労災保険だけでは補えない賠償責任を会社が問われることがあるので注意。
●任意保険の加入、車両管理やマイカー通勤の規程を整備し、会社の責任範囲を最小限にしておく。

通勤、業務中の自動車事故は労災になる

従業員が車で営業回りなどをしていて交通事故にあい、ケガや病気、障害、死亡などを負った場合、それが従業員自身の過失かどうかにかかわらず、**業務上の災害として労災保険が適用されます。**

マイカー通勤中に事故にあった場合も、それが**合理的な経路であれば通勤災害として労災保険が適用されます。**

労災は事故の相手に補償はしない

ただし、**従業員に過失があり、相手や相手の車などにケガや損害を与えた場合は、従業員だけでなく会社も損害賠償の責任を負うことがあります。**労災保険は、労働者本人の給付しか補償しません。

業務中や通勤中に従業員が起こした自動車事故は、そもそも業務を命じている会社に起因するということで、会社に使用者責任や運行供用者責任が問われます。

損害賠償を最小限にする策

自動車には強制加入として★自賠責保険がついていますが、損害賠償請求額が自賠責保険だけではまかないきれないことがあります。会社は、**社用車には任意保険に加入しましょう。**また、従業員が通勤用や仕事用に使う**マイカーは許可制にし、マイカー通勤や車両管理の規程を整備しておきましょう。**

規程にしたがって、任意保険には必ず入ってもらうようにし、保険証書のコピーなども提出してもらいます。

会社の許可なくマイカー通勤しているような場合に備えて、許可を得なかったり任意保険に加入していなかったりして事故を起こした場合は責任を負わないことを規定します。社用車を利用している場合は、2023年12月より道交法改正によるアルコールチェックが義務化されているので注意します。

自賠責保険…人的被害を賠償する保険で、車を購入すれば必ず加入しなければならない。物的被害や自身の被害、高額な補償については、任意で加入する任意保険で補うことになる。

マイカー通勤管理規程（例）

マイカー通勤管理規程

第１条（目的）
この規程は、会社の従業員が通勤に使用する自家用車両の管理に関する事項について定める。

第２条（適用範囲）

第５条（許可の申請）
自家用車両による通勤（以下「マイカー通勤」）を希望する従業員等は、次の書類を会社に提出して許可を得なければならない。
（１）マイカー通勤申請書
（２）マイカー通勤における誓約書
（３）免許証の写し
（４）検査証の写し
（５）任意保険証書の写し
２．従業員等は、申請内容に変更があった場合、速やかに会社に届け出て改めて許可を得なければならない。

第12条（許可の取消）
マイカー通勤の許可を受けた従業員等がこの規程に違反した場合、当該許可を取り消すものとする。

第13条（制裁）
マイカー通勤を許可された従業員等がこの規程に違反した場合、会社は就業規則の規定にしたがい制裁を行う。

マイカー通勤管理規程に盛り込む主な事項

- 対象となる従業員
- 許可制とすること
- 許可に必要な書類
- 任意保険加入の義務づけ
- 許可の有効期間と更新
- 許可を取り消す場合
- 違反した場合の制裁

など

自転車通勤のリスクにも備える

エコな交通手段として自転車通勤や自転車による営業活動も増えてきました。一方、自転車の事故も増加傾向にあり、重度の障害を負ったり死亡したりするケースもあります。

2023年４月から道路交通法ですべての自転車利用者に対し、ヘルメット着用が努力義務となりました。従業員が通勤中や業務中の自転車による事故で相手にケガを負わせてしまった場合も、自動車の場合と同様に会社の使用者責任や運行供用者責任が問われることがあります。自動車と同じように、自転車管理規程を作成する、自転車保険の加入を義務づける、通勤や仕事で使用するときは許可制にするなど、整備しておくとよいでしょう。

被害を受けた相手も通勤中や仕事中の場合、労災保険が給付される。労災保険と自賠責保険の補償は二重取りができない。どちらを受けるかは被災労働者が選ぶことができるが、一般的には自賠責のほうが補償は広いことから自賠先行をすることが多い。

安全配慮を怠るとどんなリスクがあるの？

8 会社の安全配慮義務

実務はここを確認！

- 会社の安全配慮義務にはどんなものがあるか、安全配慮を怠るとどんなリスクがあるかを認識しておく。
- 従業員が事故にあったり病気になったりする前に防止措置をとることが大切になる。

会社が負う義務

会社は、雇用する従業員に対して、**心身ともに安全で健康な状態で仕事ができるための適切な配慮をするという安全配慮義務を負っています**。従業員の健康や安全をおびやかす状況は取り除く必要があります。

具体的には、健康診断で異常が発見された従業員には治療を勧める、長時間労働で健康を害さないように負担の軽減を図る、危険な作業場では安全管理体制を整えるなどです。

安全配慮義務違反で国の目も厳しくなる

自宅で就寝中に急死した、ノイローゼ気味で休日に自宅で自殺を図ったなど、**一見仕事とは関係ないように見える病気や事故も、仕事との関連が認められれば労災として治療や障害、死亡などへの給付が行われます**。

また、労災の原因が会社にあるとされた場合、刑事上では労働安全衛生法違反を問われる可能性が、民事上では安全配慮義務違反による損害賠償を請求される可能性があります。従業員の安全や健康を軽視しているとして労働基準監督署の目も厳しくなります。

損害賠償請求で損失大

会社の安全配慮義務違反が認められると、「適切な安全配慮をしていたら、ケガや病気は防げたはずだ」ということで、被災従業員やその遺族から★慰謝料を請求される可能性がとても高くなります。従業員が死亡した場合は、遺族から★逸失利益も請求されることがあります。

労災保険は従業員の治療補償や所得補償などを行っても、**会社が請求された慰謝料や逸失利益の費用については補償しません**。

従業員の安全を軽視すると、信用面でも金銭面でも多大な損失を招く可能性があることを忘れてはなりません。

慰謝料…相手が被った精神的苦痛に対して支払う損害賠償金。相手の法律上保護された利益を侵害した場合には、賠償をしなければならない。

安全配慮義務違反は会社のリスク

会社の安全配慮義務
従業員の心身の健康・物理的な安全を確保

↓

従業員の健康や安全を脅かす要素

- 長時間労働
- ハラスメント
- 厳しいノルマ
- 危険な作業場
- 災害・感染症　など

安全配慮義務を怠ると可能性大

脳・心臓疾患の発症	メンタルヘルス不調の発症	過労死・過労自殺	業務中の事故

仕事との関連が強いと判断されたら

↓

労災認定

労災による補償	損害賠償金、慰謝料、逸失利益を従業員本人や遺族が請求
国が給付する	会社が支払う可能性がある

↓

リスク

人材の損失	金銭的損失	社会的信用の低下

安全配慮を怠ることは、会社の大きなリスクになります。常日頃から労働環境や従業員の状態を把握しておくことが、リスクマネジメントの第一歩です。

逸失利益…債務不履行や不法行為によって、得られるべきだった利益が得られなくなったもの。ここでは、死なずに生きていたら得られたであろう生涯賃金などのこと。

過重労働で脳や心臓の病気になりやすくなる？

9 脳・心臓疾患の労災認定

- 労働安全衛生法、個人情報保護法に反しない範囲で従業員個人の健康状態や持病を把握しておく。
- 従業員が業務災害の判断要件にあたるような労働環境に置かれていたら、改善を図るなどの措置をする。

個人の状況も考慮して労災を総合的に判断する

長時間残業などの過重労働で、さまざまな疾病にかかりやすくなります。とくに、くも膜下出血、脳梗塞、心筋梗塞、狭心症などは、**過重労働が要因となる**ことがわかっています。

従業員が**脳・心臓疾患**を発症して、治療を受けた、障害を負った、あるいは死亡に至った場合、その**発症と業務との間に相当の因果関係があると認定されると、業務上の疾病として労災保険の給付の対象となります**。それが、いつ、どこで発症したかは関係なく、自宅で就寝中、休日に車を運転中でも労災と認められます。副業を認める会社が増えていますが、どちらに責任があるか問題となるケースもあります。

過重労働など仕事が主な原因となって脳・心臓疾患を引き起こし、死に至ることを「過労死」といいます。**厚生労働省では、脳・心臓疾患の発症や過労死を労災と認定するまでの基本的な考え方や要件を示す「労災認定基準」を作成し、労災となるガイドラインを示しています**。過重労働をしている、持病を持っているなどの健康上のリスクがある従業員の健康情報を把握しておきましょう。

過労死ラインを超えた長時間残業に注意

労災認定の要件となる「過重労働」には、不規則な勤務、深夜勤務、精神的緊張をともなう業務などがありますが、それらの中でも長時間の残業は労災認定では重要視されます。

発症した脳・心臓疾患が労災として認定される時間外労働の基準は「発症前1か月に約100時間または発症2～6か月間で1か月あたり約80時間」とされ、この基準は「**過労死ライン**」と呼ばれています。現在は、時間外労働が基準に達していなくても、労働時間以外の負荷要因があれば、総合評価をして過労死認定をすることになっており、長時間労働がなくても過労死認定をする事例が出ています。

産業医等に提供する情報等は要配慮個人情報として健康情報取扱規程を作成し、情報収集や保管の方法・目的・担当者などを決めなければならない。

脳・心臓疾患の労災認定の流れ

対象疾病

脳血管疾患
- 脳内出血（脳出血）
- くも膜下出血
- 脳梗塞
- 高血圧性脳症

虚血性心疾患等
- 心筋梗塞
- 狭心症
- 心停止（心臓性突然死を含む）
- 解離性大動脈瘤

要　件

業務による明らかな過重負荷

異常な出来事	短期間のとくに過重な業務	長期間の著しい疲労をもたらす過重業務
発症直前から前日までの間に、業務に関連した精神的負荷、身体的負荷、著しい作業環境の変化などがあった。	発症に近接した時期に、労働時間や作業環境、深夜勤務などでとくに過重な業務があった。	発症前のおおむね6か月間に、労働時間や作業環境、深夜勤務などでとくに過重な業務があった。

業務以外の負荷や、個人の基礎疾患、加齢、食生活、生活環境などを考慮

↓

総合判断

健康情報は個人情報です。規程を作成するなど、扱いには十分に注意しましょう。

業務上（労災認定）　　**業務外**

複数の会社に就業している人の脳・心臓疾患や精神疾患の労災認定の判断は、それぞれの就業先の労働時間やストレスも含めて総合的に判断される。

過重労働が精神障害を引き起こすことがあるの？

10 メンタルヘルス不調の労災認定

●採用時の適性テストで、従業員のストレス耐性などを把握しておくとよい。日頃からまめにコミュニケーションをとることも大切。
●従業員が業務災害の判断要件にあたるような労働環境に置かれていたら、改善を図るなどの措置をする。

発症は仕事と関連することが多い

長時間労働、劣悪な職場環境などでたまった心身のストレスは、うつ病などの深刻なメンタルヘルス不調（精神障害）を引き起こすことがあります。

メンタルヘルス不調は再発率も高く、治療が長引くこともあります。

メンタルヘルス不調の発症と業務との間に相当の因果関係があると認定されると、業務上の疾病として労災保険の適用となります。

メンタルヘルス不調は、仕事とは関係ないストレスや本人の資質が関係していることもあります。発症したメンタルヘルス不調が労災にあたるかどうかは、発症前の仕事の状況のほか、個々の状況も勘案して判断されます。

厚生労働省では、メンタルヘルス不調の発症や過労自殺が労災と認定できる基本的な考え方や要件を示す「**労災認定基準**」を作成しています。2023年には、精神障害の労災認定基準が改正され、カスタマーハラスメントや感染症等の病気や事故の危険性が高い業務に従事したことが追加されています。

安全配慮義務違反で訴えられることも

前項（➡P256）の脳・心臓疾患やメンタルヘルス不調では、発症と仕事との関連を疑った本人や家族（遺族）が国に対して労災を請求するケースが多いです。その結果、会社の安全配慮義務違反による労災と認定されれば、本人やその家族（遺族）から損害賠償を請求されることがあります。

脳・心臓疾患やメンタルヘルス不調の労災請求件数は増え続けています。メンタルヘルス不調では、ハラスメントを含む「対人関係」を理由とした請求が増加しています。会社には、社員の健康を優先した経営をするなどの対応が必要です。メンタルヘルス不調、脳・心臓疾患の労災認定基準が見直されているので、確認しましょう。

従業員ばかりではなく自社で働く派遣労働者にも安全を配慮する義務がある。派遣労働者の過労自殺で、派遣元と派遣先の両方に損害賠償の支払いが命じられた例がある。

メンタルヘルス不調が労災と判断される流れ

❶認定基準の対象となる精神病を発病している。

代表的なもの
うつ病、急性ストレス反応、適応障害など。

除外されるもの
認知症、頭部外傷やアルコール・薬物による障害。

❷発病前おおむね6か月*の間に業務による強度の心理的負荷が認められる。

*いじめやハラスメントが6か月より前に始まり発病までに継続して繰り返されていた場合は、始まった時点からの心理的負荷を評価する。

例
- 発病前の1か月に160時間以上の時間外労働を行った。
- 生死にかかわる、極度の苦痛をともなう、または永久に労働不能となるほどの後遺症を残す業務上の病気やケガをした。

退職を強要された、嫌がらせやいじめを受けたなど、業務による心理的負荷がかかる事例は実にさまざまです。個々に評価して「強度」が高いかどうかを判断します。

業務以外の心理的負荷の例
離婚、重い病気やケガ、家族の死亡、天災にあったなど。

個人の要因の例
アルコール依存状況、精神障害の既往歴など。

❸発病について業務以外の強度の心理的負荷や個人の要因が認められない。

労災認定

業務外の心理的負荷や個人の要因の有無やその程度も、個別にみて慎重に判断されます。

メンタルヘルス不調の隠れた症状

仕事が原因で心が折れ、自殺してしまう過労自殺（かろうじさつ）が社会問題になっていますが、過労自殺を図るほとんどの人がメンタルヘルス不調を患っています。メンタルヘルス不調では、悲観的になる、憂うつになるなどのほか、集中力がなくなる、決定を先送りにする、仕事の能率が落ちる、などの症状が出ることがあります。テレワークうつも増えています。「最近仕事へのやる気が感じられない」などと思ったら、メンタルヘルス不調を疑ってみましょう。テレワーク下では不調に気づきにくいので、こまめにコミュニケーションをとりましょう。

動悸（どうき）、便秘、頭痛、胃の不調、めまい、のどの渇きなど原因不明の身体の不調もSOSのサインとなることがあります。しかし、本人も周囲もメンタルヘルス不調とは気づかず、精神科以外を渡り歩いて判断が遅れ、重症化するケースもあるようです。

従業員にも、健康保持に気を配るなどの自己保健義務がある。忙しいなどの理由で健康診断を受けず労災にあったような場合、自己保健義務違反で労災でも過失相殺が行われることがある。

過重労働対策として行うことは？

11 定期健康診断と面接指導

●雇入れ時の健康診断の後、対象となる従業員に年に１回の定期健康診断を実施する。
●労働時間管理を行い、残業時間が80時間を超えている従業員の面接指導を行う前に労働時間短縮などを図っておきたい。

定期健康診断を行う義務がある

労働安全衛生法により、**会社は年に１回（深夜業など特定の業務は半年に１回）定期健康診断を行う義務があります**。また、診断結果に応じて医師などの意見を聞き、配置転換をする、時間外労働の短縮を図るなどの必要な措置を行わなければなりません。

定期健康診断を受けさせる従業員は、下記の❶❷のいずれかの「常時雇用されている者」です。

❶正社員
❷1年以上雇用されている、または、雇用が予定されており、１週間の所定労働時間が正社員の４分の３以上ある者

健康診断結果は５年間保存する

健康診断の結果は、本人に通知するとともに会社で５年間保存しなければなりません。そのまま本人に診断結果を渡してしまうケースも多いので、注意が必要です。

なお、**従業員が常時50人以上いる職場では、健康診断結果を労働基準監督署へ届けなければなりません**。

長時間労働への面接指導

定期健康診断以外にも、**会社は日頃から長時間労働と社員の健康に気を配る必要があります**。

時間外労働が１か月80時間を超え、かつ疲労の蓄積が認められる従業員には、本人から申し出があった場合、医師による面接指導を行わなければなりません。その結果必要と判断されれば、時間外労働の削減、配置転換、年次有給休暇の取得などの措置を行わなければなりません。

産業医との連携も強化されています。上記の医師（産業医）による面接指導では、対象となる従業員の長時間労働の状況や業務内容などの情報を産業医に提供することが必要になりました。

特定の有害業務に従事する労働者に対しては、歯科健康診断を行う必要があり、労働者数に関係なく、歯科健診結果を労働基準監督署へ届けなければならない。

過重労働対策

●定期健康診断

時期

1年に1回

対象者

- 正社員
- 1年以上雇用されている、または、雇用が予定されており、1週間の所定労働時間が正社員の4分の3以上ある者

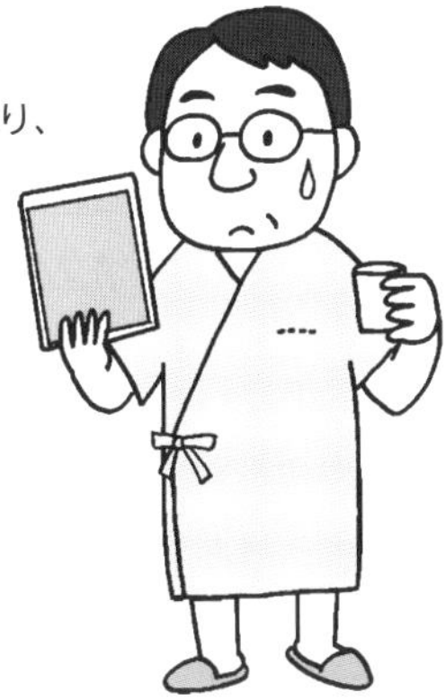

法定の受診項目

① 既往歴および業務歴の調査
② 自覚症状および他覚症状の有無の検査
③ 身長、体重、腹囲、視力、聴力の検査
④ 胸部エックス線検査
⑤ 喀痰検査
⑥ 血圧測定
⑦ 貧血検査（血色素量および赤血球数）
⑧ 肝機能検査（GOT、GPT、γ-GTP）
⑨ 血中脂質検査（LDL コレステロール、HDL コレステロール、血清トリグリセライド）
⑩ 血糖検査
⑪ 尿検査（尿中の糖およびタンパクの有無の検査）
⑫ 心電図検査

その他

- 診断費用は会社が全額負担する。
- 診断結果は本人に通知し、会社が5年間保存する（個人票を作成して保存してもよい）。
- 50人以上の事業所では、労働基準監督署へ定期健康診断結果を届け出る。
- 医師などの意見を聴取し、診断結果に問題があれば、業務の軽減、労働時間の短縮など、必要な措置を行う。

●長時間労働への面接指導

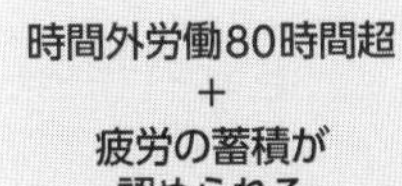

時間外労働80時間超
＋
疲労の蓄積が
認められる
→
本人の
申し出
→
医師による
面接指導

健康診断も面接指導も、「実施して終わり」ではなく、結果に応じて健康保持対策をとることが大切です。

プラス知識

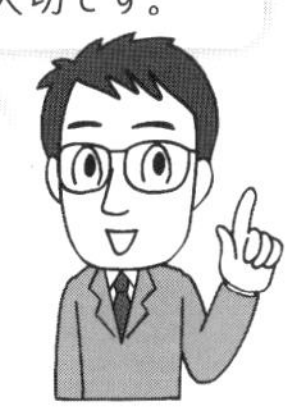

産業医・産業保健機能が強化され、対象となる従業員の業務内容などを産業医に提供するほか、産業医から受けた勧告内容を衛生委員会などに報告することが会社に義務づけられた。

メンタルヘルス不調への予防体制は？

12 ストレスチェック制度

●従業員が50人以上いる事業所は、年に1回のストレスチェックを実施する。
●規模の小さい会社ほど、従業員のメンタルヘルス不調への理解を深め、ストレスチェックを積極的に行うのが望ましい。

従業員50人以上でストレスチェックを義務づけ

従業員が50人以上いる事業所では、年に1回のストレスチェックを行うことが義務づけられています。**ストレスチェックは、簡易な質問票に記入することで自身のストレス状態を知ることができる検査**です。ストレスチェック実施の対象となる従業員は、下記の❶❷のいずれかの「常時雇用されている者」です。

❶正社員

❷1年以上雇用されている、または、雇用が予定されており、1週間の所定労働時間が正社員の4分の3以上ある者

定期健康診断のメンタルヘルス版ともいえますが、ストレス状況の結果は本人に通知されても、会社には通知されない点が定期健康診断とは異なります。会社が結果を知るには、本人の同意が必要になります。

検査の結果、「ストレスが高い」という通知を受けた本人が申し出た場合に、会社は医師による面接指導を行います。医師から意見を聞き、それを踏まえて労働時間の短縮などの措置を行います。面接指導の結果は、会社が5年間保存します。

50人未満でも実施や他の対策を

従業員が50人未満の事業所では、ストレスチェックは努力義務にとどまります。しかし、従業員に自身のストレス度を把握してもらうために、小さい会社でも実施するのも一案でしょう。

厚生労働省の調査から、**事業規模が小さい会社ほどメンタルヘルス対策の実施率が低い**ことがわかっています。一方で、規模の小さな企業ほど、いったん従業員がメンタルヘルス不調になるとダメージが大きいのも事実です。

メンタルヘルス対策には、大きく分けて4つ（➡右ページ）あります。小さい会社でも取り入れやすい対策から進めていきましょう。

ストレスチェック制度は、労働者の個人情報が適切に保護されるしくみになっている。従業員の同意がなければ会社が検査結果を知ることができないのは、そのため。

メンタルヘルス不調対策

●ストレスチェック制度

対象者全員

- 質問票に記入
- ストレス状況の評価・医師の面接指導の要否の判定

本人に検査結果を通知

「ストレスが高い」と通知された人

- 本人の申し出
- 医師による面接指導
- 医師から意見を聞き、就業上の措置を実施

職業性ストレス簡易調査票（57 項目）

A　あなたの仕事についてうかがいます。最もあてはまるものに○を付けてください。

	そうだ	まあそうだ	ややちがう	ちがう
1. 非常にたくさんの仕事をしなければならない	1	2	3	4
2. 時間内に仕事が処理しきれない	1	2	3	4
3. 一生懸命働かなければならない	1	2	3	4
4. かなり注意を集中する必要がある	1	2	3	4
5. 高度の知識や技術が必要なむずかしい仕事だ	1	2	3	4
6. 勤務時間中はいつも仕事のことを考えていなければならない	1	2	3	4
7. からだを大変よく使う仕事だ	1	2	3	4
8. 自分のペースで仕事ができる	1	2	3	4
9. 自分で仕事の順番・やり方を決めることができる	1	2	3	4
10. 職場の仕事の方針に自分の意見を反映できる	1	2	3	4
11. 自分の技能や知識を仕事で使うことが少ない	1	2	3	4
12. 私の部署内で意見のくい違いがある	1	2	3	4
13. 私の部署と他の部署とはうまが合わない	1	2	3	4
14. 私の職場の雰囲気は友好的である	1	2	3	4
15. 私の職場の作業環境（騒音、照明、温度、換気など）はよくない	1	2	3	4
16. 仕事の内容は自分にあっている	1	2	3	4
17. 働きがいのある仕事だ	1	2	3	4

B　最近 1 か月間のあなたの状態についてうかがいます。最もあてはまるものに○を付けてください。

	ほとんどなかった	ときどきあった	しばしばあった	ほとんどいつもあった
1. 活気がわいてくる	1	2	3	4
2. 元気がいっぱいだ	1	2	3	4
3. 生き生きする	1	2	3	4
4. 怒りを感じる	1	2	3	4
5. 内心腹立たしい	1	2	3	4
6. イライラしている	1	2	3	4
7. ひどく疲れた	1	2	3	4
8. へとへとだ	1	2	3	4
9. だるい	1	2	3	4
10. 気がはりつめている	1	2	3	4
11. 不安だ	1	2	3	4

1

57 項目のストレスチェックを次のストレスチェック HP で調べることができる。

● 5 分でできる職場のストレスセルフチェック
https://kokoro.mhlw.go.jp/check/

就業上の措置を行うことでメンタルヘルス不調を未然に防止することが大切です。ストレスチェックと面接指導の実施状況は、毎年、労働基準監督署に報告します。

予防・早期発見・サポートの 4 大対策

予防

❶情報提供と教育研修
メンタルヘルス不調の知識と予防法を伝える。

❷職場環境の把握と改善
職場レベルでメンタルヘルス不調の要因を取り除く。

早期発見

❸不調への気づきと対応
メンタルヘルス不調を早い段階で発見し、すみやかに適切な対応をする。

サポート

❹職場復帰支援
職場復帰支援と再発防止に取り組む。

メンタルヘルス不調は症状が多様になっている。適切な予防や対処について、保健師や精神科専門医など専門家の力を借りていきたいもの。コンディションチェックのためのサービスが増えているので、活用しよう。

職場の安全管理体制を管理するスタッフとは？

13 衛生推進者、衛生管理者など

- 自社の事業規模や業種に合った安全衛生に関するスタッフの業務範囲、要件などをチェックして選任する。
- 労働基準監督署も安全衛生管理体制を見ている。担当スタッフには必要な講習や経験を得させること。

50人以上と50人未満で異なる担当者

定期健康診断やストレスチェック制度の実施は、安全管理体制の一環です。そのほか、会社は労災を予防するための安全衛生教育（➡P268）、労災が起きたときの原因調査や再発防止などを行い、**職場の安全管理体制を整備する**必要があります。

このような業務の担当者として、従業員が常時10人以上50人未満の職場には**衛生推進者**（業種によっては**安全衛生推進者**）を選任しなければなりません。50人以上の職場の場合、**衛生管理者**（業種によっては**安全管理者**も）と産業医を選任し、労働基準監督署に届け出ます。

担当者の要件

衛生推進者や安全衛生推進者になるには、法定の講習を受ける必要があります。衛生推進者や安全衛生推進者を選任したら、事業場の見やすい場所に掲示する等、誰もがわかるようにしておきます。

また、衛生管理者や安全管理者は国家資格をもっているか一定の業務経験者でなければなりません。**産業医**は、医師であることに加え、定められた研修を終えたか資格をもつ労働安全衛生に詳しい人であることが必要です。

衛生委員会や安全委員会の要件

衛生委員会は、従業員が50人以上の事業場（すべての業種）で設置します。**安全委員会**は、建設業などの業種で従業員が50人以上（業種によっては100人以上）の事業場で設置します。会合は毎月1回開催し、安全や衛生についての対策などを調査・審議します。議事録は3年間保存します。

委員会の設置が必要ない小規模な会社でも、安全衛生に関する事柄について、従業員の意見を聞く機会をもつことが求められます。

労働安全衛生法に基づく安全管理体制については、労働基準監督署も監督を強化している。デジタル規制改革で産業医などの常任・専任規制の見直しも検討されている。

事業規模別　主な安全管理体制

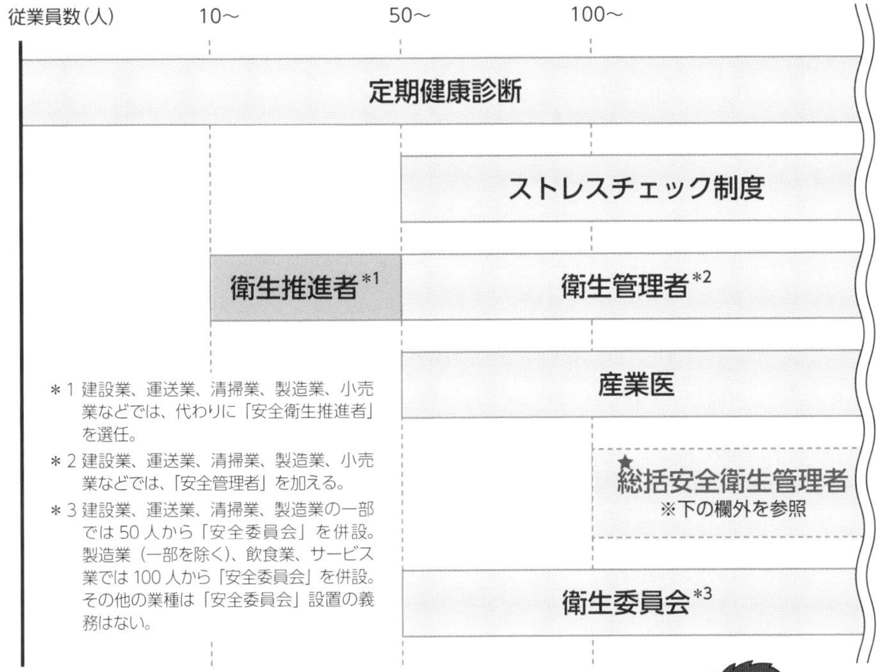

従業員数(人)	10〜	50〜	100〜
定期健康診断（全規模）			
		ストレスチェック制度（50〜）	
	衛生推進者[*1]（10〜）	衛生管理者[*2]（50〜）	
		産業医（50〜）	
			★総括安全衛生管理者 ※下の欄外を参照（100〜）
		衛生委員会[*3]（50〜）	

＊1 建設業、運送業、清掃業、製造業、小売業などでは、代わりに「安全衛生推進者」を選任。

＊2 建設業、運送業、清掃業、製造業、小売業などでは、「安全管理者」を加える。

＊3 建設業、運送業、清掃業、製造業の一部では 50 人から「安全委員会」を併設。製造業（一部を除く）、飲食業、サービス業では 100 人から「安全委員会」を併設。その他の業種は「安全委員会」設置の義務はない。

事業規模ごとに、安全衛生を管理するスタッフが異なります。衛生管理者は、原則として専属の者です。兼任ができないほど、責務は重いということですね。

●安全衛生推進者または衛生推進者の業務

安全衛生推進者	労働者の危険または健康障害を防止するための措置に関すること。
	労働者の安全または衛生のための教育の実施に関すること。
	健康診断の実施その他健康の保持増進のための措置に関すること。
	労働災害の原因の調査および再発防止対策に関すること。
	安全衛生に関する方針の表明に関すること。
	労働安全衛生法第 28 条の 2 第 1 項の危険性または有害性等の調査及びその結果に基づき講ずる措置に関すること。
	安全衛生に関する計画の作成、実施、評価および改善に関すること。
衛生推進者	上記の業務のうち衛生に係る業務。

総括安全衛生管理者…安全管理の指揮・統括管理をする者で工場長など。建設業、運送業などは 100 人から、製造業や小売業などは 300 人から選任。その他の業種は 1000 人から。

セクハラ、パワハラの防止も会社の義務?

14 ハラスメントの防止体制

●会社内部や外部に相談窓口を設置し周知する。プライバシー保持には配慮をする。
●職場が無自覚な場合は、専門家や公的なパンフレットを利用して教育活動から始める。

ハラスメント放置も安全配慮義務違反

セクハラ★やパワハラ★などの**職場のハラスメントも労災(ろうさい)の大きなリスクになっています**。ハラスメントが深刻な脳・心臓疾患(しんぞうしっかん)やメンタルヘルス不調の要因になることがあるためです。

ハラスメントが原因で、従業員が心臓発作を起こしたり、うつ病にかかったりした場合、労災として認定されます。そのうえ、本人やその家族(遺族)が、会社とハラスメントを行った従業員とに対して慰謝料(いしゃりょう)などを請求することがあります。職場のハラスメントは、加害者と被害者の間だけの問題ではなく、それを容認していた会社の安全配慮義務(あんぜんはいりょぎむ)違反だとされるのです。

ハラスメントについての労働局の総合労働相談コーナーへの相談件数は増えており、パワハラによる労災認定は、2022年に147件ありました。これは労災原因別で最も多い数字です。**ハラスメントを経営リスクととらえ、できるところから対策を図りましょう。**

相談窓口を設置する

ハラスメント対策は、衛生推進者(えいせいすいしんしゃ)(➡P264)などが中心となって対策を立てていくのでもよいでしょう。部下の指揮管理にあたる管理職に、「どんなことがハラスメントにあたるのか」を認識してもらうことから始める必要があるかもしれません。

また、ハラスメントを受けた人が相談できる窓口を設置します。ハラスメントがエスカレートしないように、相談窓口では個人情報を守ることを徹底します。**適切に対処するために、研修や相談窓口を外部に委託する**のもおすすめです。**ハラスメント対策は就業規則(しゅうぎょうきそく)に記載**し、周知することも大切です。ハラスメント防止措置を義務づける改正法も成立し、中小企業に対しても相談体制の整備等が義務化されています。すべての会社で対応が必要です。

セクハラ…性的いやがらせ。性的な言動で周囲を不快にさせること。1人でも不快に感じる人がいればセクハラとなる。また異動や労働条件を盾にして相手に性的な要求をすること。

ハラスメント対策

就業規則の整備・周知・啓発

- セクハラやパワハラを禁止する会社の方針を定める。
- 相談窓口の設置など制度を明記する。
- ハラスメントが確認されたときの懲戒処分などを明記する。

教育・講習

- どんなことがセクハラやパワハラにあたるのか従業員に認識してもらう。
- 管理職に対しても、部下への接し方などについて研修を行う。

相談窓口の設置・対処・周知

- 会社内部や外部に相談窓口を設置する。
- 相談者、当事者のプライバシーに配慮し、相談したことによって不利益を被らないようにする。
- 相談内容に適切に対応できるように、連携やしくみを整える。
- 相談者のメンタルヘルス不調などにも対処する。相談対応の研修を行う。
- 迅速かつ正確に事実確認を行う。
- 必要に応じて配置転換などを行う。
- 事実関係があれば、加害者に謝罪させ、懲戒処分を行う。被害者にも配慮する。
- 再発防止対策を講じる。

＊ハラスメント相談の窓口対応をしている専門の会社もある。

セクハラ・パワハラの例

セクハラ

- 交際の要求を拒否されたので解雇した。
- 性的な言動に抗議されて、降格・不利益な配置転換などを行った。
- 容姿や性的な経験などについて聞く。
- 胸や腰などにさわる。
- 従業員の意向を聞かず、ヌードポスターなどを掲示している。

パワハラ

- たたく、殴る、蹴るなどの身体的な攻撃。
- みんなの前で叱責する、必要以上に長時間叱責するなどの精神的な攻撃。
- 1人だけ別室に席を移す、自宅待機を命じるなど、人間関係の切り離し。
- こなしきれない仕事を押しつけるなど、過大な要求。
- 仕事を与えないなど、過小な要求、過小な評価。
- 家族の悪口を言う、机を勝手にさわるなど、プライバシーの侵害。

派遣社員や取引先、外注業者もハラスメント対象になり得ます。

●ハラスメントに関する相談・苦情への対応

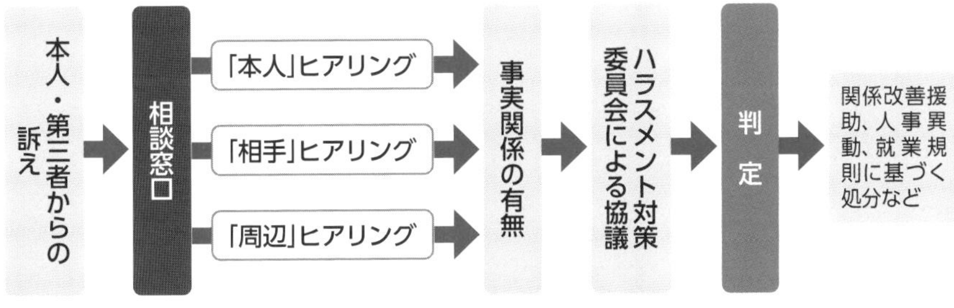

パワハラ…職場の人間関係で上位にあることを利用して、下位の人に精神的・身体的な苦痛を与えること。退職勧奨などでしばしば行われることがあるので注意する。

column

労働災害の防止に重要な役割！ 安全衛生教育

業務に応じて必要な教育・訓練を計画的に実施する

労災では、危険や有害性についての知識や対応できる技能があれば、防ぐことができたケースが多く見られます。未然に労災を防ぐには、労働者が危険や職業病などについての知識、防止する技能を身につけることが有効になります。会社は、従業員に対して適切な安全衛生教育を行う必要があります。

従業員に対する安全衛生教育や訓練には、法令上実施することが義務づけられているものと、個々の事業場が独自の判断で実施するものとがあります。2024年から雇入れ時の安全衛生教育について、特定の業種での一部教育項目の省略が認められなくなります。会社は、どんな従業員にどのような安全衛生教育が必要なのかを検討し、計画的に実施していくことが重要です。

たとえば工場などで日常的に行われる安全衛生教育には、作業前に従業員が集まり、手短に作業内容、危険要因、注意事項などを確認するツールボックスミーティングなどがあります。

労働安全衛生法に基づく教育など〈例〉

- 雇入れ時（入社後すぐ）の安全衛生教育
- 作業変更時の安全衛生教育（変更前に確実に実施）
- 職務教育
- 特別教育
- 能力向上教育
- 免許、技能講習
- 安全衛生教育および指針
- 労働災害防止業務従事者講習

事業場が行う自主的な教育、訓練など〈例〉

事業場内で実施

- 安全衛生講習会
- OJT（実際の業務を通じた教育）
- 管理監督者による指導
- 消火訓練、避難訓練
- 安全朝礼
- 災害発生事例および再発防止対策の周知

事業場外で実施

- 労働基準監督署が開催する講習会への参加
- 発注者、元請が開催する講習会への参加

（東京労働局資料より作成）

10章

労働基準監督署の調査と労使紛争の解決

1　労働基準監督署の調査の種類

2　労働基準監督署の調査の流れ

3　個別労働紛争の現状と対策

4　労働組合への対応

5　個別労働紛争解決制度

6　労働審判制度と民事裁判

労働基準監督署の調査にはどんなものがあるの？

1 労働基準監督署の調査の種類

●どんなときにどんな調査があるのかをチェックしておく。必要以上に警戒しないように。
●労働基準監督署の調査の範囲を把握しておく。相談する場合も調査と同じ範囲になる。

労基署の調査は４種類

労働基準監督署（以下、労基署）では、労働基準法令に関する各種届け出の受付、労災保険の給付などを行うほか、労働基準法関連の法令違反の調査や取り締まりを行っています。

調査には、労働者からの申告を契機として始める調査（**申告監督**）、管轄から任意に会社を抽出して行う調査（**定期監督**）、大きな業務災害が発生したときに行う調査（**災害時監督**）があります。以前に指導などを行った会社、是正勧告などをしたのに応じない会社の再調査（**再監督**）も行います。

調査の方法には２種類あります。事業主や関係者に対して必要書類を持参して労基署に来るように要請する**呼び出し調査**と、★労働基準監督官が事業所や工場を訪問する**臨検**です。臨検では予告なく労働監督官が突然訪問に現れますが、事前に訪問日などを知らせることもあります。

取り締まるのは労基法関連の違反だけではない

最近までは、労基署が取り締まるのは労働基準法関連の違反と決まっていたようなものでした。法律の範囲でいえば、労働基準法、労働安全衛生法、最低賃金法などです。それ以外の法令違反は主に労働局が対応していました。

しかし、ここ数年で、男女雇用機会均等法関連のセクハラ、パートタイム・有期雇用労働法の範囲になる非正規社員の待遇や雇止め問題などに対応するケースも増えています。

ただし、労働基準監督官は司法警察権をもって調査にあたりますが、民事上の争いにはかかわりません。たとえば解雇に関しては、法的な手続きに沿って適正に行われたかどうかは調査、処分します。しかし、労使間で解雇の正当性について争われた場合、それは民事上の争いになるので労基署は関与しません。正当性は裁判所などで判断されることになります。

労働基準監督官…労基署の職員の中でも、企業調査・処分にかかわる。調査や行政指導を行う行政官と、捜査・犯罪行為の処罰を行う特別司法警察職員の身分をあわせもつ。

労働基準監督署による調査の種類と方法

主な調査の種類

申告監督
労働者の相談、申告から始まる調査。

定期監督
管轄区域から任意に会社を選んで行う調査。

災害時監督
大きな業務災害が発生した会社に対して、原因究明や再発防止の指導を行うための調査。

再監督
過去に指導などを行った会社、または指導などに従わなかった会社の再調査。

調査方法

臨検(立ち入り調査)
労働基準監督官が立ち入って調査する。予告なしに調査に来るのが原則だが、調査日時を指定してから調査に入ることもある。

呼び出し調査
労基署から呼び出されて資料を持参していく。

労働基準監督署が取り締まる範囲

主な労働基準法関連の法令違反

労働基準法
労使ともに守るべき労働条件に関する基準となる法律

労働安全衛生法
職場における労働者の健康と安全を守るための法律

最低賃金法
賃金の最低額を定め、労働者の生活の安定をはかる法律

家内労働法(かないろうどうほう)
家内労働者の労働条件の向上、生活の安定をはかる法律

賃金の支払確保等に関する法律
会社が倒産したときの労働者の生活の安定を図る法律

作業環境測定法
作業環境を確保し、労働者の健康を守る法律

じん肺法(はい)
じん肺の予防などに関する法律

労働契約法
労働契約に関する基本的事項を定めた法律

これ以外の法令、たとえば男女雇用機会均等法、育児休業法、労働者派遣法などに関することにも対応する例が増えています。

労働者による申告は、退職した元従業員だけではなく在職者も増えている。在職者が申告した場合、誰かがわかったとしても解雇・減給・懲戒などの不利益な取り扱いをしてはならない。

調査時は何を重点的にチェックするの？

2 労働基準監督署の調査の流れ

- 労働基準監督署からの調査が入ったら、指示通りに書類をそろえて提出する。
- 書類の不備などいくつかの指導を受けるのは想定の範囲内。素直に応じて、すみやかに是正すること。

行政指導に応じなければ司法処分になる

労働基準監督官による調査は、**就業規則や雇用契約書、36 協定書などの書類のチェックから**始まります。

近年は、36 協定の届け出の有無、残業時間が長い長時間労働や残業代を支払わないサービス残業などに対するチェックの目が厳しくなっています。働き方改革の法改正もあり、今後も 36 協定や法令違反の長時間労働や残業代未払いはさらに厳しくなると考えられます。労働時間の把握や残業代計算方法の誤りも指摘が増えています。司法警察権限で、社員の PC ログや入退室記録を確認することもあります。

調査の結果、法違反がなければそれで終了しますが、法違反があれば通常は「違反事項を指導します」という**指導**がなされます。残業代未払いなどの悪質性が高いものには「違反事項を改善するように」という**是正勧告**が出されます。未払い賃金の是正勧告では**賃金の支払命令**が出されます。

是正勧告は行政指導であり、法的な強制力はありませんが、**これを放置して是正しないでいると、悪質と判断されて、★書類送検という司法処分を受ける可能性が高くなります**。

改ざんや隠ぺいは時間のムダすみやかに改善する

労働基準監督署の調査では、会社は素直に対応し、求められた資料はすべて開示しましょう。隠し事は労働基準監督官に悪い印象を与えるだけです。

労働者からの申告による**申告監督では、労働基準監督官は事前の下調べや聞き取りでほぼ事実を把握してから調査**に入ります。データの改ざんや隠し事は必ずといっていいほど発覚します。

指導や是正勧告を受けたら、すみやかに是正を行い、指導報告書や是正報告書を提出しましょう。再監督、再度の資料提出などがあるのでくれぐれも虚偽の報告をしないように誠実に対処しましょう。

書類送検…司法警察権限を行使して捜査を行い、刑事事件として地方検察庁に送検するもの。捜索、差し押さえなどの強制捜査が行われるケースもある。法人代表者だけでなく、管理部門長や担当役員の送検事例もある。

労働基準監督署による調査・処分の流れ

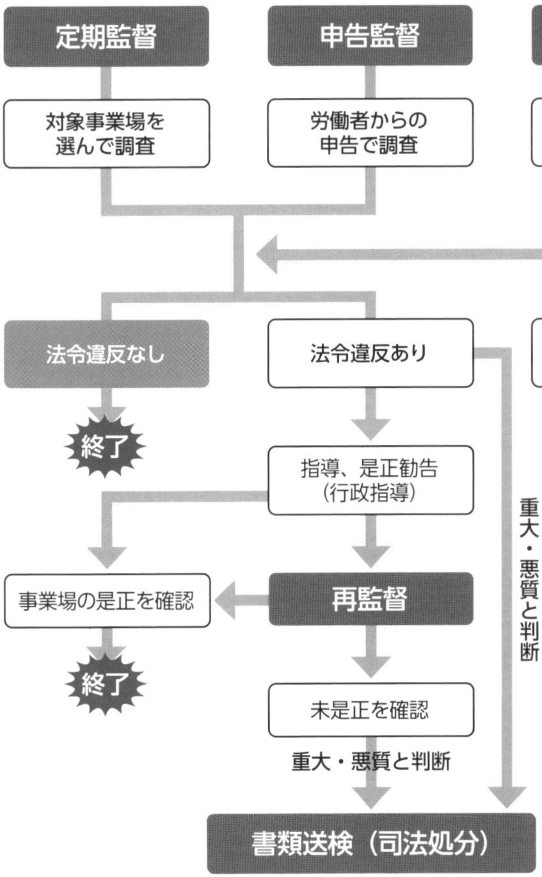

定期監督 → 対象事業場を選んで調査
申告監督 → 労働者からの申告で調査
災害時監督 → 重大災害発生時に連絡を受けて調査 → 災害原因究明・再発防止策立案

法令違反なし → 終了
法令違反あり → 指導、是正勧告(行政指導) → 再監督 → 未是正を確認 → 重大・悪質と判断 → 書類送検(司法処分)
指導、是正勧告(行政指導) → 事業場の是正を確認 → 終了
再監督 → 事業場の是正を確認 → 終了
法令違反あり → 重大・悪質と判断 → 書類送検(司法処分)

何かしら改善点が出てくるものです。指導や是正勧告が出たら、宿題を出されたと思って、期限までに改善し、労基署に報告書を届けましょう。

調査で用意する主な書類

- 就業規則(給与規程含む)
- 労働者名簿
- 賃金台帳
- タイムカード、出勤簿、シフト表
- 雇用契約書(労働条件通知書)
- 36協定書(時間外労働・休日労働に関する協定書)
- 変形労働時間制などの協定書
- 定期健康診断個人票(定期健康診断結果報告書)
- 衛生委員会議事録
- 源泉徴収税の納付書控え
- 機械整備記録書
- 年次有給休暇管理簿　などを1か月~2年分

重点的に調査する事項

- 就業規則を届け出ているか。
- 残業に際して36協定を結んでいるか。
- 36協定の限度時間や回数を超えていないか。
- 定期健康診断を実施しているか。
- タイムカードなどを打刻し、労働時間管理を行っているか。
- 残業時間を正しく出しているか。
- 残業代を正しく計算し、支払っているか。未払いがないか。
- 給与明細に残業時間を正しく明記しているか。
- 衛生管理者や安全管理者などを適正に配置しているか。

従業員が50人以上の事業所では、安全管理者や衛生管理者に関する資料も求められる。安全衛生の調査では、工場の機械や設備も調査の対象になる。1か月45時間の残業があるなど、法令違反ではないが、改善が望ましい事項について、健康障害防止の点から指導も増えている。

どうして労使紛争が増えてきているの？

3 個別労働紛争の現状と対策

●長い間会社の制度を変更していなければ、実情の法制度に沿ったものかをチェックして、変更していく。
●従業員と話し合い、労使が納得して制度を決め、実行していくような社風をつくることが防止につながる。

目立ってきた労働者個人との紛争

解雇、ハラスメント、長時間労働や賃金の未払いなど、労務条件や労務環境をめぐって労働者個人と事業主との間でトラブルになることがあります。これを**個別労働紛争**といいます。

以前に比べて、**労働者が個別労働紛争を起こすケースが目立つようになりました**。背景には、パートや契約社員など労働条件が不安定な非正規社員が増えたこと、労働審判制度など個別労働紛争に対応する公的な制度が整備されたことなどがあります。

インターネットの普及も一因です。労働関連法を調べて自分の職場の労働条件や労働環境は法律に違反するのかどうかがすぐにわかり、同時に弁護士事務所や合同労働組合（➡P276）などの情報に簡単にアクセスできるようになりました。労働者にとっていろいろな面で個別労働紛争のアクションを起こすハードルが低くなったのです。

専門家の力も借りる

会社にとって、個別労働紛争はある日突然始まることが少なくありません。弁護士事務所から**内容証明郵便**★が送られてくる、労働局からあっせん開始の通知がくるなどです。

このような場合、すみやかに対応するのがよいですが、**対処法がわからないときは社会保険労務士や弁護士などの専門家に相談しましょう**。ただし、社会保険労務士は、アドバイスはできますが、一部を除いて弁護士のように代理人となることはできません。

小さいうちに社内で解決を

個別労働紛争も、元をたどれば労使間のささいなコミュニケーション不足から始まります。日頃から進んで従業員とコミュニケーションを図り、労使トラブルの芽を察知したら、小さいうちに社内で解決しておきたいものです。

内容証明郵便…誰が、いつ、誰に、どんな内容の郵便を送ったかを郵便局が証明してくれる郵便物。時効の中断など法的な効力の発生時を証明するときに使われる。

個別労働紛争の現状

主なトラブル内容は…

解雇・退職勧奨（➡ P152 ～ 161）	ハラスメント（➡ P266）
労働条件の引き下げ（➡ P29、106）	未払い賃金・未払い残業代（➡ P122）
自己都合退職（➡ P146）	配置転換（➡ P130 ～ 133）
雇止め（➡ P226）	過重労働（➡ P256 ～ 259）
個別待遇の確認（➡ P214）	最低賃金（➡ P110）

労働者側

主な解決の場は…

本人

弁護士

労働組合

- 交渉（話し合い）
- 労働基準監督署
- 総合労働相談コーナー
- 労働審判
- 民事裁判

弁護士

使用者（会社側）

社労士

トラブルの防止対策

- 就業規則の作成・周知
- 雇用契約書の整備（➡ P52）
- 就業規則の見直し（１年に１回）
- 労使間のコミュニケーションをとる

トラブルを未然に防ぐには、使用者側は「言わなくてもわかるだろう」という考えではなく、積極的に従業員に制度や社風などを伝えていくことが大切です。従業員の意見にも耳を傾け、お互いに納得できる制度を労使が協力してつくっていくような風土づくりを心がけましょう。

個別労働紛争の相談を受けつける窓口はいくつかあり、労働組合を除いていずれも労使双方から相談できる。現状は、労働者からの相談が大半を占める。

団体交渉でしてよいこと・悪いことは？

4 労働組合への対応

- 労働組合から団体交渉の申し入れに返事をする際に、どんな行為が不当労働行為にあたるかチェックする。
- 会社だけで対応できないと判断したら、すみやかに弁護士などの専門家に相談して進めていく。

労働組合を介して始まる交渉

企業内に労働組合がなくても、**労働者は単独で社外の★合同労働組合（ユニオン）に加入することができます**。労使トラブルでは、従業員の加入する合同労働組合から、労働条件などについて★団体交渉の申し入れがくることがあります。

労働組合からの団体交渉申し入れに対して正当な理由なく拒否することは不当労働行為にあたります。交渉には応じなければなりません。ただし、時間や場所についての変更などを提案することはできます。

応じる・応じなくてよい？主張を見極める

団体交渉の話し合いでは、労働組合側の言い分が法令に沿ったものであるかどうかを確認します。法律に沿った主張であれば、受け入れるのが基本姿勢ですが、対応しなくてもよい内容もあります。この判断には法律の専門知識や団体交渉のスキルが必要になりますから、**団体交渉の場には弁護士や社会保険労務士に同席してもらうことをおすすめします**。

話し合いでは、相手の意見や主張を聞くとともに、こちら側の意見も十分に示していくようにしましょう。お互いオープンマインドで話をし尽くし、なるべく早期に折衷案を見つけることが大切です。

労働組合を理由とした不利益な取り扱いは×

従業員が労働組合に加入した場合、それを理由に解雇、配置転換などの不利益な取り扱いをすることは不当労働行為として禁じられています。また従業員の労働組合活動は、会社の指揮監督が及ばない労働時間外であれば、原則として自由です。したがって、従業員が終業後に労働組合のチラシを配ったりする活動は、認めなければなりません。

合同労働組合…所属する会社内ではなく、個人単位で加入できる労働組合。中小企業では社内の労働組合率が低く、従業員が合同労働組合に加入することが多い。

不当労働行為とは

不当労働行為　使用者が行う、労働組合や労働者の団結権等を侵害する行為

不当労働行為として禁止される行為

- 労働組合に加入する／労働組合員である／労働組合を結成する　などを理由に解雇など不利益な扱いをする。
- 労働組合に加入しない、または脱退することを雇用条件にする。
- 労働者の代表者と団体交渉することを理由なく拒否する。
- 団体交渉に応じても誠実な交渉を行わない（威圧的な態度をとる、暴力など）。
- 労働組合の結成・運営に介入する。
- 労働組合の運営について経理上の援助をする。

不当労働行為ではなく、認められている行為

- 労働組合の要求にすべて応じなくてよい。
- 親会社は団体交渉に応じなくてよい（子会社の団体交渉は子会社で対応）。
- 労働時間内は、組合活動を禁止してよい。
- 就業時間中の団体交渉は拒否できる。
- 団体交渉の場所や時間は変更できる。「実質、対応する意思がない」とみられないように注意する。

専門家に相談！　団体交渉は専門家の力を借りてすみやかに対応する

団体交渉の申し入れがあると、使用者は感情的な反発もあってつい拒否してしまうかもしれません。しかし、この対応によって問題がこじれることはあっても解決に向けて前進することはありません。団体交渉を拒否された労働組合側は、労働委員会に救済申立てを行う可能性もあります。労働委員会は不当労働行為などを審査する公的機関で、労働組合の申立てに応じて会社に団体交渉を命じます。また、各都道府県の労働委員会への不当労働行為救済申立により、会社、労働組合が各都道府県労働委員会で労働組合法に違反していないか審査し、問題解決について話し合いの機会を設け、救済命令を出すこともあります。

労働組合は団体交渉術に長けていることが多く、会社の内部だけではたちうちできない可能性も高いです。ずるずるとひきずって疲弊する前に、弁護士や社会保険労務士に相談して早期の解決を図りましょう。

団体交渉…労働組合が組合員である労働者の代理として、使用者と労働条件などについて交渉すること。労働者と使用者が直接交渉すると、どうしても労働者が不利な立場になるため。

労使紛争を公的な場で簡単に迅速に解決できる？

5 個別労働紛争解決制度

- 従業員や退職者が労働基準監督署や総合労働相談コーナーに相談に行き、調査やあっせんなどが始まることが多い。
- 労働基準監督署による調査には応じなければならないが、総合労働相談コーナーのあっせんに応じるかどうかは自由。

労基法関連の違反は労基署で対応

労働基準監督署では、労働基準法関連のトラブルについて労働者と会社側の双方からの相談に応じています。相談内容によっては、会社を調査し、指導、勧告などの行政指導を行います。悪質なものには刑罰を適用します。

総合労働相談コーナーはよろず労働相談窓口

個別労働紛争解決制度といって、個々の労働者と会社との幅広いトラブルをなるべく簡単・迅速に解決しようという公的な制度があります。その窓口となるのは**労働局の総合労働相談コーナー**です。

もともと労働に関する問題にワンストップで対応できるように労働局内に設置されたもので、相談内容によっては、労働基準監督署、ハローワークなどの専門窓口につなげてくれます。また、労働者、会社のどちらにも無料で相談に応じ、助言や指導を行います。解決方法についても相談できます。行政の行う紛争解決方法は、あっせん、調停、仲裁があります。

紛争調整委員会であっせんを利用できる

総合労働相談コーナーでは、★紛争調整委員会が仲介者となったあっせんも行います。労使双方の主張や事情を確認しながら、あっせん案を提示します。

総合労働相談コーナーによる助言や指導、あっせんは、早ければ1か月ほどで解決するケースもあります。しかし、助言や指導は行政指導にとどまり強制力がありません。また、労使双方が受諾したあっせん案には強制力がありますが、あっせんに参加する義務はなく、相手方が不参加を表明してあっせんが開始されないこともあります。

このように**拘束力に限界があるため、ここでトラブルが解決できないときは、調停や裁判など、他の方法で解決を図ることが多くなります**。

紛争調整委員会…弁護士、社会保険労務士、大学の教授などの労務の専門家で構成される。あっせん時は、3人のあっせん委員が指名され、労働者と使用者は別々の部屋に入り、直接顔を合わせることはない。

個別労働紛争解決制度

労働者または**会社**

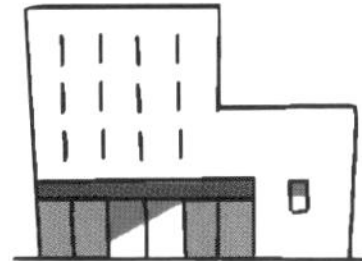

総合労働相談コーナー（各都道府県労働局内）

対　応

労働基準監督署（労働基準法、労働安全衛生法など）、労働局、ハローワーク（職業安定法、労働者派遣法など）、雇用均等室（育児介護休業法、男女雇用機会均等法など）などの専門窓口のパイプ役になる。

相談者の主張や資料、収集した情報を元に、助言・指導を行う。

紛争調整委員会があっせんを行う（➡下図）。

増加する個別労働紛争に迅速に対応し解決できるように、あらゆる労働相談のワンストップ窓口として総合労働相談コーナーが整備されました。

紛争調整委員会によるあっせんの流れ

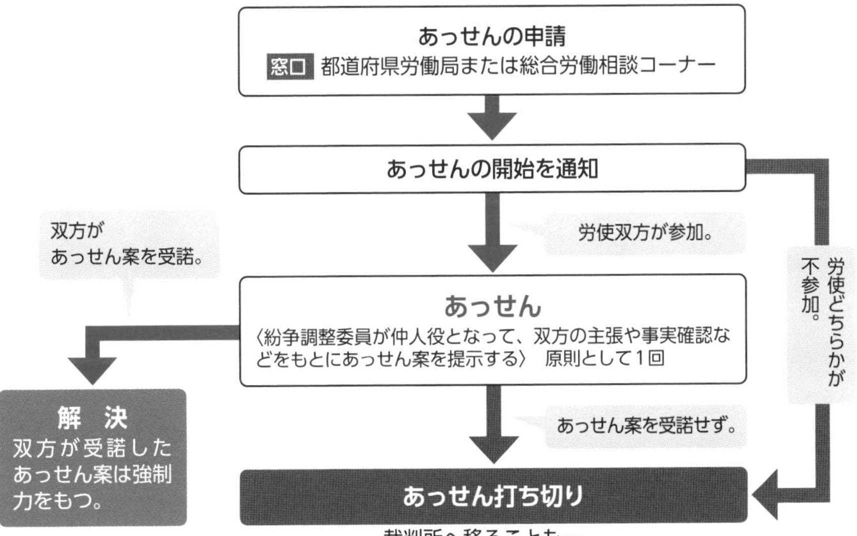

労使いずれかが自らの主張を通すためにストライキなどの実力行使に出ることを労働争議という。労働争議では労働委員会が仲介に入り、あっせん、調停、仲裁を図ることがある。

裁判所で労使紛争を解決するには?

6 労働審判制度と民事裁判

●迅速に解決を図りたいときは労働審判制度を利用する。ただし、審判で異議申立てをすれば裁判に移行する。
●労働審判制度や裁判では弁護士を立てることが一般的。時間や費用がかかることを覚悟する。

労働審判制度は地方裁判所で迅速にトラブル処理

労働基準監督署や個別労働紛争解決制度(➡P278)で労使トラブルを収めることができない、**初めから拘束力をもった決定が欲しいというときは、トラブル解決の場所は裁判所になります**。裁判所での解決方法には、労働審判制度と民事裁判があります。

労働審判制度は、「時間がかかる」民事裁判のハードルを下げるためにできた制度です。地方裁判所で、原則として3回以内の調停で迅速に解決を図ります。調停が成立しなければ審判を行い、労使双方が審判の内容を受諾すれば終了です。審判の内容には強制力があり、守られないときは強制執行もできます。申立てから審判までの期間はおよそ3か月です。

審判の内容に労使どちらかでも不服を感じ、異議申立てをすれば審判内容は破棄され、民事訴訟手続き(民事裁判)に移行します。

民事裁判は手間と時間がかかる

民事裁判にかかる期間は最速でも10か月、平均して1年6か月とされています。証拠書類をそろえる、訴訟の陳述で何回も裁判所に通うなどの手間も必要になります。2025年に民事裁判の全面オンライン化が目指されていますが、まだ課題は多いです。

民事裁判では、弁護士を立てるケースがほとんどで、その場合、申立て費用とは別に弁護士費用がかかります。

判決は労使双方の主張、証拠資料そして過去の裁判例なども参考にして決まります。ほとんどの場合途中で和解案を提示されるので、それを受諾するという方法もあります。判決内容にも和解内容にも強制力があります。

民事裁判は地方裁判所から始まり、判決に不服があれば、上訴して高等裁判所で争われます。上訴となれば、さらに時間がかかることは覚悟したほうがよいでしょう。

労使トラブルでいきなり民事裁判にもち込むよりも、労働審判から民事裁判に移行した場合のほうが裁判期間は短くなる。これは、労働審判の段階で主張や立証が整理されているため。

労働審判制度と民事裁判

	労働審判制度	民事裁判
初めの窓口	地方裁判所	
申立手数料など	1～3万円くらい (訴額などによる)	2～5万円くらい (訴額などによる)
決定内容の強制力	あり	
担当官	労働審判官（裁判官）1名 労働審判員2名	裁判官1名または3名
解決に要する期間	1か月半～3か月程度	10か月～

労働審判員とは、「労働関係に関する専門的な知識をもつ人で、最高裁判所から任命された人」です。実際は、経済団体や労組連合会からの推薦で決まるようです。

労働審判の流れ

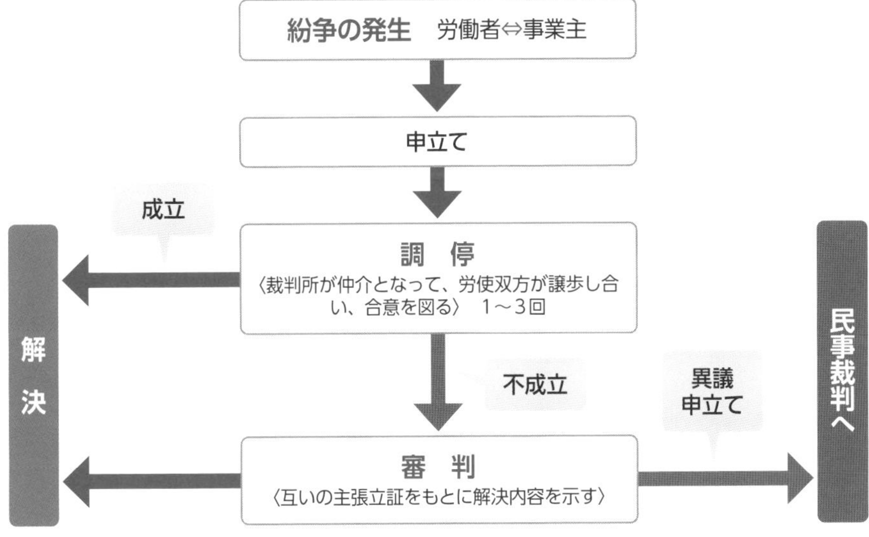

労働審判や民事裁判では、主張や立証に技巧が必要となるので弁護士依頼率が非常に高い。弁護士費用には、着手金、事務手数料、成功報酬などがあり、最低でも50万円は見積もっておく。

column

労働紛争などが起きたら、どこの機関が対応してくれるの？

労働紛争は会社を管轄する労基署や労働局が対応

労働紛争が起こった場合、どこで解決するのかは気になるところです。もしも会社から遠い労働局や裁判所で行われたら、そこに行くための時間や労力はばかになりません。

労働基準監督署が調査に入る場合、対応するのは会社（事業場）の所在地を管轄する労基署になります。

労働局の総合労働相談コーナーを利用したあっせんなどを行う場合、対応するのは会社（事業場）を管轄する都道府県の労働局になります。

労働審判は会社を管轄する地方裁判所が主な舞台に

労働審判を行う場合、手続きを行う地方裁判所は日本国内に会社の事業所などがない場合を除いて次の３つから選びます。

❶相手方の住所、居所、営業所もしくは事務所所在地を管轄する地方裁判所

❷労働者が今就業している、または最後に就業した事業所所在地を管轄する地方裁判所

❸労働審判の当事者が合意で定める地方裁判所

❶の場合、労働審判を起こすのはたいていの場合労働者側ですから、相手方の所在地とは会社の所在地を指すことが多いです。❷では、会社（事業所）の管轄の地方裁判所です。❸も、労使双方の合意ということで、多くは会社の管轄の地方裁判所が指定されます。

民事裁判では裁判所が遠距離になるケースがある

民事裁判になった場合は、訴えた側（原告）が自分の所在地を管轄する裁判所に訴えることが認められています。たとえば元従業員が退職して会社から遠く離れた故郷に帰り、そこで訴えを起こした場合、会社は裁判のたびに遠距離を移動することになります。

ただ、このようなケースはまれだといえます。あらかじめ雇用契約書に合意管轄条項*を記して対策をとる方法もありますが、実際、雇用契約書で活用している会社はそう多くはないようです。

＊合意管轄条項…トラブルが訴訟に発展した場合を想定して、第一審をどこの地方裁判所で行うかを合意のうえに決めておくもの。会社間で契約書を交わす場合などによく盛り込まれている。

ケース別

人事労務手続き チェックリスト

入社手続きのチェック事項

●入社時に提出してもらう書類

	書類	内容
□	**雇用契約書**（➡P54）	本人のサインなどを確認して受け取る。
□	**各種誓約書**（➡P62）	本人のサインなどを確認して受け取る。
□	**身元保証書**（➡P63）	身元保証人のサインなどを確認して受け取る。
□	**給与所得者の扶養控除等（異動）申告書**	所得控除の対象となる扶養親族や配偶者の状況などを確認する書類で、所得税の計算に必要。
□	**本年度の給与所得の源泉徴収票**	本年度に前職がある人。
□	**年金手帳（基礎年金番号通知書）**	社会保険に加入するとき。（2022年4月から年金手帳交付は廃止。）
□	**健康保険被扶養者（異動）届**	社会保険加入時に扶養親族や配偶者がいるとき。「国民年金第３号被保険者資格取得届」とセットになっている。続柄や収入確認、マイナンバーが必要。
□	**雇用保険被保険者証**	中途採用者（前職で雇用保険に加入）で雇用保険に加入するとき。
□	**運転免許証の写し**	業務で社用車を運転するときなど。
□	**住民票（記載事項証明書）**	社会保険の手続き、住所や続柄確認など会社が必要とするとき。記載事項証明書であれば、本籍地などの情報を省略して載せることができる。
□	**給与支払報告・特別徴収に係る給与所得者異動届出書**	中途採用者の住民税の特別徴収を前職から引き続き行う場合。前職の会社から直接送ってもらってもよい。
□	**健康診断書**	入社後に入社時健康診断を行わない場合。３か月以内のもの。
□	**退職証明書**（➡P162）	会社が必要とするとき。
□	**個人番号（マイナンバー）**（➡P64）	社会保険、雇用保険の手続きで必要な場合、本人確認として受け取る。家族を扶養に入れている場合は家族の分も。
□	**給与振込先届出書**	給与の振込先を指定してもらう書類。名称は会社によって異なる。

●入社時に渡すもの

□	**身分証明書**（社章、社員証、ネームプレートなど）
□	**制服・作業服**
□	**貸与する事務用品・備品**（パソコン、携帯電話、文具用品など）
□	**名刺**
□	**カギ類・セキュリティーカード**
□	**健康保険被保険者証**（家族の分も含めて）＊2024年12月廃止予定。
□	**業務書類・資料**

●入社時に行う事務手続き

	何を	いつまで・どのように	どこへ
社会保険関係			
□	**健康保険・厚生年金保険被保険者資格取得届**	入社日から５日以内	年金事務所または健康保険組合
□	（扶養する家族がいる場合） **健康保険被扶養者（異動）届**	「健康保険・厚生年金保険被保険者資格取得届」とともに	
□	（被扶養者の配偶者がいる場合） **国民年金第３号被保険者関係届**		
雇用保険関係			
□	**雇用保険被保険者資格取得届**	入社日の翌月10日まで	ハローワーク
住民税関係			
□	（中途採用者の住民税の特別徴収を行う場合） 従業員や前の職場から提出してもらった **給与支払報告・特別徴収に係る給与所得者異動届出書**	入社日の翌月10 日まで	住民税を納める市区町村

●その他のチェック事項

□	**労働者名簿、賃金台帳、出勤簿などを作成したか。**
□	**メールアドレスはつくったか。社内ＩＴシステムの登録。**
□	**組織図・座席表・内線表は更新したか。**

退職手続きのチェック事項

●退職時に返却してもらうもの

□	**身分証明証**	社章、社員証、ネームプレートなど、会社の従業員としての身分を表すものはすべて返却してもらう。
□	**制服・作業服**	会社が貸し与えていた制服や作業服。クリーニングして返してもらうように伝える。
□	**事務用品・備品**	パソコン、携帯電話、文房具など、会社が購入して貸し与えていたものはすべて返却してもらう。
□	**名刺**	従業員自身の名刺だけでなく、取引先の名刺など仕事で得たものも対象になる。
□	**業務書類・資料**	会社が渡した書類やマニュアルだけでなく、従業員が業務中に作成したり受け取ったりしたものも含まれる。
□	**カギ類・セキュリティーカード**	建物や会社のカギやセキュリティーカードのほか、机やキャビネットなどのカギ類をすべて返却してもらう。
□	**健康保険被保険者証** ＊2024年12月廃止予定。	本人と家族の分も含めて返却してもらう。
□	**通勤定期券**	原則として退職日に返却してもらう。

●退職時に渡すもの

□	**雇用保険被保険者証**	会社で預かっている場合。
□	**年金手帳（基礎年金番号通知書）**	会社で預かっている場合。
□	**健康保険・厚生年金保険被保険者資格喪失証明書**	退職後、すぐに就職せずに国民健康保険・国民年金に加入する場合などに必要。資格取得日・資格喪失日、被扶養者情報など必要事項を記載して作成する。
□	**雇用保険被保険者資格喪失確認通知書**	雇用保険被保険者資格喪失届をハローワークに提出すると後日交付される。失業給付を受給する場合は、離職票も交付される。
□	**雇用保険被保険者離職票**	退職後、失業給付を受給する場合。
□	**給与所得の源泉徴収票**	退職後、１か月以内に発行する。
□	**退職所得の源泉徴収票**	退職金を支給する場合。退職後、1か月以内に発行する。
□	**退職証明書**（➡P162）	本人が請求してきた場合。

●退職時に行う事務手続き（➡ P164）

	何を	いつまで・どのように	どこへ
社会保険関係			
□	**健康保険・厚生年金保険被保険者資格喪失届**	退職日の翌日から５日以内	年金事務所または健康保険組合
□	**本人とその扶養家族の「健康保険被保険者証」**（あらかじめ回収しておく）	上の「健康保険・厚生年金保険被保険者資格喪失届」とともに	
□	（健康保険被保険者証が紛失などで回収できなかった場合）**健康保険被保険者証回収不能届**	上の「健康保険・厚生年金保険被保険者資格喪失届」とともに	
雇用保険関係			
□	**雇用保険被保険者資格喪失届**	退職日の翌日から10日以内	ハローワーク
□	（退職者が離職票を希望する場合）**雇用保険被保険者離職証明書**	上の「雇用保険被保険者資格喪失届」とともに	
住民税関係			
□	（特別徴収を行っている場合）**給与支払報告・特別徴収に係る給与所得者異動届出書**	退職の翌月10日まで	住民税を納める市区町村

●その他のチェック事項

□	貸付金・仮払金・社内預金などを精算したか。
□	会社で加入している保険や財形貯蓄などの切り替えはしたか。
□	退職後の住所や電話番号を確認したか。
□	退職後、一定期間保管する書類は適切に保存しているか。（➡P168）
□	社内ITシステムのアカウント削除や設定を確認したか。

妊娠・出産・育児・介護で行う事務手続き

●産前産後休業など

どんなとき	何の書類を	いつまで（いつから）・どのように	どこへ
産前・産後休業中の出産手当金の給付を受ける（➡P188）	**健康保険出産手当金支給申請書**	休業開始の翌日から２年以内	協会けんぽまたは健康保険組合

出産費用と出産一時金との差額分を受け取る	健康保険出産育児一時金内払金支払依頼書・差額申請書または健康保険出産育児一時金支給申請書	出産した日の翌日から2年以内	協会けんぽまたは健康保険組合
生まれた子どもの健康保険の被扶養者手続きをするために	健康保険被扶養者（異動）届	子どもが生まれた日から５日以内	年金事務所または健康保険組合
産前産後休業中の社会保険料を免除してもらうために	健康保険・厚生年金保険産前産後休業取得者申出書／変更（終了）届	休業中	年金事務所または健康保険組合
産前産後休業後に給与が下がり、標準報酬月額を変更する(産前産後休業終了時改定)	健康保険・厚生年金保険産前産後休業終了時報酬月額変更届	休業終了後、３か月以後	年金事務所または健康保険組合
産前産後休業終了時改定で年金の額が減らないようにする	厚生年金保険養育期間標準報酬月額特例申出書／終了届	産前産後休業終了時改定後、すみやかに(同時でも可)	年金事務所

●育児休業

どんなとき		何の書類を	いつまで(いつから)どのように	どこへ
育児休業給付金の給付を受ける(➡P188)	出生時育児休業	（初回）雇用保険被保険者休業開始時賃金月額証明書 育児休業給付受給資格確認票 （初回）出生時育児休業給付金支給申請書	子の出生日（出産予定日前に子が出生した場合は出産予定日）から8週間を経過する日の翌日から2か月を経過する日の属する月の末日まで	ハローワーク
	育児休業	（初回）雇用保険被保険者休業開始時賃金月額証明書 育児休業給付受給資格確認票 （初回）育児休業給付金支給申請書	育児休業開始日から４か月を経過する日の属する月の末日まで	
		（２回目以降）育児休業給付金支給申請書	初回以後、２か月に１回	

育児休業中の社会保険料を免除してもらう	**健康保険・厚生年金保険育児休業等取得者申出書（新規・延長）／終了届**	休業開始後すみやかに（延長する場合は、子が1歳に達したときから休業期間中）	年金事務所または健康保険組合
育児休業後に給与が下がり、標準報酬月額を変更する（育児休業等終了時改定）	**健康保険・厚生年金保険育児休業等終了時報酬月額変更届**	すみやかに	年金事務所
育児休業等終了時改定で年金の額が減らないようにする	**厚生年金保険養育期間標準報酬月額特例申出書／終了届**	育児休業等終了時改定後、すみやかに（同時でも可）	

●介護休業

どんなとき	何の書類を	いつまで(いつから)・どのように	どこへ
介護休業給付金の給付を受ける（➡P196）	**雇用保険被保険者休業開始時賃金月額証明書** **介護休業給付金支給申請書**	介護休業終了日の翌日から2か月を経過する日の属する月の末日まで	ハローワーク

高年齢者の雇用で行う手続き

●高年齢雇用確保措置

どんなとき	何の書類を	いつまで(いつから)どのように	どこへ
高年齢雇用継続給付を受ける（➡P234）	**（初回）雇用保険被保険者六十歳到達時等賃金月額証明書** **高年齢雇用継続給付受給資格確認票** **（初回）高年齢雇用継続給付支給申請書**	支給対象月の初日から4か月以内	ハローワーク
	（2回目以降）高年齢雇用継続給付支給申請書	初回以後、2か月に1回	
無期転換（むきてんかん）ルールを継続雇用の高齢者の特例で免れる（➡P233）	**第二種計画認定・変更申請書**	―	労働局

その他手続き

●労災保険

どんなとき	何の書類を	いつまで(いつから)・どのように	どこへ
療養（補償）給付の給付を受ける (➡P248)	**治療先が労災指定病院**		
	療養補償給付たる療養の給付請求書	治療時または治療後	治療先の病院
	治療先が労災指定病院以外の病院		
	療養補償給付たる療養の費用請求書 **または** **療養給付たる療養の給付請求書**	治療後	労働基準監督署
療養（補償）給付以外の給付を受ける	**所定の各給付請求書**	原則として給付の請求発生から２年以内	労働基準監督署
労災による病気・ケガまたは死亡で休業者が出た (➡P250)	**休業３日以内**		
	労働者死傷病報告	四半期ごとにまとめて	労働基準監督署
	休業４日以上または死亡		
	労働者死傷病報告	事故後遅滞なく	労働基準監督署

＊複数業務要因災害も追加されている。

●従業員の被扶養者が増えた・減った

何の書類を	いつまで(いつから)・どのように	どこへ
健康保険被扶養者（異動）届	被扶養者の増減から５日以内	年金事務所 または 健康保険組合
(配偶者が関係するとき) **国民年金第３号被保険者関係届**	資格取得日・喪失日から５日以内	

●その他の注意点

●所得税の「給与所得者の扶養控除等（異動）申告書」を、入社や変更後最初の給与計算までに提出してもらう。

●被扶養者が減るときは、その被扶養者の健康保険被保険者証（2024 年 12 月廃止予定）を提出書類に添付する。

●加入している健康保険によって、健康保険被保険者証の直接交付、通称名や旧姓併記が可能になっている。

主な
労働関連法の
ポイント

労働基準法

労働条件の最低基準を設けた法律で、日本国内で働くすべての労働者に適用されます（国家公務員の一部を除く）。この法律の基準に達しない労働条件を定めた労働契約はその部分が無効になります。

注目ポイント

●時間外労働の上限規制と罰則の設置

2019年4月（中小企業は2020年4月）から、法定労働時間を超えて労働できる時間外労働の限度時間が、原則として、月45時間、かつ、年360時間までとなりました。違反した会社には、特別条項を設けた場合を除いて罰則が科されます。

特別条項（臨時的な特別の事情があるとして限度時間を超える労働をする旨）を設ける場合でも、下図のように時間外労働の上限時間（休日労働を含む）があります。

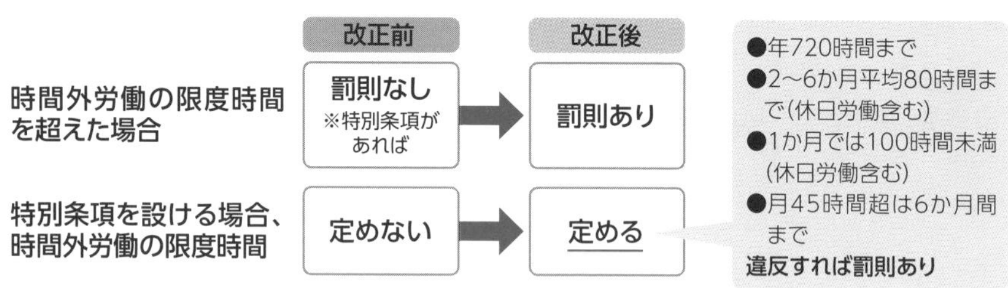

2024年4月から適用猶予業種にも時間外労働の上限規制が適用されます。

●建設業　●自動車運転の業務　●医師　●砂糖製造業

●1か月60時間超の時間外労働に対する割増率アップが中小企業にも適用に

1か月の時間外労働が60時間を超える場合、超えた部分の時間外労働の割増賃金が125%から150%にアップします。いままで中小企業には適用が見送られていましたが、2023年4月から適用されています（➡P116）。

●労働条件明示事項の追加

●すべての労働者……就業場所や業務変更の範囲

●契約社員……更新上限の有無と内容。無期転換申込機会、転換後の労働条件

●その他の改正内容

●年10日以上の年次有給休暇を取得できる従業員に対して、最低年5日の年次有給休暇を取得させる義務（➡P174）。

●勤務間インターバルの推進（努力義務）（➡P11）。

労働契約法

労働契約（雇用契約）に関する使用者と労働者の間の民事的な基本ルールを明らかにした法律です。労働基準法で具体的に定められていなかったために生じた個別労働紛争を防止する観点から作成されたもので、就業規則が効力をもつための手順、懲戒処分や解雇が権利濫用で無効となる場合などを規定しています。

「有期から無期への転換ルール」は更新した有期雇用契約が通算5年を経過すると、労働者本人の申し出により無期雇用契約へ原則転換しなければなりません（➡ P228）。

労働安全衛生法

職場における労働者の安全と健康を確保するとともに、快適な職場環境の形成を促進し、労働災害を防止することを目的として制定されました。

注目ポイント

●精神障害の労災認定基準の改正

2023年9月から業務による心理的負荷評価表にカスタマーハラスメントや感染症等の病気や事故の危険性が高い業務に従事したことが追加されました。

●過労死ラインの改正

2021年9月から脳・心臓疾患の労災認定として、長期間の過重業務を評価する際、労働時間と労働時間以外の負荷要因を総合的に評価して労災認定することになりました。

●産業医との連携強化・健康情報の取り扱い

健診や面談後の就業上の措置、時間外労働月80時間を超える従業員の氏名などの情報を産業医へすみやかに提供します。産業医から勧告を受けたときは、その内容を衛生委員会へ遅滞なく報告します。従業員には、産業医との契約内容、健康情報の取扱法などを掲示や書面などで周知します。また、従業員の心身の情報の取り扱いには十分に注意し、健康情報取扱規程などを作成します。

●外国人労働者の労災報告

外国人が労災事故で死傷した場合、その国籍・地域と在留資格を「労働者死傷病報告」に書いて提出します。

パートタイム・有期雇用労働法
〈短時間労働者および有期雇用労働者の雇用管理の改善等に関する法律〉

正社員と比べて待遇が低くなりがちな非正規労働者の就業実態を考慮して、通常の労働者との均等・均衡待遇の確保を推進することを目的として制定されました。

所定労働時間が短いことや個人の業務・責任によって生じる合理的な労働条件の違いは認められますが、家族手当や通勤手当のように業務・責任や所定労働時間の長短に関係なく支給されるものについては、通常の労働者と同様に支給する必要があるとしています。

この法律でいう通常の労働者とは「正社員」、正社員がいない場合は「無期雇用かつフルタイムで基幹的な働き方をしている労働者」を指します。

注目ポイント

●「働き方改革」にともなう改正

2020年4月（中小企業は2021年4月）に、有期雇用契約者を含めた法律に改められ、名前も「パートタイム・有期雇用労働法」に変更されました。正社員と非正規社員との間の不合理な待遇の差を禁止し、均等・均衡待遇を定めています（➡ P214）。労働者に対する待遇の説明義務、行政による助言・指導等や、行政ADRの整備も定めています。

労働者派遣法

〈労働者派遣事業の適正な運営の確保及び派遣労働者の保護等に関する法律〉

労働者派遣事業について定めた法律で、この法律を逸脱した違法な形態で労働者派遣を行うことを禁じています。2015 年に改正され、派遣労働者が労働力の代替として定着してしまうことを防ぐために、派遣期間の制限、労働契約申込みみなし制度などが設けられました。改正内容は本文に反映しています（➡ P206）。

注目ポイント

●派遣社員にも均等・均衡待遇を規定

2020 年 4 月からすべての企業で、それまで配慮義務にとどまっていた均等・均衡待遇が義務化されました。派遣先の正社員などと派遣社員との間の不合理な待遇の差を禁止します（➡ P218）。また、派遣先は、派遣社員の待遇についてあらかじめ派遣元に情報を提供しなければなりません。

●派遣労働者の雇入れ時の説明の義務づけ

2021 年 1 月から、派遣元事業主が行う教育訓練と、希望者に対して行われるキャリアコンサルティングの内容について、派遣元事業主が派遣労働者に対して雇入れ時に説明することを、法律で義務づけました。

●労働者派遣契約のデータによる作成について

2021 年 1 月から、労働者派遣契約の当事者が書面により作成することとされていた労働者派遣契約について、データで作成することも法律で認められました。

●日雇派遣について

2021 年 1 月から、日雇派遣において、労働者の責任以外の事由によって派遣契約の解除が行われた場合、労働者の新たな就業先が決まらない場合でも、派遣元事業主は休業等で雇用の維持や休業手当の支払い等によって、労働基準法等に基づく責任を果たさなければならないことが、法律で明確化されました。

●派遣労働者の希望の聴取等

2021 年 4 月から、事業主は雇用安定措置について派遣労働者の希望する事柄を聴取し、その内容を派遣元管理台帳に記載しなければならないことが、法律で定められました。

●マージン率等のインターネットでの情報提供について

2021 年 4 月から、派遣元事業主による情報提供の義務があるすべての情報について、インターネットの利用やその他の適切な方法によって情報提供しなければなりません。

最低賃金法

労働者の賃金の最低額を保障して労働者の生活の安定、経済の健全な発展などへの寄与を目的としています。最低賃金額は地域別（都道府県別）、地域の特定産業別に時間単位で定められています。使用者は、労働者に最低賃金額以上の賃金を支払わなければなりません。

注目ポイント

最低賃金は年々アップし、2023 年の全国加重平均額は 1,004 円 / 時となりました。

民　法

私生活上の権利義務関係や規範を定めた法律です。労働関連では、雇用契約（労働契約）の効力が始まるとき、労働者が仕事に関連して事故などを起こしたときの使用者責任を定めています。また、公の秩序または善良の風俗に反する事項を目的とする法律行為を無効としています。また、2020 年 4 月から民法が改正され、短期消滅時効が廃止されました。その施行に合わせて労働基準法等も改正されました。

注目ポイント

●成人年齢の引き下げ

2022 年 4 月から成人年齢が 20 歳から 18 歳に引き下げられました。

●賃金請求権の消滅時効期間の延長

賃金請求権の消滅時効期間が延長され、2020 年 4 月以降に賃金支払日が到来する賃金債権から、新しい消滅時効が適用されています。それに合わせて、賃金記録等の保存期間も見直しがされました。

・賃金請求権の消滅時効期間が、現行 2 年→ 5 年に延長
・消滅時効の起算点が賃金支払日であることが明確化

●記録の保存期間等の延長

・賃金台帳等の記録の保存期間も、現行 3 年→ 5 年に延長
・割増賃金未払い等に係る付加金の請求期間も、5 年に延長
※ただし、経過措置として、賃金請求権の消滅時効、記録の保存期間、付加金の請求期間は当分の間 3 年となります。

労働者災害補償保険法

業務上または通勤中の労働者の負傷、病気、障害、死亡などに対して必要な補償（労働者災害補償）をするために設けられた法律です。保険給付の種類と内容、中小事業主の特別加入などが定められています。

注目ポイント

●複数業務要因災害

2020 年 9 月から、複数事業労働者やその遺族等への労災保険給付は、それぞれの事業における業務上の負荷 (労働時間やストレス等) では労災認定できない場合であっても、事業主が異なる複数の事業所の業務上の負荷を総合的に評価して、保険給付が受けられるようになりました。

●複数事業労働者の給付基礎日額の算定変更

2020 年 9 月から、複数事業労働者の給付基礎日額は、すべての就業先の給付基礎日額に相当する平均賃金（算定事由発生日前 3 か月間）の合算額を基に算定することが、法律で定められました。

雇用保険法

雇用保険は、失業後の生活保障、失業の予防、雇用機会の増大、労働者の能力開発や福祉の増進などを目的としたものです。雇用保険料率は原則として毎年見直しが行われ、毎年4月1日に新しい保険料率が適用されます。

2020年4月からは満64歳以上の人について、労使ともに雇用保険料を徴収します。2021年4月からは満65歳以上の人について複数の勤務状況で雇用保険に加入できるようになりました。

注目ポイント

●失業給付(しつぎょうきゅうふ)の拡充

2017年4月より、失業給付が次のように拡充されました。

- ●雇用情勢が悪い地域に住む人の給付日数を60日延長(2025年3月までの暫定措置)。
- ●災害によって離職した人の給付日数を原則60日（最大120日）に延長。
- ●雇止(やといど)めされた有期契約労働者の所定給付日数を倒産(とうさん)・解雇(かいこ)並みにする（2025年3月までの暫定措置)。
- ●倒産・解雇等により離職した30～45歳未満の者の所定給付日数を引き上げる。
  30～35歳未満：90日➡120日、35～45歳未満：90日➡150日
  2022年7月より雇用保険受給期間の特例が新設されました。
- ●事業を開始等した人が事業を行っている期間等は最大3年間受給期間に算入しない。
- ●事業を休廃業した場合でもその後の再就職活動にあたって基本手当の受給が可能に。

●離職票の「支払基礎日数」の見直し

2020年8月から、離職日から1か月ごとに区切っていた期間に、賃金支払いの基礎となる日数が11日以上ある月、**または、賃金支払いの基礎となった労働時間数が80時間以上ある月**を1か月として計算するに変更されました。

●大企業における中途採用比率の公表義務化

2021年4月から、労働者数301人以上の大企業では中途採用比率の公表義務づけが、法律で定められました。

●教育訓練給付金の拡充

2018年1月より、妊娠・出産等の理由により受講できない場合、適用対象期間が最大20年まで延長できるようになりました。また、2019年10月より、特定一般教育訓練給付金が創設されました。2021年10月から育児など特定の事情がある場合、オンデマンド型の訓練を実施できるようになりました。

厚生年金保険法

労働者の老後の生活、障害または死亡したときに保険給付を行い、労働者とその家族（遺族）の生活の安定と福祉に寄与するために制定されました。

毎年引き上げが行われた保険料率ですが、2017年9月に18.3%に引き上げられたのを最後に、以後は固定されています。

2021年4月から脱退一時金支給上限年数が3年から5年に引き上げられました。

また、2022 年以降、次のような改正がありました。

- 75 歳まで年金の繰り下げ受給ができるようになった。
- 65 歳までの在職老齢年金が変更された。(2023 年 4 月より基準額拡大)
- 在職定時改定が導入された(65 歳以上の在職中の老齢厚生年金受給者の年金額を毎年 10 月に改定し、それまでに納めた保険料を年金額に反映する制度)。
- 2023 年 10 月より、「年収の壁・支援強化パッケージ」が開始。社会保険適用促進手当の標準報酬算定除外、事業主証明による被扶養者認定の円滑化が始まりました。

健康保険法

健康保険は、労働者とその被扶養者の業務災害(ぎょうむさいがい)以外の病気やケガ、死亡、出産について保険給付を行うものです。

2020 年 4 月から、健康保険の被扶養者は原則国内居住者に限定されることが、法律で定められました。ただし、日本国内に住所がない場合でも、外国への留学生や外国に赴任する被保険者に同行する家族など、一時的な海外渡航者については国内居住要件の例外となります。

2021 年 10 月から、マイナンバーカードを健康保険証として利用できるようになりました。2024 年 12 月には紙の健康保険証は原則として廃止されます。これにより、被保険者と被扶養者の病院での受付、診療・薬剤処方、支払い、転職の手続きなどで高い利便性が見込まれます。2023 年 4 月より医療機関などに対してオンライン資格確認が原則として義務化されています。

また、2022 年以降、次のような改正がありました。

- 2022 年 1 月から傷病手当金支給期間の通算化
- 任意継続被保険者の任意脱退・保険料算定方法の変更
- 2022 年 10 月から短時間労働者の社会保険適用拡大(100 人超の企業)
  2024 年 10 月からは 50 人超の企業に拡大。
- 育休中の保険料免除要件の見直し
- 2023 年 12 月から組合管掌でも資格取得時に原則として住民票住所の届け出を義務化

育児・介護休業法

〈育児休業、介護休業等育児又は家族介護を行う労働者の福祉に関する法律〉

労働者が働きながら育児、介護を行う環境を整えるために制定されました。雇用保険から育児休業給付、介護休業給付が支給されるため、改正については雇用保険法などと連動して行われることがあります。また、男性の育休取得促進を目的とする次のような大規模な改正が行われました。

- 2022 年 4 月〜　育児休業等への雇用環境整備、個別周知・意向確認、
  有期契約社員要件緩和
- 2022 年 10 月〜　産後パパ育休(出産時育休)・育休分割取得
- 2023 年 4 月〜　育児休業の取得状況の公表義務化(常用労働者 1000 人超の事業主)

改正内容は本文に反映しています(➡ P192、194)。

男女雇用機会均等法

雇用の面で、男女が均等な機会や待遇を受けることができることを目的として制定されました。女性労働者の妊娠、出産後の健康の確保を図るなどの措置も推進しています。

以前から、「事業主による妊娠・出産・育児休業・介護休業等を理由とする不利益な取り扱い」を禁止していましたが、これに加えて「上司・同僚などの妊娠・出産・育児休業・介護休業等を理由とする嫌がらせ（いわゆるマタハラ・パワハラ）を防止する措置」を設けることが義務づけられました。これらは派遣労働者の派遣先でも義務づけられます。

障害者雇用促進法

障害者の雇用促進、能力に応じた職業に就くことなどを通して、自立を促し、障害者の職業安定を図ることを目的とした法律です。

注目ポイント

●障害者雇用率の見直し等

2024年4月に障害者雇用率が2.5%に引き上げられました。また、法定の障害者雇用率の計算対象に精神障害者を含めます。2019年11月からは、障害者の職場定着を促進するためのツール（就労パスポート）の公開が始まりました。また、2020年4月からは、特定短時間労働者（週20時間未満）の雇用に対する特例給付金の支給、一定の基準を満たした中小企業（300人以上）の優良事業主認定が始まっています。2023年4月からは、雇用の質向上に向けた職業能力の開発や向上などの事業主の責務が明確化されました。2024年4月からは特例給付金を廃止し、特定短時間労働者を雇用率に算定できるようになりました。調整金や報奨金の支給額調整も始まります。

高年齢雇用安定法

高年齢者の安定した雇用確保を促すために制定された法律です。65歳未満の定年制を定めている会社は、定年後から65歳までの安定した雇用確保のため、定年の引き上げ、継続雇用制度、定年の廃止のいずれかを導入しなければなりません。

2021年4月から、定年を65歳以上70歳未満に定めている事業主、または65歳までの継続雇用制度（70歳以上まで引き続き雇用する制度を除く）を導入している事業主に対して、下記の❶〜❺のいずれかの措置を講じる努力をすることが、法律で定められました。❶70歳までの定年引き上げ。❷定年制の廃止。❸70歳までの継続雇用制度（再雇用制度・勤務延長制度）の導入。❹70歳まで継続的に業務委託契約を締結する制度の導入。❺70歳まで継続的に事業主が自ら行う有償の社会貢献事業、または事業主が委託、出資等する団体が行う有償の社会貢献事業に従事できる制度の導入。

職業安定法

労働者の募集と供給、職業紹介においての基本的なルールを定めた法律です。

注目ポイント

●求人等に関する改正

求職者が安心して求職活動をできる環境の整備とマッチング機能の質の向上を目的として、「求人等に関する情報の的確な表示の義務化」「個人情報の取扱いに関するルールの整備」「求人メディア等に関する届出制の創設」の改正が行われました（2022年10月1日より）。

出入国管理法
〈出入国管理及び難民認定法〉

日本国へ入国・在留（ざいりゅう）する外国人の許可要件や手続き、不法滞在への罰則などを定めた法律です。

労働現場での外国人の受け入れを本格化させる改正として注目されています。法務省で出入国管理を担った「入国管理局」を改組し、出入国や在留を管理する「出入国在留管理庁」を法務省外局に設置しました。外国人の受け入れ拡大にあわせて、外国人雇用管理指針も見直されます。

注目ポイント

●「特定技能」を２段階で創設

一定の技能実習などを修了した外国人が、通算５年を上限に日本で働くことができる「特定技能１号」が創設されました。農業や介護など12業種が受け入れ業種に指定されています。2023年４月からは１か月単位で在留期間を付与することが可能となりました。また、特定技能１号より高度な試験に合格し、熟練の技能を修得した外国人を対象とした「特定技能２号」も創設されました。「1号」と違って、「２号」は在留期限の更新が無制限に可能で、永住申請ができ、国内に家族を帯同させることができます。受け入れ業種は2023年より11業種に拡大しています（さらに４分野の追加や対象拡大も検討中）。

●技能実習制度を廃止し、「育成就労制度」に

受入分野を限定し、転籍を認め、３年で一定の技能や専門性を身につける育成の制度に変更される予定。

次世代育成支援対策推進法

仕事と子育てが両立できる環境を目指して創設された時限立法です。2005年３月から10年間の時限立法でしたが、2025年３月まで延長されました。

注目ポイント

●行動計画の策定

従業員が101人以上の会社は、「労働者の仕事と子育ての両立のための一般事業主行動計画」を策定し、都道府県の労働局に届け出る義務があります（従業員が100人以下の会社は努力義務）。

●くるみん認定

行動計画を達成し、一定の要件を満たしている会社に対して、厚生労働大臣より「くるみん」認定がされます。くるみん認定企業には、それを広告等に表示することができるなどさまざまな特典があります（➡P192）。

若者雇用促進法
〈青少年の雇用の促進等に関する法律〉

若者の雇用促進、能力を有効に発揮できる環境整備を行い、若者が職場で能力を発揮できるように設けられた法律です。この法律により、ハローワークは一定の労働関係法令違反があった企業の新卒採用申込みを受理しないことができます。企業には、採用や雇用管理などの情報をホームページや求人票などで積極的に提供することが義務づけられます。また、若者の採用・育成を積極的に行う優良な中小企業に対してユースエール認定を行うなどの制度が設けられています。

女性活躍推進法
〈女性の職業生活における活躍の推進に関する法律〉

働く女性の個性や能力が十分に発揮されるような環境を整備するために制定された10年間限定の時限立法です（2016年4月1日より施行）。会社は、現況の把握、改善策などを踏まえて女性が活躍するための「事業主行動計画」を作成し、届け出なければなりません。2022年4月からは、101人以上の会社も義務になりました。

また、2020年6月からは、職業生活に関する機会の提供の実績、職業生活と家庭生活の両立に資する雇用環境の整備に関する実績の項目をそれぞれひとつ公表しなければなりません（従業員301人以上の大企業）。

行動計画を策定し、一定の基準を満たした優良な企業に対して、厚生労働大臣が認定を行う「えるぼし」という認定マークがあります。2020年6月からは、「プラチナえるぼし」も創設されました（➡P142）。

注目ポイント

●男女の賃金差異の開示（公表）の義務化

2022年7月8日より、常時雇用する労働者が301人以上の会社は、女性の活躍に関する情報公表の項目に「男女の賃金の差異」が必須項目として加えられました。
以下の（A）～（C）の情報を公開する必要があります。

●女性労働者に対する職業生活に関する機会の提供

→（A）「採用労働者に占める女性労働者の割合」など8項目中1項目を選択。
→（B）「男女の賃金の差異」（必須）

●職業生活と家庭生活との両立

→（C）「男女の平均継続勤務年数の差異」など7項目中1項目を選択。

（常用雇用の労働者が101人以上300人以下の会社は、上記16項目から任意の1項目以上の情報公開が必要。「男女の賃金の差異」の公表は必須ではない）

さくいん

さくいん

た

な

は

ま

や

ら

わ

●監修者

今井　慎（いまい　まこと）　**特定社会保険労務士／キャリアコンサルタント**

1981年生まれ。2003年青山学院大学二部経済学部卒業。2005年に社会保険労務士試験合格後、2006年練馬区の社会保険労務士事務所に入所。各労働社会保険法令に基づく手続きや給与計算を主軸に労働問題·年金に関するコンサルティングに従事。2008年11月に汐留社会保険労務士事務所を設立、同時に汐留パートナーズグループの立ち上げに参画。2014年に汐留社会保険労務士法人へ法人成りをし、代表社員に就任。労働問題や人事労務関連の指導を得意とし、問題解決スピードや簡潔な対応が他の社労士との違い。現在約300社の社会労働保険事務手続き、給与計算、その他の人事管理業務を主な業務として行っている。

新井　将司（あらい　まさし）　**社会保険労務士**

1986年生まれ。2009年法政大学法学部卒業。2010年社会保険労務士試験合格後、2011年汐留社会保険労務士事務所（現法人）に企業コンサルタントとして入所。各労働社会保険法令に基づく手続きや給与計算に加え、人事制度の設計提案やコンサルティングを行う。2014年に同法人役員に就任、各人事労務コンサルティングや海外進出企業への相談提案、M&AやIPO、組織再編支援を得意とする。200社以上の労務管理経験をもとにDXや人的資本経営に対応した労務管理に積極的に取り組み、社会保険労務士の新たな可能性に挑戦し続けている。

池田　優子（いけだ　ゆうこ）　**社会保険労務士／キャリアコンサルタント**

1970年生まれ。1992年神戸女学院大学文学部総合文化学科卒業。ベンチャーや外資系企業の人事担当として経験を積んだ後、2014年に社会保険労務士試験に合格、2016年汐留社会保険労務士法人に入所、2021年に同法人役員に就任。労務管理やメンタルヘルスに関するアドバイス、トラブル防止に役立つ就業規則の作成に力を入れている。働き方改革・法改正のセミナーや新入社員研修等の講師も多数行っている。

これ一冊でぜんぶわかる！ 労働基準法　2024～2025年版

2024年 5月 7日　初版発行
2024年11月10日　第2刷発行

監修者　今井 慎　新井 将司　池田 優子

発行者　田村 正隆

発行所　株式会社ナツメ社
東京都千代田区神田神保町 1-52 ナツメ社ビル 1F（〒101-0051）
電話　03（3291）1257（代表）　FAX　03（3291）5761
振替　00130-1-58661

制　作　ナツメ出版企画株式会社
東京都千代田区神田神保町 1-52 ナツメ社ビル 3F（〒101-0051）
電話　03（3295）3921（代表）

印刷所　ラン印刷社

ISBN978-4-8163-7549-1　　Printed in Japan

〈定価はカバーに表示してあります〉〈落丁・乱丁本はお取り替えいたします〉